No Final da Última Hora

André Luiz Ruiz
Espírito Lucius

No Final da Última Hora

Espírito da Letra

Campinas, SP, 2012

Sumário

1
SUBLIMIDADES

O AMBIENTE ERA SERENO E MAJESTOSO. Amplo salão de ímpar beleza, inacessível aos mais talentosos esforços de descrição literária, inspirava na alma de qualquer que nele penetrasse a reverência imediata à Suprema Inteligência.

Jamais se poderia conceber aquilo como obra do pensamento humano. Grandeza sem opulência, riqueza sem luxo nobreza sem fausto, superioridade sem arrogância.

Certamente, era surpreendente para a visão, mesmo aquela habituada aos lugares espirituais, afastados do núcleo denso do planeta, quando já se respira a elevação da alma sem os resquícios da animalidade primitiva.

Lá comparecia numeroso grupo de tarefeiros especialmente trazidos para acompanharem esclarecimentos e compreender os mecanismos sábios das leis espirituais que a tudo e a todos governam.

O ambiente era construído em semicírculo que fazia lembrar os antigos teatros gregos ao ar livre, encimado por uma abóbada translúcida, lavrada em material precioso que lembrava o diamante lapidado pelo mais talentoso artista, possibilitando que a luz dos astros, passando pelas suas arestas revelasse o delicado contorno de seus ângulos tanto quanto bailasse em profusão policrômica no espaço interior.

Ao centro do palco, flutuava sereno e impassível, majestoso globo terrestre, esculpido de maneira tão perfeita e real que, à vista menos atenta, pareceria que a própria Terra havia sido sequestrada de sua órbita e miniaturizada para poder estar ali, espelhando todos os detalhes das forças que atuam sobre sua estrutura.

Complexa e invisível aparelhagem espiritual produzia este efeito de solidez e realidade a servirem de base para a explanação que, dentro de mais alguns instantes, seria ministrada por elevado representante do governo espiritual responsável pelos destinos da humanidade terrestre.

Além das autoridades espirituais em número significativo, compareciam ao evento inumeráveis assistentes, compondo-se a distinta plateia, de representantes espirituais de todos os povos do planeta, além de uma grande caravana de entidades encarnadas retiradas do envoltório carnal por ocasião do desdobramento produzido pelo sono físico ou pelos processos mediúnicos conhecidos e experimentados por sensitivos dos diversos caminhos espirituais existentes no mundo.

Os encarnados vinham amparados por amigos invisíveis que se responsabilizavam pelo equilíbrio energético e o controle das emoções de seus pupilos, a fim de que ali permanecessem atentos e conscientes das lições que seriam ministradas.

Para muitos deles, era difícil conter o espanto diante de tudo quanto tinham à sua frente. Insofreável noção de pequenez levava muitos às lágrimas de emoção, conquanto ali fossem admitidos somente os que estivessem espiritualmente equilibrados para suportar aquele conclave de luz e elevação.

A proximidade com a grandeza superior lhes fazia brotar do âmago do ser as pústulas de um passado de erros, as chagas morais contra as quais todos lutavam, obrigando seus tutores invisíveis a um esforço mais intenso para acalmar a emoção dos encarnados admitidos naquele encontro.

Jerônimo, Adelino e Bezerra encontravam-se dentre os Espíritos que compunham a delegação representativa da nação brasileira, na qual se inseriam também representantes espirituais de todas as crenças que auxiliavam o Criador a conduzir o rebanho sob o cajado do pastor compassivo, o augusto mestre Jesus.

Além deles, não faltavam representantes encarnados e desencarnados de todas as áreas do conhecimento, comprometidos com a evolução humana pelos caminhos luminosos do progresso real, aquele que não conspurca a consciência nem se deixa tisnar pela volúpia dos interesses materiais, quando a inteligência e o talento são colocados a serviço da iniquidade, em prejuízo de muitos.

E, como já se disse, todos os povos do planeta ali estavam, representados por Espíritos de envergadura moral, capacitados para suportar esse contato sublime.

Encantado e inquieto diante da sublimidade, Adelino acercou-se de Bezerra no sussurro do confessionário, perguntando:

— Paizinho, estaríamos, porventura, na morada vibratória do Cristo de Deus?

Generoso e paternal como sempre, Bezerra esclarece:

— Não, meu filho. Estamos em elevada esfera vibratória que circunda a Terra em níveis superiores mas que, certamente, não se trata do ambiente onde os gabinetes do augusto governante de todos nós se localizam.

— Mas tudo aqui é muito diferente e maravilhoso, doutor. As vibrações são tão especiais, que preciso conter-me para não cair de joelhos chorando como uma criança.

— Sim, Adelino, também sinto a mesma coisa. Sempre que nos deparamos com a generosidade do Criador de todas as coisas, nos sentimos devedores, ainda quando nada nos seja cobrado. Um sentimento de gratidão e uma vergonha pelo nada que temos sido nos marcam a consciência para sempre e dão à nossa imaginação parca noção do que significa o crescimento do Espírito nos caminhos da evolução.

Escutando o diálogo, Jerônimo acrescentou, perguntando:

— Seria isso, paizinho, o que Jesus queria dizer quando nos aconselhava a fazer a "vontade do Pai"?

— Creio que sim, Jerônimo. Quando nos sentimos na presença de uma bondade tão sublime, tudo perde sentido. As lutas da ambição humana, nosso desejo de realce pessoal, nossos interesses, se amesquinham pela constatação do tamanho de nosso atraso ou pelo reconhecimento da imensa animalidade que ainda nos domina pensamentos e sentimentos. Então, sentindo no âmago do ser a pulsação generosa da vida e envergonhados ante o silencioso autojuízo que nos relembra nossa irresponsabilidade, indiferença, leviandade ou imaturidade, surge em nós a determinação de corresponder seriamente com a vontade sublime que nos sustenta todos os dias.

Vivemos em seu hálito, abastecidos não apenas da comida que mata a fome do corpo, mas supridos dos elementos-força que condicionam a evolução da alma, o seu crescimento em transformação constante na direção do infinito.

Ao sentir a vontade do Pai, o filho entende os motivos e os esforços do Genitor, esquece de si mesmo, vexado pela própria pequenez, passando a empenhar-se com todas as suas forças para tornar-se cooperador humílimo na obra da criação.

Certamente que não tenho condições para interpretar as palavras de Jesus pretendendo explicá-las a quem quer que seja. No entanto, tenho para mim que, quando entendemos a vontade do Pai, passamos a desprezar tudo o que signifique fazer a nossa vontade, como a criança que abandona os brinquedos oferecendo suas mãozinhas prestimosas para ajudar o pai ou a mãe que lutam sozinhos contra imensos obstáculos.

O ambiente, contudo, não permitia maiores digressões.

As forças espirituais embaladas por música celestial dominavam e equalizavam todas as vibrações, numa chuva de energias que penetrava todos os presentes, denunciando que não tardaria o início da alocução.

O silêncio respeitoso só era entrecortado por suspiros discretos e lágrimas contidas, no embevecimento diante daquele espetáculo sem pompa.

No semicírculo inferior, não muito afastado de todos, circundando o globo terrestre a certa distância, reuniam-se cinco entidades cuja luminosidade não deixava dúvidas acerca de sua excelsitude.

Em determinado momento, sem nenhuma afetação ou artificialismo, uma delas levantou-se e, comunicando que teria início o encontro, rogou a todos os presentes que concentrassem suas vibrações elevadas sobre aquele globo, com o qual todos se achavam ligados por laços de gratidão, como se ali estivessem diante do útero bendito de todas as mães que já haviam emprestado corpo e amor para materializar corpos sobre a Terra.

A metáfora não poderia ser mais feliz.

Imediatamente, tangidas pelas lembranças maternas incrustadas em cada coração, luzes começaram a brotar do íntimo de toda a assistência.

Pareceria que um misterioso controle houvesse ligado a força de milhões de vagalumes que, simultaneamente, começaram a brilhar.

O amor de mãe, armazenado nas experiências de cada ser, era o combustível indispensável para a harmonização e potencialização das energias ali concentradas. A partir daquele momento, vibravam em uma única sintonia todas essas forças que olhavam a Terra com a mesma gratidão com que se lembravam de suas mães, entendendo o papel generoso daquele orbe pequenino, flutuando no centro do palco, a receber de todos emissões de gratidão emocionada, na luz que cada um emitia, atendendo à convocação da nobre entidade que ali iniciara a reunião.

Embalados pela superioridade das forças, a harmonia sonora propiciava o laço especial que atava todos sob a mesma augusta esperança, em melodias não traduzíveis aos ouvidos humanos.

Os raios de luz saíam do coração de todos, migravam diretamente para aquela terra-mãe, como pequeninos cometas que cortavam a atmosfera e penetravam o campo de força daquele mundo que os incorporava à sua carga específica. Então, com o passar de alguns instantes, começava a própria Terra a emitir luz própria, intensificada pela concentração das cinco entidades que dominavam o palco.

Observando-a, via-se perder, lentamente, a opacidade azulada com que se conhece o orbe, passando a assemelhar-se a transparente diamante, dando a impressão que um sol se houvesse acendido em seu núcleo, sem ofuscar o olhar dos que o observassem. Ao mesmo tempo, convertendo-se em verdadeiro dínamo abastecido pelas energias coletivas, misteriosa luminosidade veio do alto sobre ela, como que oriunda de outras dimensões mais sublimadas, numa união de forças cósmicas em resposta ao chamamento do amor filial.

Parecia que, do cosmos estrelado, indefinível facho de luz se projetava sobre a abóbada diamantina daquele ambiente, que se abriu para sua passagem rutilante, como se astro em forma cometária descesse da noite em resposta à oração dos que ali se reuniam.

A luz ganhou qualidade diferente tão logo se fundiram os dois planos vibratórios, a envolver o globo em uma substância translúcida e brilhante que o eclipsou da visão dos presentes, assemelhando-se a uma explosão cósmica que ofuscasse aqueles que a mirassem diretamente.

Não tardou mais do que um instante e a luminosidade retornou ao padrão anterior, emergindo daquele poderoso condensador de energias, generosa alma, aquele Espírito a quem estaria atribuída a tarefa de esclarecimento de todos no certame inesquecível.

Sua figura inspirava devoção espontânea. Simplicidade e grandeza lhe pareciam compor a personalidade, fazendo com que todos os presentes se sentissem modificados ao simples contato de seu magnetismo.

A mesma entidade que havia iniciado a reunião dirigiu-lhe a palavra, apresentando-lhe as boas-vindas em saudação fraterna:

— Alegra-se o coração de todos por sua presença entre nós, Venerável Antênio.

— A satisfação desse encontro, Aurélio, abastece nossos espíritos para os milênios do porvir, cheios da glória de Deus na construção dos nossos destinos.

E sabendo das tarefas a ser empreendidas naquela assembleia, o angelical instrutor dirigiu-se a todos, saudando a plateia com palavras de alento, otimismo e ânimo.

Todos se uniram àquele ser augusto, como se fosse o próprio Cristo e o representante do Criador em pessoa, identificados pela vontade comum de lhe ouvir os ensinamentos que orientariam sobre as sublimes determinações acerca do futuro da mãe Terra.

2

Ouvindo explicações

Revestido das características de simplicidade e grandeza próprias das almas elevadas, Antênio dirigiu-se à assembleia extática e que lhe dedicava a mais reverente atenção.

— Amados irmãos em Jesus, que as bênçãos sublimes desta hora marquem para sempre nossos corações. Empenhados na realização dos sublimes ideais evolutivos, nossa presença ao redor do berço terreno guarda o simbolismo próprio dos que velam pelo desenvolvimento do embrião no útero maternal da vida.

Como sabem, não existe isolamento no universo e, da mesma maneira que cada qual é solidariamente responsável pelo irmão que tem ao seu lado na caminhada da evolução, do mesmo modo que países auxiliam países em momentos de crises ou catástrofes, que povos mais civilizados estendem suas mãos amigas para auxiliar o desenvolvimento de nações primitivas, os planetas entre si cooperam para o crescimento e amadurecimento de suas humanidades, num elo que transcende a imaginação humana, acostumada a apegar-se a antigas tradições egoísticas e de superioridade pueril.

Distante quase 82 bilhões de quilômetros da Terra, como membros da humanidade que habita o sistema Sirius, nossos olhares se encontram, ainda assim, voltados para o orbe azul, reunidos todos sob a compassiva direção do mesmo crucificado, cujos esforços como embaixador da esperança são no sentido de acelerar o intercâmbio, através do qual aqueles que já conquistaram condições evolutivas mais acendradas se solidarizem com os que se acham em situação retardada no crescimento.

O amor do divino amigo vai muito além do que supõem seus mais lúcidos seguidores. As luzes de sua alma sublime abarcam esta região do cosmos como a atmosfera azul engloba a humanidade. Por isso, desde o nosso orbe brilhante, que pode ser visualizado de qualquer região deste planeta todas as noites, partem esforços de apoio e estímulo aos irmãos que vivem aqui, desde muitos milênios.

Nas tradições verbais de povos que habitam certas regiões do atual continente africano estão os marcos dessa solidariedade entre nossas humanidades, grafados na consciência dos atuais Dogons, habitantes da nação Mali, reproduzindo nas lendas as lembranças desse intercâmbio, tanto quanto as antigas escritas egípcias atestam nossa participação nos destinos evolutivos da humanidade e nossas ligações fraternais.

Como veem, estamos irmanados pela augusta direção espiritual e, de longa data, nos fazemos companheiros, membros da mesma humanidade em lutas de crescimento.

Observando o ambiente terreno aos nossos olhos, poderemos analisá-lo de maneira direta.

Dirigiu-se Antênio, então, para aquele corpo celeste que flutuava no centro do palco, parecendo que iria tocá-lo com as próprias mãos visando a transformá-lo em lousa de estudos.

Efetivamente, parecera que aquele corpo se transformava ao contato do mensageiro, por efeitos desconhecidos da tecnologia terrena somente encontrados nas representações cinematográficas das películas de ficção.

Tocando remoto rincão do oceano Atlântico, Antênio fez ampliar-se, à vista de todos, imagens de rica civilização ancestral.

Surgiram, então, os contornos de vasta cidade a liderar considerável pedaço de continente insular.

Dirigindo-se aos presentes, continuou a explicar:

— Vejam a Atlântida legendária. Desde os primórdios de sua organização, temos trabalhado para a ampliação dos princípios espirituais no entendimento da humanidade terrena. Sob a orientação direta do Cristo de Deus, experiências evolutivas foram sendo construídas paulatinamente, procurando incutir no âmago das almas encarnadas, naquele ambiente, a necessidade de buscas transcendentes. Naturalmente que não se fixaram os engenheiros siderais na formação de um Estado religioso. Aproveitando-se da rusticidade do terreno e das necessidades orgânicas, os esforços invisíveis demandaram construir os caminhos do crescimento daquele núcleo nas duas vertentes básicas: a inteligência e a emoção.

Observarão, num rápido relance, a sucessão de milhares de anos de uma civilização simples e generosa que, gradualmente, cresceu em poder intelectual, perdendo a sensibilidade por preferir entregar-se ao cultivo dos defeitos próprios do primitivismo ancestral.

Obedecendo aos ciclos naturais da evolução planetária, observarão a destruição cataclísmica periódica que reduziu a quase nada a grandiosa e mundana civilização atlante.

Por esse mecanismo, tais aquisições foram beneficiando outros povos, à medida que, por três vezes, os atlantes reconstruíram a própria civilização e, obedecendo aos ciclos evolutivos do mundo, acabaram vitimados pelas catástrofes periódicas que terminaram por sepultar-lhes as glórias materiais sob pesada cortina de água salgada, nas profundidades do mesmo oceano que lhes guarda, na denominação, a homenagem a essa gloriosa etapa evolutiva.

Compreenderemos que a aparente destruição funciona como mecanismo de fecundação de que se valem as inteligências organizadoras para espalhar os benefícios já conquistados por uns, para todos os integrantes da civilização situados em outros lugares. Concentrados em um ponto específico, no caso o continente atlante, desenvolvem-se em conhecimentos e técnicas que os acompanharão por todos os lugares por onde se dispersaram por força dos cataclismos transformadores.

O desenvolvimento psíquico de uma parcela de seus habitantes propiciava-lhes uma noção mais clara das realidades transcendentes, enquanto que a outra parte da população, afeita à praticidade da vida, se deixara conduzir pelas lutas da conquista material, alimentando-se de satisfações inferiores, levando a cisões culturais e antagonismos inconciliáveis.

Certamente que, ao se ver pressionados pelas diferenças, mesmo antes do colapso de sua civilização, parte dos atlantes emigrou para outros ambientes, levando consigo as aquisições morais e espirituais, enraizando-as nos pródomos de outros povos primitivos que já existiam àquele tempo, nos continentes circunvizinhos.

De igual sorte, os intelectuais imediatistas sobreviventes aos mesmos eventos violentos que sacudiram e afundaram-lhes a moradia física dispersaram-se pelas regiões adjacentes, continuando a sua saga de construir e gozar.

Ambas as tendências, contudo, degeneraram-se com o passar dos milênios. Os atlantes que se ocupavam com as relações espirituais, com poucas exceções, se entregaram a cultos religiosos exteriores como forma de impor-se aos selvagens, dominando-os através de rituais e condutas místicas, já que esses povos primitivos eram ainda muito atrasados intelectualmente para compreender conceitos que os atlantes já dominavam.

Por sua vez, aqueles atlantes que cultivavam exclusivamente a inteligência e que, por isso, conheciam as técnicas de produção de vários artefatos, impuseram-se aos outros irmãos menos avançados, a quem passaram a comandar, iniciando-se, assim, os processos de escravização do menos inteligente pelo mais capacitado. Vistos como poderosos graças à capacidade tecnológica, eram tidos como seres superiores nascidos entre eles para ser venerados e temidos.

Apesar disso, em ambas as direções, estavam semeadas as noções de busca espiritual e capacidade tecnológica, dependendo apenas do tempo a transformação de tais sementes, nas plantas que, uma vez podadas convenientemente pelas inteligências sublimes, cresceriam e frutificariam para a melhoria do caráter geral dos seres viventes nesta escola espiritual.

Diante dos olhares atentos dos presentes, as palavras de Antênio iam sendo ilustradas pelas cenas que brotavam daquela região perdida no oceano e se ampliavam, como se aquela fatia da Terra sobressaltasse da superfície em direção à assembleia.

Após pequena pausa, retomou a palavra o nobre representante de Jesus.

— Decorridos tantos milênios de paciente elaboração, nos quais inumeráveis emissários se materializaram no solo áspero do orbe primitivo, dentre os quais o próprio governante sublime, observamos o crescimento espiritual da semente primitiva tanto quanto o avanço das conquistas do intelecto. Todavia, batizados pelo exemplo vivo do augusto messias, a civilização de agora possui condições de bacharelar-se em definitivo, encerrando-se o ciclo de tragédias renovadoras. As cicatrizes no organismo coletivo produzidas por séculos e séculos de guerras despóticas atestam que o corpo está maduro para a prova final que definirá os passos de um futuro promissor para tantos quantos escolherem de maneira adequada. Para que esse momento chegasse, não descansou o próprio Jesus ao longo dos milênios, abrindo as portas desta morada de amor a Espíritos de outros orbes, recebidos como membros da família divina para cá conduzidos, tanto para servir de auxílio aos seres primitivos como para amadurecer na prática dos nobres conceitos espirituais que ainda não conseguiam experimentar alhures.

Foram esses os Espíritos estrangeiros, oriundos de outros mundos em evolução, que aqui se tornariam auxiliares, fecundando as almas dos velhos moradores com novos lampejos de entendimento.

Aproxima-se, agora, o novo ciclo de profundas transformações por meio do qual se realizará o recenseamento apurativo dos que estão marcados pela evolução compatível com a nova humanidade e daqueles cujos defeitos ancestrais ainda dominam seu querer.

Observem vocês, então, que não se trata de uma avaliação apressada, de um procedimento realizado com base na improvisação e na intolerância. Quando observamos os milhares de anos que abarca a marcha ascensional da humanidade através dos milhares de ciclos já experimentados, reverenciamos a augusta paciência que, misto de compaixão e devotamento, não se apressa, mas também não se atrasa ou recua.

Os homens de hoje pensam que poderão continuar a velha ciranda do culto religioso sem entendimento e do pensamento sem responsabilidade moral, a mesma dança que marcou a vida dos ancestrais atlantes e que vem caracterizando o ciclo atual da civilização humana, que não deixam de ser, ainda, os antigos atlantes em novos corpos.

E se as forças telúricas continuam ativas em obediência aos longos processos de renovação, estamos diante do último período em que a dor tem a função de ser bisturi que extirpa, selecionando os tecidos, ou da jardineira disciplinadora que afasta as ervas daninhas e elege novas sementes. Para abrir-se a rumos de evolução superior, iniciando o trajeto na direção dos que compõem, hoje, a humanidade de Sirius, será necessário atirar para longe os lastros inúteis com os quais não é possível fazer-se nenhuma ascensão.

Nossos esforços se renovam com mais intensidade neste período porquanto o divino amigo, gerente de Deus na execução da sua vontade, está buscando as ovelhas desgarradas para salvá-las antes de a tempestade desabar sobre todos.

Multiplicam-se os chamados, acelera-se a propagação das luzes para que as consciências se dilatem na direção da verdade e todos nós, que nos solidarizamos com a esperança e a paz, estamos empenhados na ampliação dos esforços visando à salvação dos que querem se salvar.

No entanto, em vão, ajoelhar-se-á o homem diante das estátuas, rogando um amparo que ele mesmo nunca deu a seus semelhantes, pedindo clemência que jamais concedeu num simples gesto de perdão ou compaixão. Os indiferentes atlantes, gozadores e violentos de sempre, apelarão para um Deus que nunca sentiram nem desejaram seguir, imaginando que as velhas fórmulas exteriores poderão ajudá-los na hora extrema. E os pseudorreligiosos, os velhos atlantes que se esqueceram da fé pura e autêntica, ver-se-ão desmascarados diante de seu ilusório poder, incapazes de acessar os arcanos celestiais que continuarão fechados às suas fórmulas mesquinhas e artificiais.

Na hora derradeira, porém, os sinceros encontrarão apoio, os servos do bem serão sustentados, os que aceitarem o sacrifício dos próprios interesses mundanos encontrarão consolação.

Daí ter reservado o Senhor para estes tempos o envio do consolador prometido, chamamento aclarador da consciência endividada, a explicar aos homens as regras simples da salvação e garantir a quem deseje segui-las a possibilidade de conquistar um lugar na arca da esperança na qual a Terra, hoje, está transformada.

Quando as portas dessa nau se fecharem, os que não tiverem se transformado adequadamente serão varridos pelo turbilhão e, por fim, um novo período de crescimento se fará para todos os que perseveraram até o fim.

De diversos orbes espalhados pelo zimbório terrestre, Espíritos amigos enviam vibrações e recursos para a sustentação da humanidade em teste.

Presentes entre os terrícolas, em Espírito, ou vestindo-se de corpos carnais para irmanar-se com eles no testemunho do exemplo corajoso e mostrar o caminho da superação, encontra-se largo contingente de soldados do amor, filhos da própria Terra. São os voluntários da solidariedade e do desinteresse, anônimos servos do bem em todas as áreas da vida social, suportando o peso dos desajustes coletivos e os excessos e abusos dos velhos atlantes rebeldes e que se recusam a modificar-se, tentando, ainda, dificultar a renovação de todos quantos conseguirem manter sob a influência perniciosa dos maus exemplos.

Ao lado deles, a comunidade dos irmãos de outros orbes cuja visita constante desde o passado longínquo tem-se perdido nas tradições ancestrais e se acha representada nas figuras, desenhos e telas que decalcam as carruagens de fogo que vinham do céu.

E além desses, outros Espíritos que já migraram para mundos melhores e que aceitaram voltar à retaguarda, seja retomando a antiga vestimenta física ou unindo-se às coletividades espirituais das diversas colônias do mundo invisível, sustentando as lutas dos encarnados nos momentos cruciais.

Eis aí, nobres amigos, a árdua e gloriosa tarefa de todos. Venho, como emissário de outra casa do Pai, concitá-los à luta incessante, mas também para lhes dizer que estamos reunidos nessa batalha desde os longínquos primórdios civilizatórios. Almas missionárias de Sirius e delegações de outros mundos brilhantes se fazem presentes entre vocês, compartilhando as dores do mundo e preenchendo-as com as esperanças do céu.

Jamais se esqueçam de que no tão sonhado paraíso não existe a indiferença.

Nossas almas estão definitivamente unidas na *anima* divina e, se os velhos e conhecidos cataclismos retornam a este instante da vida humana, agora é para definir-lhe o novo rumo.

Não estaremos aguardando por vocês em nossa casa melhorada, a bilhões de quilômetros daqui.

Estejam seguros de que todos quantos possamos comparecer nesta hora decisiva, aqui ombrearemos as lutas da renovação, como irmãos que reconstroem as moradias derrubadas pela tormenta, agradecendo ao vendaval que nos possibilitará reconstruir a vida sob novas diretrizes.

A emoção de suas palavras ecoava em nossas almas.

Ao mencionar a solidariedade da comunidade de Sirius, uma brilhante estrela descera pelo jorro luminoso que envolvia a imagem terrena flutuante no centro do palco, como se o próprio orbe distante viesse atender ao chamado englobando, lenta e suavemente, o corpo do planeta azul num abraço de fraternidade e esperança.

Erguendo a destra que faiscava qual pequenino sol em saudação fraterna, Antênio caminhou lentamente para a Terra, ingressando naquele luminoso centro planetário que se ofuscava ao contato da estrela que a envolvera e, qual se fosse uma espaçonave a esperá-lo, projetou-se pelo mesmo facho brilhante a servir de estrada cósmica para o retorno do emissário ao planeta de origem, no sistema estelar irmão que se encontrava de braços abertos para todos aqueles humanos do mundo que, em breve, seriam profundamente testados pela prova final.

3

Compreendendo a hora

MANTEVE-SE A EMOÇÃO INTENSA DAQUELE CONTATO na intimidade de cada alma presente, que não ousava romper a vibração imaculada, pairando o mais augusto silêncio, emoldurado pela sonoridade de invisível conjunto de vozes a entoar celeste melodia.

Decorridos alguns instantes, o mesmo ancião que apresentara Antênio dirige-se à plateia para as recomendações finais.

Tratava-se de Aurélio, o velho lidador do evangelho do Cristo, destacada figura da cristandade ancestral.

Sem cerimônia, pronunciou-se:

— Queridos irmãos de lutas, chegou a hora da transformação decisiva.

Como herdeiros de nós mesmos, não poderemos fugir ao desafio final sem prejuízos para o nosso amanhã. Tanto quanto nossos irmãos que se vestem com a poeira do mundo carnal, nós também estaremos no meio dos que devem superar o abismo negro de nosso passado, onde a nossa fraqueza deixou marcas como manchas que sujam nossa roupa. Este é o momento de lavarmos nossa veste verdadeira porquanto não serão selecionados apenas e tão somente os integrantes encarnados da mãe-Terra. Todos estaremos submetidos ao juízo. Por lá, agitam-se as multidões visíveis e invisíveis em descalabros morais, tentações de todas as ordens, lutas de poder, tornando-se quase cruel o existir. Injustiças sugerem a revolta. Corrupção inspirando a desonestidade social. Discrepâncias materiais afastando irmãos uns dos outros em castas de privilegiados e magotes de famintos. Espíritos cristalizados no ódio e na satisfação animalesca ao lado de encarnados que se lhes associam, tornando-se armas de agressão buscando o gozo ilimitado.

Dentre todos, dois caminhos esperam pelos irmãos de humanidade: o de luz e o de escuridão.

Certamente que não faltarão os que estimulem a busca do mais fácil, convidando a inferioridade a atuar de maneira vil, ridicularizando valores nobres para cuja vivência se faz necessário o exercício firme da vontade decidida.

Enfraquecidos pelos mecanismos hedonistas, nos quais vale o prazer antes de tudo, os indiferentes são conclamados a se conduzir da mesma maneira que os vitoriosos do gozo, jamais imaginando que esse caminho é estrada larga dos vícios na direção do pantanal da perdição.

Por não haver lucidez na maioria para estabelecer o freio moral e decidir pelo tempestivo recuo, avizinham-se das tragédias passo a passo, dia a dia.

Diante da armadilha do consumo e tendo o materialismo como o principal objetivo, resta ao ser humano pouco espaço para a compreensão das verdades eternas que lhe pedem temperança, força de vontade, capacidade de lutar sem revolta. Habilmente manipulada pela direção inferior de alguns que se pensam proprietários da Terra, boa parte da humanidade deixou-se contaminar pela doença do querer, graças à qual seus integrantes renunciam ao exercício da vontade através da ação, limitando-se aos mecanismos viciados da reação.

Apesar disso, creem-se exercendo o poder de escolher em sua plenitude, confirmando o letal envenenamento da consciência que perdeu a capacidade de autoanálise. Cada um quer o que todos parecem querer e todos parecem querer o que alguns lhes mostram como prazeroso, como essencial, ditando-lhes o sentido para o qual devem dirigir a vontade.

Todavia, não se trata do exercício pleno e livre, baseado na compreensão consciente das reais armadilhas em que se meteram.

Por isso, hipnotizados pelas próprias fraquezas, não lhes resta outra coisa a não ser o caminho escuro, a menos que escutem o único clamor capaz de despertá-los.

Esse chamamento próprio das religiões da Terra, cuja função mais profunda é restabelecer o contato com a origem divina de toda criatura religando-a ao Criador, está sob o cerrado ataque das maltas que se pretendem proprietárias indefinidas da casa terrena.

Única arma poderosa o suficiente para ajustar os desajustados, esclarecer os ignorantes, reconduzir os que se perderam, levantar os caídos, a verdade espiritual que as crenças representam para homens é o grande adversário das hordas maléficas e, assim, consideram-na a principal inimiga, a verdadeira adversária, única capaz de ameaçar-lhes o triunfo. Desde longa data, pois, a verdade espiritual é atacada por todos os lados pelos agentes da treva que, quando não são capazes de desacreditar o seu conteúdo filosófico moralizador, investem contra os seus representantes, no intuito de desanimá-los, de intimidá-los ou de neutralizar suas ações, ferindo-os ou matando-os.

Infelizmente, apesar de ter noções claras acerca das leis espirituais, muitos representantes dos diversos caminhos religiosos do mundo se acumpliciaram na busca insana dos prazeres, através das emoções desajustadas, do caráter tíbio, da fraqueza sem disciplina, perdendo-se no confuso cipoal dos compromissos inferiores.

Os representantes religiosos, muitos deles carregando consigo as manchas da vontade viciada, aceitaram comungar uma vida dupla, levando ao descrédito ou ao escárnio a crença que pretendem representar.

Transitando pelo caminho sagrado – que exige renúncia – e, ao mesmo tempo, pelo caminho mundano – que oferece o gozo incessante e fácil – muitos líderes religiosos caíram na armadilha montada pelos interesses inferiores, tornando-se maus exemplos aos irmãos de humanidade.

Indicando ao rebanho um caminho que eles próprios evitam, transitando no sentido contrário do rumo aconselhado, fizeram-se os indignos modelos de uma religiosidade de mentira e aparência que a quase ninguém mais salva.

Essa disparidade, esse descompasso neutraliza o último freio moral que evitaria que nossos irmãos se projetassem no abismo do erro.

Aí está o campo aberto à nossa influência. É no reavivar da verdade da fé que teremos, talvez, o recurso derradeiro, único potente o suficiente para agir nesta hora, levando as criaturas ao despertamento oportuno, antes da grande tempestade que já se vê no horizonte.

Não lhes é desconhecida minha história de quedas morais, a quem o Senhor que amamos honrou com o apoio indispensável para que voltasse do pântano do erro. Falo, pois, como o humilde jornadeiro que conheceu tanto a porta de entrada quanto a de saída do lodaçal. Assim, filhos do coração, não nos faltará serviço num ambiente como aquele que nos compete enfrentar.

No entanto, relembro a todos que o julgamento que se apresenta é de toda a coletividade humana, incluindo-nos em seu libelo.

Convidados ao desânimo, não aceitem a fraqueza interior como conselheira. Lavem as nódoas da insatisfação no rio do serviço mais intenso.

Aconselhados à desistência diante da indiferença dos homens, mudem de seara, escolham outras almas mais receptivas e recomecem o trabalho.

A nova Terra não será construída pelos irritáveis, pelos desanimados, pelos insatisfeitos ou frágeis. Se os homens no mundo sofrem por causa das tentações variadas, nós, seus amigos fiéis, sofreremos por causa dos homens. No entanto, é preciso resistir sem desânimo ou abatimento. A cada irmão resgatado do caminho escuro, restarão milhões que ainda esperam pelo nosso concurso luminoso. Não haverá tempo, sequer, para mirarmos as pequenas vitórias ou conquistas.

As linhas da retaguarda guardarão os tesouros de nossos esforços, mas a linha de frente é aquela que espera as mãos ativas, o sentimento firme no bem e a coragem de perseverar até o fim.

Não esperemos por sucesso fácil nem campo sem obstáculos. Será fora dos templos que encontraremos o local para nossas prédicas mais fecundas. Longe vai o tempo das pregações arrebatadoras que impregnavam o coração dos ouvintes de ideais sacrossantos.

Hoje a mensagem do bem compete com a televisão, com o universo das imagens virtuais, fáceis e atraentes, alimentadoras da fogueira das emoções desestabilizantes, por inteligências que sabem manipular a fraqueza de caráter.

Trabalharemos com duas humanidades no mesmo padrão de inferioridade: a dos encarnados e a dos pertencentes ao mundo dos Espíritos.

Assim, deveremos usar estratégia diferente para cada caso uma vez que, em cada circunstância, a relação entre os dois mundos terá um peso diferente no quadro sob nossos olhos.

Nessa luta contaremos com o apoio de inúmeras casas de oração espalhadas pela Terra, tanto quanto de pequenos núcleos sediados nas moradias de muitos encarnados que já aprenderam a cultivar uma vida nobre, destacados no seio da vida para honrar a Deus e ao Cristo com o sacrifício dos próprios interesses.

Notadamente nos núcleos edificados à luz do consolador prometido, a augusta doutrina do amor por excelência, conseguiremos apoio para recuperar forças, para encaminhar aflitos e para alertar os que ainda dormem.

Esta não é, portanto, apenas a última hora dos vivos na carne. É também a nossa última hora, queridos filhos. Do que fizermos pela vitória do bem corresponderá o que encontraremos no amanhã, neste orbe ou em um outro.

Falando assim, Aurélio Agostinho dirigiu-se ao globo flutuante que, ao toque de seus dedos, lentamente foi se transformando em um outro mundo, perdendo o seu encanto e beleza para dar lugar a uma outra forma, igualmente globular, mas sem nenhuma atmosfera amistosa.

Ao olhar surpreso dos membros da assembleia, surgia o orbe intruso, a morada nova para os velhos e renitentes Espíritos inferiorizados, carregando a sua psicosfera densa, primitiva e difícil na qual estagiariam as almas da humanidade terrena que não soubessem corresponder ao chamamento da consciência reta e nobre.

— Esta será a nova morada na casa do Pai para bilhões de Espíritos que ainda vivem na Terra. E ainda que, como Espíritos, já tenhamos aprendido a não desdenhar qualquer tarefa a que sejamos convocados, perseveremos para que não seja, igualmente, a nossa futura moradia por mais alguns milênios.

Diante dos olhares meditativos, girava o astro primitivo com todos os detalhes físicos e magnéticos que lhes eram próprios, prenunciando o cortejo de dores e dificuldades que esperavam pelos seus futuros habitantes, notadamente para aqueles que deixariam a generosa mãe-Terra trocando-a por tão áspera quanto inóspita moradia.

Por isso é que, mais uma vez, se justificavam as palavras de Jesus aos filhos da Terra:

— Fazei esforços para entrar pela porta estreita...

Aurélio se calara. Ante a imagem do futuro destino a que se candidatavam os imprevidentes, encerrou-se a assembleia, pairando no ar o silencioso chamamento à luta corajosa do bem, nos esforços intensos, nas renúncias mais candentes, no empenho inabalável para que mais e mais seres humanos pudessem modificar o caminho do abismo, mantendo-se aptos a permanecer no glorioso e maternal seio terrestre.

As inúmeras delegações começaram a retirar-se do recinto, rumando para os destinos terrenos, nos diversos círculos civilizatórios que lhes correspondiam à experiência atual.

Bezerra, que dirigia a caravana dos trabalhadores da Pátria do Cruzeiro, despediu-se de seus integrantes e, solicitando que seus cooperadores mais próximos, Jerônimo e Adelino, o acompanhassem, informou aos demais que permaneceria mais alguns instantes no recinto para receber orientações adicionais sobre o trabalho, mas em breve estaria novamente com eles na frente da luta.

Em rápidas despedidas, viram-se no amplo recinto, para os entendimentos a que Dr. Bezerra se referira.

— Atendendo à solicitação do nobre Aurélio, ficaremos por mais alguns minutos à espera de sua palavra paternal e generosa – falou o médico dos pobres aos dois amigos que o ladeavam.

Não demorou para que luminoso emissário viesse ter com eles, convidando para o encontro aventado, que se daria em um outro ambiente, câmara de trabalho naquele núcleo de idealismo puro.

A beleza do ambiente era a marca dominante de cada ângulo da edificação. Nada era desperdiçado no luxo do exibicionismo.

Tão sublimes as vibrações do lugar, que nem Adelino nem Jerônimo tinham ideia do que fazer ou de como se conduzir em tão rara circunstância.

Tinham vontade de se ajoelhar ali mesmo, mas a presença de Bezerra lhes servia de medida para que não destoassem da conduta do sublime médico.

Aurélio já esperava por eles.

— Obrigado por aceitar meu convite, querido Bezerra. Sua liderança na família espírita será assaz importante, muito além do que já tem sido, para o direcionamento de nossos esforços nesta decisiva hora de nossos destinos.

— Aqui estamos para servir ao Senhor da vida, em obediência às suas orientações, santo de Deus – respondeu Bezerra, sem afetação.

— Ora! querido irmão, deixemos os títulos com os quais os ingênuos companheiros da Terra nos qualificaram indevidamente. Bem sabe você, Bezerra, que a santidade é apanágio de outras dimensões.

Procurando aproveitar o tempo como um funcionário devotado que valoriza os minutos, Aurélio foi direto ao assunto.

— Graças aos mecanismos de que o consolador prometido dispõe no seio da nação a que nos ligamos pelos laços definitivos do afeto puro, precisaremos acelerar as ações junto às comunidades espíritas do Brasil e as que lhe aceitem a influência no mundo atual. Não se trata de dispararmos exércitos de trabalhadores para realização de pregação de porta em porta. Nem deveremos invadir a intimidade dos que não desejem abrir-se às verdades da alma.

No entanto, nossos esforços estão dirigidos para que, usando dos mesmos veículos de comunicação que espalham a pestilência moral, consigamos levar às consciências um raio luminoso de esperança e esclarecimento.

Em nenhum outro lugar da Terra estará acontecendo o que temos conseguido realizar na Pátria do Cruzeiro, em benefício de uma divulgação mais ampla das realidades da alma.

Atendendo aos chamados da consciência e ao dever missionário com o qual se comprometeram vários lidadores do bem reencarnados no mundo de hoje, temos logrado produzir material de qualidade no sentido de espalhar a semente da verdade do Espírito a qualquer um que por ela se interesse.

Os meios de comunicação, sempre avessos a qualquer esforço moralizador, ao custo de décadas de empenhos perseverantes, abriram espaço para que a mensagem chegasse ao povo, iluminando almas e pacificando conflitos morais.

Não mais somente as casas de oração dedicadas ao espiritismo cristão são as que falam do evangelho do bem. Agora, veremos essa mensagem espalhar-se, graças inclusive ao esforço de criaturas não espíritas, aquelas que estão interessadas no ganho material, no retorno de seus investimentos financeiros ou na fama transitória que os impulsiona adiante. Através de espíritas e não espíritas, ganhamos espaço para a difusão da esperança, com alertas que despertam o ser que adormeceu no berço dos prazeres sonhados ou conquistados. Certamente que teria sido muito melhor se a iniciativa houvesse partido dos próprios espíritas, a abrir suas bolsas para empenhar recursos amoedados na multiplicação do pão da alma. No entanto, a cupidez e a avareza ressurgiram no âmago de muitos trabalhadores espíritas que saíram daqui cheios de promessas, mas não souberam resistir aos conhecidos apegos. Além disso, a velha vaidade tem possuído muitos dos realizadores que, no afã de criar palco para si mesmos, desdobram-se em gastos infindáveis para os certames intelectuais em vez de investir tais numerários na proliferação da mensagem libertadora aos que não a conhecem, financiando outras formas de difusão muito mais abrangentes e, às vezes, muito menos caras do que lhes custam tais eventos.

Assemelham-se aos que, ao enaltecer a necessidade de distribuir alimentos para a salvação das criaturas famintas do mundo, realizam festival gastronômico para os abastados e obesos, servindo-lhes os mais apetitosos pratos, enquanto os famintos continuam à míngua.

Apesar disso, Bezerra, não temos esmorecido e, graças às iniciativas de alguns, a mensagem começa a chegar ao grande público, esse que, muitas vezes, não vai ao centro espírita, por medo ou por preconceito.

Os trabalhos, portanto, não podem ser malbaratados nem podem se perder as sementes que foram plantadas no âmago de multidões que, pelo teatro, cinema, rádio, pela televisão e diversos outros meios eletrônicos, acharam o esclarecimento para os velhos porquês nunca respondidos pelas religiões dogmáticas e tradicionais.

Bezerra e os amigos seguiam-lhe as palavras com atenção, concordando com a análise prática e objetiva que a sábia entidade realizava acerca da realidade do mundo espírita.

— Com sua liderança junto aos espíritas da comunidade brasileira, não será difícil infundir-lhes a noção da urgência do serviço. Que tomem as iniciativas do serviço no bem e, caso não o façam, não se tornem pedra de tropeço aos que estão realizando a obra que competia aos herdeiros do evangelho primitivo. A família espírita deverá estar unida à mensagem que vai sendo espargida, abrindo o coração para recolher a todos quantos se interessem pela descoberta de tais realidades.

Por isso, concitemos dirigentes e trabalhadores da causa de Jesus que o espiritismo representa a fim de que estejam a postos para servir de exemplo vivo de tudo quanto conhecem do consolador prometido.

Que se dediquem a viver em paz, sem os conflitos produzidos pela inveja mal contida, pela ambição não agradada, pelo orgulho ferido diante do sucesso alheio.

Que não se esqueçam de que, mais aquinhoados pelos tesouros do aprendizado das verdadeiras leis, mais pesado lhes será o julgamento das atitudes íntimas.

Que não se acomodem em certames ilusórios nos quais, sob o manto de um falso amor fraterno, expõem a disputa partidarista e exercitam a caça aos aplausos do mundo, enquanto a ignorância grassa porta afora dos faustosos recintos.

Que não desprezem o trabalho pesado, a renúncia na família, a obra simples que limpa as sujidades materiais dos carentes, por preferir teses filosóficas em intermináveis e polêmicas discussões.

Que não imaginem possuir muito tempo para jogar fora ou que não estarão submetidos, igualmente, aos critérios do julgamento, que será bem mais rigoroso com a família espírita do que com qualquer outra.

Que não olvidem que o trabalhador não escolhe trabalho nem combate o mal com as armas da maldade.

Que é para ele em pessoa que se dirige o Cristo, ao exortar a humanidade a ser fraterna e vigilante, generosa com os outros e rigorosa consigo mesma, a construir tesouros no céu e não nos cofres do mundo.

Sim, Bezerra, sua palavra justa e sábia convocará ao trabalho da última hora, que não é o do bailar das ideias nos salões adereçados mas, sim, o de receber com amor os que chegarem cansados à pousada da casa do Cristo.

Não se pode mais conceber uma casa espírita na qual a ordem mate a afetividade, a organização transforme pessoas em máquinas e os organogramas burocratizem a caridade em setores e departamentos impessoais. Nem que a liderança natural do bem seja substituída por uma competição em busca de cargos e poderes nas instituições, porquanto, onde isso ocorra, se identificará aquela obra como humana e não divina. Pode oferecer alimento para o estômago de muitos ou se assemelhar a loja de roupas para o corpo, farmácia com medicamentos para os órgãos, escola para alimentar os neurônios. No entanto, será empresa humana, apenas.

Que sua palavra direta e franca, meu filho, seja ouvida em toda parte, através de todos os canais que lhe possam receber a influência, além de ser o canal condutor das exortações superiores para orientar a toda comunidade dos lidadores invisíveis acerca dos reais objetivos em hora fatal dos destinos humanos.

Que todas as almas com responsabilidade de direção espiritual no seio da família espírita se dediquem a espalhar o chamamento de renúncia a si mesmo e devotamento ao semelhante.

Não há tempo a perder.

Com tais palavras, o venerável Aurélio encerrava a sua exposição com a qual os envolvia no idealismo de sua luminosa bondade, convidando Bezerra ao colóquio privado, permanecendo os dois amigos à espera, a meditar em tão graves quanto verdadeiras orientações.

4

Suar ou chorar?

— ACHO QUE PRECISO DE MAIS REMÉDIOS. ESTES que estou tomando não estão me fazendo efeito algum. Parece que ninguém descobre o que eu tenho... – reclamava Geralda, enfiada em sua casa, com receio de sair à rua.

O ambiente de seu lar, se é que se poderia qualificá-lo desse modo, era a expressão do desequilíbrio.

Entidades de baixo padrão vibratório sugavam-lhe as energias vitais, favorecidas nesse comportamento pela sintonia da antiga médium com pensamentos inferiores.

Desde que deixara a casa espírita comandada por Ribeiro e Jurandir, Geralda descambara morro abaixo.

Nas primeiras semanas longe das tarefas da instituição, envolvida com as fofocas que aceitara e fortalecida pelo apoio de outros dois trabalhadores, Peixoto e Cássio, tão mal assistidos quanto ela própria, suas sensações eram as melhores possíveis.

Longe das disciplinas que a tolhiam em suas maneiras volúveis, Geralda parecia respirar com liberdade.

— Ufa! graças a Deus resolvi sair daquele centro. Mais parecia um quartel, sendo fiscalizada a cada minuto. Seu Jurandir, rigoroso, maliciava tudo, implicando com minhas roupas, minhas bijuterias, minha maquiagem... coisa de homem sem sensibilidade para as necessidades femininas. Ainda bem que Peixoto me procurou para abrir minha cabeça. E se eu estivesse errada, nem ele nem o Cássio teriam saído do centro. Esse Jurandir é que está obsedado mesmo.

Em sua cabeça infantil, Geralda criava os cenários mais adversos com os quais justificava a ruptura da responsabilidade mediúnica, sempre colocando a culpa nos outros.

Não aceitava andar na linha. Carregava a mente perdida na ansiedade de encontrar o homem de sua vida e não queria entender que a casa de Deus era a seara onde se deveria exercitar a renúncia em todos os sentidos. Não era a passarela ou a vitrine para a exposição em busca de outros interesses.

Quando Bezerra desligara os três das atividades da instituição, em passagem descrita na obra *Herdeiros do novo mundo*, cada qual se sentira feliz por não precisar manter as rotinas que os amarravam a valores que, no fundo, não defendiam nem julgavam importantes.

Cássio mantinha vida dupla, na área da sexualidade promíscua, aparentando sobriedade e retidão durante o dia, mas atuando como devasso assim que a escuridão o permitisse.

Peixoto carregava a alma perdida nos interesses materiais, imaginando que a mediunidade deveria ser uma porta de acesso ao cofre recheado, como forma de solução de seus problemas pessoais.

Geralda, por sua vez, rebelde e leviana, cobiçava em silêncio o marido das outras que iam às reuniões, sonhando em construir a própria felicidade mesmo com a destruição da felicidade dos outros.

Não lhes servia em nada escutar semanalmente as lições do evangelho. Nem as comunicações das entidades sofredoras que os acompanhavam eram suficientes para que se emendassem.

Assim, infelizes com as regras da obra de Deus que ali se realizava, os três resolveram pelo afastamento, não sem antes tentar influenciar os incautos como eles, procurando encontrar apoio para suas atitudes egoísticas.

Esse período de conflitos perdurou por algum tempo, sob a vigilância dos Espíritos dirigentes da instituição que, com a autonomia e a bondade que os caracterizavam, neutralizaram todas as investidas trevosas que se valiam dos três indiferentes para tentar desestruturar o ambiente e implantar o desequilíbrio e o desamor.

Então, depois da saída, Geralda sentiu-se satisfeita ao poder desfrutar de suas aventuras pessoais, longe das disciplinas morais apropriadas a qualquer um que exercesse a mediunidade de maneira séria e responsável.

As entidades obsessoras que a envolviam desde muito tempo trataram de agradá-la com a aprovação de sua conduta, prometendo-lhe que encontraria o homem de sua vida. Em realidade, desde então, a ex-médium passou por uma fase de euforia e expectativa. Havia decidido que não iria mais se filiar a nenhuma instituição espírita. Se fosse o caso, exerceria a faculdade mediúnica dentro da própria casa, longe de qualquer "disciplina castradora" – como costumam considerar os médiuns rebeldes e imaturos.

Depois de alguns meses, auxiliada pelas entidades trevosas que a usavam, encontrou um rapaz que lhe parecera o príncipe encantado. Bonitão, bem apessoado, aparentemente bem de vida, tudo o que uma mulher esperta deseja encontrar para unir-se aos seus caprichos.

Os primeiros encontros foram calorosos e apaixonantes para ela, segura de que havia, realmente, dado o passo correto ao deixar o trabalho no bem para tocar a sua vida pessoal.

Acontece que, com a intimidade favorecida pela carência e pelo desejo de amarrar o pretendido, Geralda começou a notar que, a cada dia que passava, o namorado se fazia mais esquivo a qualquer compromisso mais sério.

Eduardo, em verdade, também manipulado pelas entidades inferiores, era de caráter bem duvidoso, apesar das aparências chamativas. Queria, do mesmo modo, encontrar uma mulher de quem pudesse tirar alguma coisa, não se importando com quanto a faria sofrer. Ambicioso, olhava cada mulher como fêmea útil, aproximando-se para conhecer melhor as condições financeiras da jovem e mantendo o relacionamento enquanto lhe parecesse conveniente e vantajoso.

Do mesmo modo, mas com outros argumentos, Geralda também desejava a companhia de alguém, ainda que não fosse perfeito. No entanto, a figura de Eduardo tinha tudo que ver com o que uma mulher sonhava.

Em realidade, ambos se usavam e esperavam tirar alguma coisa um do outro.

Quando o rapaz conquistou a intimidade da companheira, usou-a sem nenhum respeito por seus sentimentos, e quando Geralda se entregou, fingidamente apaixonada, pretendia fisgar o rapaz pela atração física, ante-sala do compromisso definitivo que uma gravidez tornaria ainda mais consolidada.

O tempo passou e, percebendo que Geralda não possuía a riqueza que Eduardo esperava, sua correspondência ao ardor da mulher foi diminuindo, acabando as juras apaixonadas que se substituíram por palavras secas e frases artificiais.

A jovem, entretanto, sabendo como funcionava a personalidade masculina, fingiu nada perceber e, a cada encontro, se fazia mais quente e insinuante. Isso incomodava um pouco o jovem mas, por outro lado, considerando as circunstâncias, achava interessante explorar os pendores sexuais da companheira, na falta de outra coisa mais interessante, até que a deixasse por uma nova aventura.

Afinal, para um homem como ele, boa pinta e simpático, não lhe faltavam pretendentes.

Geralda articulara o famoso golpe da gravidez, fingindo fazer uso do remédio adequado para as relações sexuais seguras mas, em realidade, nada fazendo para impedir a fecundação.

— Homem sempre é fácil de fisgar. Ficam loucos pela emoção física e confiam na mulher. Como são tontos esses caras – pensava a moça, sentindo-se no domínio da relação.

Já tinha tudo articulado. Revelaria a gravidez em meio às lágrimas que fingiriam não saber como ela havia acontecido.

— Mas você não está tomando o anticoncepcional? – perguntava Eduardo, aturdido, diante do exame que confirmava a circunstância. Nós havíamos combinado que isso não aconteceria.

— Claro, querido, eu estava tomando normalmente. Veja aqui a cartelinha com todos os comprimidos que mostram que não falhei um só dia. Não sei como isso aconteceu – chorava a fingida mulher, dando tempo para que o rapaz pensasse na responsabilidade que lhe pesava.

— Mas eu não quero ser pai, não desejo interromper minha vida para criar filhos – respondeu Eduardo, transtornado com o fato.

— Nem eu pensava em ser mãe, Du. Nossa relação sempre foi o que eu mais sonhava, e você, a pessoa mais importante em minha vida. Lembra que fazíamos planos para viajar a dois em uma longa e constante lua de mel?

— Lembro, sim, Ge... – respondia o moço. E se você pensa assim, pelo menos estou aliviado. A gente pode resolver esse negócio e continuar juntos para nosso futuro ser como planejamos.

A frase reticente dava bem a entender o que pretendia o rapaz.

— Como nem você nem eu queremos ser pais neste momento, é muito fácil resolver a questão. Conheço um amigo meu que passou por isso e não teve dificuldades em encontrar quem fizesse o aborto. Simples, rápido e até barato...

Geralda arrepiou. Não porque fosse moralmente contra o aborto, mas porque não queria abrir mão do "anzol" que fisgava o peixão em seu plano de ter alguém ao seu lado.

— Puxa! Eduardo, que frieza! Você fala isso sem nem pensar que quem está aqui dentro é seu filho!

— Que nada, Geralda! Não me venha com esse drama para cima de mim, não. Esse negócio que está aí é um pedacinho de tecido que vai crescendo. Eu não o conheço e ele nunca me viu. Somos dois estranhos e vamos continuar assim.

— Mas... a gente não pode acabar com uma vida desse jeito... - tentava argumentar a jovem.

— A vida somos nós dois, Geralda. Você sempre soube que eu não queria filhos agora. Se isso aconteceu com você, tudo bem. Eu entendo que pode ter sido um acidente. No entanto, ou você se vira para tirar - e nisso eu a ajudo - ou vai ficar sozinha para criar, porque não contará comigo.

Vendo que Eduardo estava perturbado com a notícia, como ela mesma pretendia que acontecesse, fez-se mais dócil e compreensiva, fingindo concordância.

— Bem, querido, a gente sempre se deu bem e não vai ser isso que vai nos afastar. Olha, vamos fazer uma coisa. Você pensa um pouco mais na possibilidade de que esta criança seja seu filho e possa representá-lo no mundo, possa correr para recebê-lo em casa, depois do trabalho, pule no seu colo e o idolatre como um herói. Pense nas coisas boas por alguns dias. Depois a gente volta a conversar e decidimos o que fazer.

— Olha, Ge. Eu entendo o seu lado mas, em realidade, o tempo só vai piorar as coisas. Quanto mais passar, maior vai ficando o bolinho aí dentro e, então, mais difícil para arrancar. Em relação ao sentimento de pai, não preciso ficar imaginando nada disso, pois quando eu desejar um filho, sei muito bem como fazer. Você é que escolhe. Pode ter esse filho sozinha ou tirá-lo com minha ajuda.

Era ela, agora, quem ficara preocupada com a firmeza de Eduardo que, a esta altura, beirava a rispidez.

Não querendo perder o moço desse jeito, resolveu corresponder ao seu desejo, concordando com o aborto rápido.

— Olha, meu querido, eu entendo o seu sentimento. Se isso vai fazê-lo feliz, a gente tira. Prefiro ficar com você e, se esse é o preço, estou disposta a pagá-lo. Mas nunca se esqueça desse sacrifício que faço para corresponder ao seu desejo.

— Tudo bem, Geralda, vou providenciar tudo e amanhã, à tarde, lhe telefono para acertar os detalhes.

Não é necessário dizer que Geralda, apesar de tudo o que já sabia sobre a eternidade da vida, a existência da alma e outras coisas ligadas à doutrina de amor, preferiu submeter-se ao procedimento que interrompeu a gravidez, imaginando que, com isso, conseguiria manter a união tão esperada.

Eduardo, porém, desde a ilícita solução do problema, passou a ser assediado pela entidade que sofrera com a mutilação uterina, revoltado pelo desfecho infeliz que os dois escolheram. Para punir a ex-mãe, a mulher indiferente e leviana, aquele Espírito acercou-se do ex-pai e passou a influenciá-lo no sentido de não mais desejar nada com Geralda.

— Essa mulher é uma bruxa. Manipulou as coisas para tentar fisgar você, seu bobão – sussurrava o Espírito infeliz aos ouvidos espirituais do rapaz invigilante, que lhe recebia as sugestões e as assimilava com facilidade.

— É, ninguém me garante que Geralda não vai fazer isso novamente. No fundo, no fundo, é uma cobra bem camuflada. Não é digna de minha confiança. Agora que consegui me livrar do filho, vou me livrar da serpente.

E assim, sem nenhuma explicação ou notícia, Eduardo desapareceu da vida da tola Geralda, restando-lhe, agora, apenas a companhia da entidade infeliz que não se cansava de procurar vingar-se.

Multiplicaram-se os males orgânicos, enraizados na consciência de culpa, a ferir-lhe os tecidos do corpo e da alma.

Pesadelos se tornaram comuns, médicos passaram a ser consultados todos os meses e remédios se tornaram o coquetel de esperança para aquela que havia deixado a medicina de Deus em troca das aventuras mundanas.

Depois de alguns meses de desventura e revolta, ódio e rancor contra o ex-namorado, resolveu pedir ajuda espiritual em um centro espírita qualquer. Preferira procurar um em que nunca estivera, pois não queria que os irmãos da antiga casa a vissem naquele estado de degradação.

Não era capaz de enfrentar o orgulho que a dominava, colocando em sua vida um pouco de humildade cristã.

Na casa a que recorreu, foi recolhida como uma infeliz anônima que solicitava passes magnéticos para sua recuperação.

Entretanto, procurava receber coisas sem se abrir para as realidades. Seu coração era pior do que seu útero, carregando mais impurezas do que seria prudente para qualquer mulher nas condições de Geralda.

A instituição espírita, entretanto, não apresentava as mesmas características da antiga casa que deixara no passado. Desorganização, falta de disciplina, confusão de conceitos, ambiente desagregado, apesar de se apresentar como posto de tratamento aos necessitados. Os dirigentes eram frouxos na manutenção do equilíbrio vibratório. As pessoas conversavam sem nenhum compromisso com a elevação de sentimentos. Tudo tão diferente...

Isto fazia mal a Geralda que, a cada dia, mais se frustrava ao descobrir que havia deixado um trabalho sério para trocá-lo por aventuras sexuais, golpes indecentes e enfermidades espirituais para as quais os médicos não tinham recursos.

Além disso, com o passar dos anos, a ex-médium sentia-se atacada pelo desequilíbrio vibratório pela falta de ser útil no bem. Tentara buscar outros ambientes espíritas, mas depois de ter sentido as vibrações na antiga instituição, não encontrara nada parecido em nenhuma das muitas outras que visitara.

Parecia que o destino se vingara de sua leviandade.

Resolvera procurar Peixoto, mas, ao fazê-lo, percebeu que o velho trabalhador estava perdido em seus negócios, falando desconexamente, desatrelado de qualquer trabalho mediúnico que o ajudasse a manter o compromisso de doar-se.

Ao telefonema para Peixoto sucedeu a procura por Cássio.

O antigo companheiro, aquele que parecera sempre tão probo e sério nas atividades do centro, atendeu-a com indiferença.

Em sua voz, do outro lado da linha, uma mistura de frouxidão moral e malícia davam o tom desagradável.

— E aí, minha gatinha... – falou Cássio, revelando-se mais íntimo do que deveria.

— Cássio? É você mesmo? – perguntou Geralda, não querendo crer.

— Ora! lindinha, e quem você pensou que fosse? O Peixoto? Aquele velho esclerosado e sovina? Claro que sou eu. E você, como está? Continua com aquele corpinho maravilhoso de sempre?

Tempos atrás, uma conversa desse tipo faria Geralda se sentir estimulada a brincar com a fragilidade masculina, autorizando o diálogo picante. No entanto, agora ela procurava ajuda e esperava encontrar o antigo companheiro de trabalho.

— Ah! Cássio, você nem imagina como estou. Parece que um trator passou sobre mim.

— Não acredito, querida, sempre modesta em relação aos seus atributos. Saiba que outro dia me lembrei muito de você.

— Puxa vida! que bom! Pelo menos alguém se lembra de mim neste mundo. Como foi, conta?

— Bem, você quer que eu conte mesmo? Quer dizer – falou Cássio, fazendo suspense – não quero tomar o seu tempo nem ser impertinente.

— Vamos logo, Cássio, vai, conta. Quem sabe isso ajude a me animar.

— Está bem. Foi você quem pediu, hein?!

— Isso, fui eu quem pediu... vai logo, desembucha.

— Tá legal. Então, escuta... Sabe, eu sempre fui um cara sério... e continuo sendo...

— Sim... – respondeu Geralda, fingindo que concordava.

— Mas outro dia encontrei uma moça que veio aqui em casa depois que soube que eu recebia Espíritos.

— Ah! que bom, Cássio. Você continua trabalhando na mediunidade? Era disso que eu também queria lhe falar...

— Mais ou menos. Sabe como é, a gente tem que se defender de algum jeito. Então, quando vejo alguma gatinha, dessas "pedaçudas", tenho que engatilhar uma conversa e percebi que quase todas elas ficam impressionadíssimas quando sabem que a gente tem a mediunidade e pode estar em contato com os que já partiram.

Algumas ficam com um pouco de medo, mas sempre tem algum falecido amigo ou parente com quem elas querem ter um contato. Então, fica mais fácil para a gente começar um papo.

A conversa de Cássio ia por esse caminho, dando a Geralda a certeza de que ele não era mais o mesmo indivíduo que ela conhecera no centro espírita. Mas para ver onde as coisas iam dar, deixou que ele continuasse falando.

— Então, e daí?

— Bem, depois de ter começado a conversa e falado algumas coisas sobre o outro mundo, uma delas começou a me procurar pedindo mais informações. Estava carente, queria encontrar um companheiro, desejava saber se havia algum Espírito importunando sua felicidade.

— E você? O que fez?

— Ora! Geralda, a gente não pode perder as oportunidades. Então, improvisei uma reuniãozinha lá em casa. Só eu e ela. Expliquei como as coisas seriam e deixei rolar.

— Mas o tal Espírito se comunicou?

— Bem, ela está pensando até agora que sim... – respondeu Cássio, dando uma gargalhada.

— Mas o que é que fez você se lembrar de mim nesse caso?

— Ora! princesa, já se esqueceu de suas carências? Esqueceu que arrastava uma asa para o noivo de Gláucia?

Geralda não respondeu, mas ficou enrubescida por haver se lembrado de que Cássio sabia de suas aspirações femininas, mesmo no centro espírita.

— Mas de verdade – continuou Cássio –, a lembrança maior foi quando, depois que terminou a "sessão", a moça estava em prantos e todinha carente e, então, o velho Cássio encontrou, finalmente, a chance que esperava. E de conversa em conversa, a moça acabou dormindo lá em casa. Foi aí que veio a lembrança da Geralda. Você precisa ver que pernas ela tinha. Acho que só perdia para as suas, querida. Aliás, você continua cuidando bem delas?

Aquilo fora um balde de água fria na esperança da ex-médium.

Se estivesse em outras circunstâncias, cheia das antigas ilusões, seria fácil que Geralda se envolvesse sexualmente com Cássio, mesmo que fosse para um simples passatempo.

Entretanto, o antigo companheiro, assumindo seu lado irresponsável, lhe causava asco. Certamente que ele não estava buscando nada mais profundo em relação à espiritualidade.

— Bem, Cássio, desculpe ter tomado o seu tempo – respondeu Geralda, um pouco áspera.

— Ora! querida, o que achou da minha lembrança? Afinal, sempre soube que admirei seus atributos, ainda mais aqueles que você insistia em mostrar, apesar da vigilância do Jurandir.

— Olha, Cássio, está tudo bem e fico feliz que você esteja dando continuidade à sua vida. Estava querendo saber se está frequentando algum centro espírita. Só isso.

— Deus me livre, mulher. Depois que saí de lá, quero continuar livre para fazer o que me der na cabeça. Esse negócio de vigilância e abstenção é para gente velha que já não tem mais o que fazer. Estou em plena forma física e gosto muito da vida para me consumir em orações. O mais perto que chego delas é para pedir a Deus que me envie sempre mulheres que valham a pena.

— Tudo bem, Cássio. Que você não se decepcione com as escolhas que fez. Qualquer dia eu ligo de novo. Tchau.

E sem esperar a resposta, Geralda encerrou a conversa, decepcionada consigo mesma, mais do que com o antigo amigo.

Tinha caído na armadilha que sua leviandade e orgulho haviam construído, passo a passo.

Afastara-se do trabalho sério, enveredara-se pelas aventuras afetivas, tentara fraudar para conquistar o afeto alheio, abortara, adoecera, desesperara-se e, agora, não encontrava hospital adequado para tratar-se espiritualmente.

Depois que as coisas se fizeram mais claras, enterrou a cabeça nas mãos e prorrompeu em um amargo choro de desalento.

— Preciso de mais remédio. Estes não estão mais fazendo efeito.

E diante da prostração depressiva nascida de suas leviandades repetidas, em vez de recorrer à oração sincera, ao arrependimento e à humildade, preferia escolher a química farmacêutica na ideia de conseguir, fora de si mesma, a solução para o problema da consciência culpada.

Não percebia, entretanto, que, ao seu lado, a entidade que lhe sofrera a violência permanecia em sintonia com suas vibrações inferiores e, ao mesmo tempo em que Geralda repetia "preciso de mais remédio", ele dizia, astuto:

— Sim, Geralda, por que você não toma todos os remédios de uma só vez? Afinal, ninguém se importa com você mesma... Essa vida de solidão e amarguras pode acabar. Basta que você queira acabar com ela...

Essas sugestões iam invadindo a mente desajustada da antiga servidora da mediunidade que, por escolha própria e invigilância irresponsável, preferira a companhia de entidades trevosas à proteção de Bezerra de Menezes e do irmão Ribeiro.

O preço por suas escolhas insensatas, mais cedo do que pensara, vinha buscar-lhe o pagamento com o acréscimo dos juros representados pelo acúmulo do mal que escolhera.

Geralda, Cássio e Peixoto espelhavam muito bem a situação das criaturas medíocres e sem caráter que Deus e Jesus procuravam ajudar a se reformar, antes que a dor e as contingências adversas viessem encaminhá-los a outro destino.

Por vontade própria, haviam se afastado do caminho do bem e escolhido a trilha pedregosa e espinhenta do erro deliberado.

Entre suar e chorar, haviam escolhido o caminho das lágrimas.

Ampliando esforços

5

DECORRIDOS LONGOS MINUTOS EM QUE JERÔNIMO E Adelino aguardavam a volta de Bezerra, eis que o doce servidor dos aflitos regressa ao grupo, liderando-os no regresso à lide do bem no mundo.

A caminho, ouviam a palavra sensata do luminoso apóstolo da caridade:

— Sabem, filhos, os esforços dos planos superiores são extremamente meticulosos visando ao aproveitamento de todas as oportunidades para o alerta e o resgate de tantos quantos possam aproveitar a hora decisiva.

Certamente que prosseguem as atividades de deslocamento dos Espíritos que já se demonstraram incompatíveis com o panorama evolutivo que se vai implantando na humanidade depois de longos milênios de semeadura e desenvolvimento.

No entanto, de acordo com as palavras de Santo Agostinho, é dever da bondade ir em busca das almas titubeantes, daquelas que se encontrem à borda do despertamento, dos Espíritos que, como na história do velho Lot bíblico, ainda que vivendo na cidade do pecado, mantenham a alma devotada ao idealismo sincero.

Isso não significa que tais Espíritos, estando encarnados no mundo, não sofrerão os processos aflitivos que se delineiam no horizonte da humanidade, por diversos caminhos. Indica que os que possam ser mantidos na nova Terra devem ser buscados por todas as formas para que aproveitem a chance de, vivos no corpo ou fora da matéria, participem da formatura final como alunos aprovados.

Sim, meus amigos, porque estamos no preparativo de tal evento. Os alunos com aproveitamento insuficiente não poderão nela tomar parte. A apuração dos méritos pessoais está se dando por diversos modos e somente os perseverantes no bem e no amor terão o grau de vibração compatível com a promoção para nova etapa.

Se observarmos a afirmativa evangélica, perceberemos que nem as guerras e rumores de guerras significam o fim dos tempos.

Diz o evangelista Mateus, no capítulo 24 de seu *Evangelho*:

> E ouvireis de guerras e de rumores de guerras; olhai, não vos assusteis, porque é mister que isso tudo aconteça, mas ainda não é o fim.
>
> Porquanto se levantará nação contra nação, e reino contra reino, e haverá fomes, e pestes, e terremotos, em vários lugares.
>
> Mas todas estas coisas são o princípio de dores.
>
> Então vos hão de entregar para serdes atormentados, e matar-vos-ão; e sereis odiados de todas as nações por causa do meu nome.
>
> Nesse tempo muitos serão escandalizados, e trair-se-ão uns aos outros, e uns aos outros se odiarão.
>
> E surgirão muitos falsos profetas, e enganarão a muitos.
>
> E, por se multiplicar a iniquidade, o amor de muitos esfriará.
>
> Mas aquele que perseverar até ao fim será salvo.
>
> *E este evangelho do reino será pregado em todo o mundo, em testemunho a todas as nações, e então virá o fim.*

Aquilo a que já assistimos no século passado e que se repete ao longo da evolução como marca do atraso humano é a violência que engendra mecanismos de destruição e mortandade. Mas tudo isso é apenas o começo das dores. Fomes, pestes, terremotos e variadas dores sacudirão as criaturas, como o reflexo de suas condutas e despertador de suas consciências. Muitos acordarão das iniquidades como quem acorda de um longo sonho graças à casa que desaba sobre suas cabeças ou aos ruídos da tempestade que os sacodem.

Os alunos relapsos de todos os tempos, aqueles que se apresentem mais irresponsáveis do que maus, precisam acelerar o empenho pessoal na busca da mudança verdadeira. Por esse motivo é que, antes do fim bíblico, será necessário que o evangelho do reino seja pregado por todo o mundo.

Essa é a fase em que nos encontramos na Terra.

Por toda parte, os esforços evangelizadores serão interpretados como fanatismo religioso, arrojo proselitista da casta sacerdotal ou regresso ao medievalismo da crença. Muitas pessoas, dizendo-se defensoras do progresso e baseadas em alguns avanços científicos, sustentam uma modernidade sem ética, um progresso sem moral, qualificando como "retrocesso" tudo o que se oponha ao modo de viver irresponsável.

Nada pior para um despudorado do que ter pela frente regras de uma moral elevada que conflitem com os seus interesses inferiores ao defender valores nobres.

Assim, lutam para implantar na sociedade a noção de uma vida sem responsabilidades, de uma liberdade sem limites, de um viver sem restrições ao gozo, valorizando condutas insanas e estimulando nas pessoas o lado sombrio das personalidades pela exaltação de todos os prazeres, como se a libertinagem correspondesse ao justo exercício do livre-arbítrio.

Como veem, pessoas e instituições ligadas ao mundo velho manipulam as fragilidades humanas empurrando-as no despenhadeiro do vício dizendo tratar-se de virtude, confundindo mentes frágeis com a falsa noção de que o progresso é essa volúpia de consumo, esse excesso de prazeres, essa ciranda de aparências.

Dominam os despreparados que lhes escutam a pregação e combatem qualquer esforço de realçar a conduta nobre, o crescimento do Espírito, a necessidade de esforço pessoal para a edificação do eu verdadeiro.

Os ingênuos e incautos perdidos no cipoal das aparências cedem ao que é mais fácil, ao que melhor remunere o desejo de prazer que confundem com felicidade.

As igrejas, em sua maioria, não se prepararam para iluminar a mente perturbada, com orientações seguras acerca do futuro. Perdidas em velhas fórmulas que não têm mais força de convencimento, lutam entre si para manter um rebanho usando as ameaças de satanás, as cobranças materiais ou o ritualismo pueril.

Por lhes faltar alicerce moral, seja porque viveram à sombra do poder terreno, seja porque o estão buscando com unhas e dentes no cofre das oferendas, tais credos, mesmo respeitáveis em suas tradições, não têm sido capazes de apaziguar boa parte das criaturas perdidas na guerra das informações.

Com argumentos arcaicos e antiquados, com raciocínios viciosos e sem profundidade, querem vencer sem convencer.

Por isso é que o consolador prometido tem um importante papel a realizar neste período final do desenvolvimento do ser, oferecendo seus conceitos lúcidos aos que estejam atentos na busca de outros caminhos.

São leis simples e lógicas que cairão como bálsamo no Espírito sequioso, revelando a sabedoria do Criador e restabelecendo a esperança na alma de tantos quantos, insatisfeitos com a imoralidade que grassa livremente, não encontravam em nenhuma parte as ferramentas racionais e emocionais que o espiritismo propicia, as mais adequadas para combatê-la.

A doutrina espírita surge, assim, não como a única saída para as pessoas, mas, sim, como uma opção possível de um mundo diferente, que não é o de um raciocínio imoral dominando a sociedade nem o de uma fé cega e preconceituosa, alicerçada nos dogmas incompreensíveis.

Ao entender a lei de causa e efeito e a multiplicidade das existências, o Espírito maduro encontrará a chave para suas novas escolhas, a lógica para mudar de atitudes, a vontade de ser diferente por saber que nada termina e que cada dificuldade existe para nos ensinar algo de bom.

Por isso, meus filhos, Aurélio nos recomenda o esforço ingente, a vontade firme em tornarmos ainda mais claros e diretos tais ensinos, através de todos os canais adequados, facilidade essa que outrora nunca pôde ser obtida na divulgação doutrinária, mas que hoje pode ser encontrada.

Ouvindo a fala do dedicado Espírito, Adelino aproveitou breve pausa para perguntar:

— Mas, amado paizinho, apesar de entender esse momento e reconhecer a necessidade dessa propagação, não estaremos esbarrando no despreparo dos homens? Não encontraremos mentes acomodadas ao velho estilo do "não se deve fazer proselitismo", do "não devemos falar de espiritismo para respeitarmos as convicções alheias", do "não devemos ceder aos impulsos da vaidade com a exposição massiva", e coisas semelhantes? Temos presenciado no movimento espírita os mais discrepantes comentários a respeito, inclusive com o discurso de alguns recomendando o regresso às trincheiras do anonimato, longe do público, para que não se firam antigas tradições de discrição. Como resolver esse problema, quando muitos espíritas são o próprio problema?

Com o carinho que lhe é peculiar, Bezerra sorriu e disse:

— É verdade, meu filho, isso tem acontecido amiúde. No entanto, o próprio Jesus indica o rumo. Quando se preparava para ingressar em Jerusalém para as comemorações da páscoa judaica, naquele domingo festivo, o povo se amontoava, para vê-lo chegando montado em um burrinho humilde. Enquanto isso, seus discípulos e seguidores gritavam, eufóricos, apregoando seu nome e o nome excelso do Pai, como nos indica o evangelista Lucas, no capítulo 19:

> E, quando já chegava perto da descida do Monte das Oliveiras, toda a multidão dos discípulos, regozijando-se, começou a dar louvores a Deus em alta voz, por todas as maravilhas que tinham visto,
>
> Dizendo: Bendito o Rei que vem em nome do Senhor; paz no céu, e glória nas alturas.
>
> E disseram-lhe de entre a multidão alguns dos fariseus: Mestre, repreende os teus discípulos.
>
> *E, respondendo ele, disse-lhes: Digo-vos que, se estes se calarem, as próprias pedras clamarão.*

Assim, Adelino, certamente que encontraremos no meio dos simpatizantes ou dos curiosos aqueles que, como os fariseus, estarão preocupados não com a verdade, mas com as aparências, tentando intimidar o entusiasmo dos adeptos sinceros. Gritam para que o mestre faça calar os que elevam a voz para realçar a nobreza de Deus e a grandeza da mensagem cristã. É Jesus, então, quem responde:

Se eles se calarem, "as próprias pedras clamarão".

Este é o panorama que temos perante nossos olhos.

O esforço da multiplicação da Boa-Nova não pode mais ficar restrito aos arraiais de centros espíritas, alguns dos quais têm sido conduzidos por pessoas de boa vontade, mas uma vontade cansada, acomodada, incompatível com a velocidade das coisas neste período decisivo das transformações.

Essa classe de líderes inseguros ou omissos se comporta como os fariseus que fiscalizam os que querem cantar as alegrias do reino por todas as partes, tentando intimidá-los.

No entanto, o movimento de libertação das consciências não está sob o controle dos espíritas. Está nas mãos do próprio Cristo, que aproveitará de toda boa vontade disponível para ampliar a Boa-Nova.

Certamente que contaremos com muitos trabalhadores da seara que serão solícitos e apoiarão os objetivos definidos para as horas que chegam.

No entanto, se não aparecerem espíritas disponíveis, Jesus contará com a participação das próprias pedras que, certamente, Lhe atenderão ao chamamento.

Nosso dever é o de fecundarmos nos corações atentos a noção da urgência e da necessidade de ser exemplos vivos, equilibrados e firmes dessa estrada luminosa da elevação do Espírito.

Ajudaremos a despertar os acomodados, usaremos as bocas e os braços disponíveis para dar voz ao Cristo de Deus, no chamamento dos últimos minutos da última hora.

— E no caso de surgir aqueles trabalhadores que se encantam com a notoriedade e buscam o realce para falar mais de si do que da mensagem que dizem defender? Se nos surgir aqueles que são os primeiros candidatos ao estrelismo com intenções mesquinhas na mente e no coração?

— Os falsos espíritas que se aventurarem no caminho para exercitar a própria vaidade, ainda que consigam espalhar a semente, serão incapazes de entender e aproveitar para si o benefício que divulgam aos demais. Fazendo o bem para os outros, estarão fazendo o mal para si próprios, condenando-se aos efeitos da vaidade, do interesse de realce, do desejo de disputar evidência, atravancando a exemplificação viva da mensagem que pregam. São os escolhos da obra, mas que, certamente, não ficarão no caminho do Senhor.

Os empecilhos serão removidos pela sabedoria que dirige todas as coisas, ainda que, de uma ou outra forma, tenham sido úteis para salvar alguns dos aflitos.

Que os verdadeiros espíritas, então, arregacem as mangas e não se intimidem com o trabalho. Estarão amparados pelas forças do bem para dar testemunho de paciência e amor para com todos, amigos e adversários da mensagem que os combatam por não comungar a mesma visão de mundo.

Respeito e consideração aos que discordam não impedem que o serviço se faça e a semente seja espalhada.

É preciso retirar o espiritismo-vida das paredes das instituições onde está sendo vivido com sinceridade e elevação para espalhá-lo ao entendimento dos que ainda não penetram nas casas espíritas.

Não são os nossos centros de oração e aprendizagem as velhas catacumbas onde os cristãos antigos se reuniam às escondidas, no mais completo anonimato.

A doutrina espírita também não foi edificada para encerrar-se nos certames da intelectualidade onde espíritas discutem, argumentam, pontificam entre si e para si mesmos, ainda que isso seja útil para algum tipo de amadurecimento.

Chegou a hora de o cristianismo espírita surgir como sol que desponta no horizonte e que serve para mostrar o caminho aos que se cansaram de perambular na escuridão. Chegou a hora de a doutrina espalhar-se por todos os lados, por todos os meios possíveis e acessíveis pela tecnologia da comunicação.

Ajudaremos os trabalhadores que nos sejam sensíveis a entender essa premência da hora a tornar-se chamas vivas, suportando os julgamentos do velho farisaísmo de todos os tempos, vencendo a calúnia intimidadora sem se valer dos mecanismos inferiores para se defender de tais ataques.

Aproveitaremos aqueles que sabem receber as agressões e continuar a servir, sem medo e sem arrogância.

Cada qual estará sendo medido pelo tipo de reação que demonstrar diante dos desafios, sabendo que, mais cedo ou mais tarde, todos haverão de entender o motivo de suas tarefas e a razão do esforço multiplicador.

Não é trabalho para os altivos e arrogantes, debatedores e polemistas.

É trabalho para servos que aprenderam a obedecer.

Pressentindo que o entendimento se encaminhava para o final, Jerônimo quis saber:

— Mas então, doutor, o que será dos trabalhos tradicionais da casa espírita? Deverão ser interrompidos? Não terão mais utilidade?

— Imaginemos um posto de assistência que, situado em distante periferia, fosse responsável por atender enfermos, cuidar de feridas, dar os primeiros socorros, orientar na profilaxia de doenças, único ponto de apoio para a população desassistida.

Se, porém, em vez de esperar que os doentes venham ao posto de socorro, equipes capacitadas passem a visitar-lhes as moradias, levando o atendimento aos mais sórdidos becos, os recursos da farmácia e da medicina a mais e mais miseráveis, isso não quer dizer que o pronto-socorro se tornou inútil e que deva ser fechado, não é mesmo?

Ao contrário, mais e mais doentes se tornarão usuários do serviço, porque descobrirão as vantagens e benefícios que estão disponíveis nas dependências do posto, tornando-o ainda mais procurado. Para isso, precisará estar apetrechado e bem administrado por equipe de técnicos e servidores capazes de atender com eficiência, correspondendo às maiores demandas.

Jamais em tempo algum houve tanta necessidade da vivência da caridade em todos os ângulos. Tanto na multiplicação da esperança através do alimento, do ensinamento profissional, do auxílio moralizador da evangelização, da enfermagem do espírito por meio da mediunidade consoladora e do diálogo fraterno, tudo isso é e continuará a ser indispensável para que o espiritismo esteja no seio do povo aflito.

A avalanche dos interessados no entendimento doutrinário vai fazer com que muitas casas espíritas se renovem ou que muitos dirigentes cristalizados no cargo deixem o posto a outros menos acomodados.

Assim vai acontecer, Jerônimo.

A instituição espírita que não deseje fechar suas portas precisará adequar-se com a qualificação de seus trabalhadores, preparando-os para os doentes em abundância.

Não nos esqueçamos de que a aferição dos méritos será mais rigorosa para os religiosos em geral do que para os descompromissados da fé, e ainda mais aguda para os religiosos *espíritas* do que para os de qualquer outra crença.

E, encerrando o assunto com a decisão que lhe caracteriza o caráter resoluto, exclamou:

— Façamos a parte que nos cabe. Se Deus conta com Jesus e Jesus conta com os Espíritos superiores deste orbe e dos outros que lhe atendem a convocação, tais entidades superiores contam conosco, como nós haveremos de contar com os homens que nos escutem. Ao fim das contas, estamos no papel dos carteiros de Deus. Sigamos aos destinatários sem demora.

De volta aos encarnados

6

AO CHEGAR AO PLANO FÍSICO, BEZERRA DESPEDIU-SE, rumando para tarefas que o aguardavam. Antes, porém, recomendou aos dois amigos que se fortalecessem no ideal do serviço para os difíceis embates que todos teriam pela frente e que, assim que tivesse condições, viria ter com eles na instituição espírita que partilhavam com maior afinidade, aquela dirigida pelo valoroso Espírito Ribeiro, ambos já apresentados ao leitor na obra *Herdeiros do novo mundo.*

Relembrando-os de que o chamamento se dirigia a todos os filhos de Deus, com particular ênfase nos espíritas em geral, partiu Bezerra, deixando-os a sós.

— Quanta coisa a ser feita, não é mesmo, Jerônimo? – exclamou Adelino, indagando.

— É, meu amigo, se os encarnados pudessem imaginar o tamanho da obra do lado de cá, certamente pediriam para permanecer eternamente no mundo dos encarnados. Creio que, atendendo às recomendações de nosso paizinho, deveríamos nos acercar de Jurandir, o dirigente encarnado dos nossos trabalhos, para envolvê-lo nessa atmosfera, transmitindo-lhe o aviso indispensável para os trabalhos da noite – ponderou Jerônimo.

Jurandir, para relembrar o leitor, era o dirigente encarnado da instituição espírita a que Bezerra se referia e que era liderada pela entidade Ribeiro.

— É medida realmente oportuna, querido irmão. Devemos começar por aqueles que são os responsáveis, criando campo favorável à disseminação dos alertas.

O dia já havia amanhecido e ambos encontraram Jurandir sentado à mesa para o café da manhã.

Como costumava fazer ao despertar, o companheiro elevava a oração com a qual inaugurava o dia à mesa do desjejum, onde reverenciava a bondade do Pai pela noite de descanso, pelo novo dia e pela satisfação das primeiras necessidades.

Jurandir, dessa maneira, mantinha a atmosfera espiritual aberta e luminosa, em contato com as sintonias superiores, familiarizado com a certeza de que todos eram trabalhadores do Cristo em qualquer parte e hora de suas vidas.

Acercaram-se os dois amigos invisíveis, participando das vibrações elevadas propiciadas pela prece do companheiro sobre cujos ombros era depositada a responsabilidade da direção material dos trabalhos da instituição espírita.

Encerrada a simples e sincera conversa com Deus, o campo da intuição estava satisfatoriamente preparado para que a conversação entre eles fosse eficaz.

Tocando-lhe certo ponto sensível localizado no interior da caixa craniana, observou-se que a luz interior se ampliou, fazendo com que Jurandir entrasse em um estado de transe lúcido, parecido com uma leve hipnose, sem as características da inconsciência.

Uma sensação de bem-estar muito intenso tomou conta de sua alma, que nutria um profundo respeito pelas coisas de Deus, sem os laivos nocivos do fanatismo ou do preconceito.

Ele próprio atribuía esse estado ao efeito salutar da oração que acabara de fazer e, então, iniciou a degustação do café simples enquanto Jerônimo conduzia o diálogo mental favorecido pelo campo vibratório receptivo do encarnado, que surgia como uma conversa deste consigo mesmo.

— Que bom encontrá-lo em agradável sintonia, Jurandir. São muito importantes a devoção e a vigilância antes de começarmos a jornada diária.

Como se ele respondesse falando mentalmente, replicou:

— O que seria de mim sem as bênçãos da oração, não é mesmo, Jurandir? Como é importante a nossa ligação com Deus em todas as horas, sobretudo em um período tão difícil como o que estamos vivendo.

Aproveitando a lembrança espontânea, Jerônimo acrescentou:

— Essa é a decisiva oportunidade de todos, meu amigo. Tempos difíceis para sermos testados na coragem, no idealismo, na abnegação.

Ao que Jurandir contrapôs:

— É...! Quem se torna melhor no mundo se não for testado pelas provas da vida, não é mesmo? Pena que a maioria das criaturas não esteja percebendo isso. Tantos reclamam, tantos procuram Deus somente para solicitar mais concessões materiais...

— Sabemos disso, Jurandir, e o Senhor também sabe. Por isso é que está aproveitando essas motivações materiais dos homens para chamá-los à realidade.

...

— Mas – pensou Jurandir – como é difícil esse povo entender as coisas do Espírito.

— Sim, estão dormindo para a verdade. Por isso, é indispensável que os dirigentes como você se disponham a lhes falar com clareza acerca da urgência desta hora.

...

— Como será que eu poderia tornar a mensagem do evangelho mais atraente para os que escutam? Como fazer para competir com o *shopping*, a televisão e os modismos? – seguia Jurandir dialogando com os Espíritos amigos, pensando que meditava com seus próprios botões.

— O problema maior é a clareza, meu amigo. Não há mais tempo para parábolas, indiretas, entrelinhas. É indispensável falar ao coração e à consciência de todos.

— Tenho abordado a questão da última hora com certa cautela. Comentamos os trechos do *Evangelho* atinentes ao assunto com o cuidado de não produzir nos ouvintes o amedrontamento ou o desespero.

— Sabemos disso, Jurandir, e essa sempre foi a postura adequada para os tempos que já passaram. No entanto, imagine que está chegando uma grande tempestade e você é um meteorologista que a está monitorando através dos satélites e computadores. Sabendo que ela vai atingir uma comunidade, qual a medida adequada para tentar salvar os seus moradores?

Ao dizer isso, auxiliado por Adelino, que plasmava uma tela fluídica à frente da sensibilidade espiritual de Jurandir, Jerônimo fez surgir a cena a que se referia.

Imediatamente, tocado pela ideia da tempestade, o dirigente encarnado passou a imaginar como deveria ser sua postura, caso tivesse a responsabilidade de salvar uma cidade dos efeitos catastróficos de um furacão.

— Puxa vida! imagine que eu saiba de uma tempestade destruidora que vai passar por uma região em poucas horas e precise ajudar seus moradores a que se salvem. Como deveria proceder? Reúno a comunidade e pergunto se eles possuem guarda-chuva? Solicito que se matriculem em uma escola de natação? Vou lhes dizer que não precisam se preocupar, mas vai haver uma chuvinha um pouco mais forte dentro de algumas horas?

— Isso mesmo, Jurandir. Você acha que isso iria ajudar essa gente?

...

— É... creio que isso seria um despropósito numa situação dessas. Precisaria procurar uma emissora de rádio, uma televisão, convocar uma coletiva com a imprensa e informar os fatos como eu os conheço, sem omitir nada, para que, diante da gravidade do prognóstico, cada um adote as medidas que achar conveniente.

Ao atingir o ponto que lhe era o objetivo principal, Jerônimo exclamou:

— Muito bem, meu amigo! Isto é o melhor a fazer. São muitos os que não acreditarão em suas palavras. No entanto, além de terem escutado o alerta, todos os que estiverem receptivos ao chamado da segurança adotarão as medidas preventivas que julgar adequadas, segundo a orientação das autoridades naquele assunto.

...

— Tem sempre aqueles que não acreditam em nada e ridicularizam todos os alertas.

— Isto é de todos os tempos, Jurandir. Não estamos fazendo isso pelos descrentes. Estamos interessados naqueles que têm o coração aberto para as realidades divinas e que, mesmo marcados pelos erros, possam aproveitar os momentos finais para se preparar para a tormenta. Certamente que os maus e aqueles que prezam a maldade com seu cortejo de prazeres não desejarão dar ouvidos a nenhuma disciplina moralizante ou a qualquer conduta diferente daquelas que entronizam o egoísmo.

No entanto, há muitos que são mais imaturos do que maus. Ao primeiro rugir da tormenta, caem de joelhos pedindo perdão a Deus, arrependendo-se. Se esses tiverem um pouco de juízo, a sinalização do perigo os ajudará a decidir pela mudança de rumos.

...

— É... – pensou seriamente – na tempestade não há tempo para parábolas.

— Esperamos que você não se esqueça dessa orientação sábia para que possamos contar com seus esforços junto dos irmãos encarnados a fim de conseguirmos iluminar alguma consciência antes da grande escuridão, meu amigo.

E, para que Jurandir não se atrasasse para o serviço diário, Jerônimo encerrou o rápido colóquio, projetando na tela a fisionomia generosa de Bezerra de Menezes, em nome de quem estavam falando, repassando em pensamento as advertências hauridas naquela noite tão especial, junto à corte celestial de Aurélio, Antênio e tantos outros.

A visão espiritual de Bezerra fez com que Jurandir se sentisse tocado pela atmosfera doce e firme do venerável ancião, interpretando essa sucessão de ideias como uma inspiração vinda diretamente dele.

— Obrigado, paizinho – exclamou Jurandir em voz alta enquanto terminava de beber o restante da xícara de café com leite. Hoje começaremos o trabalho de avisar sobre a tempestade.

Entreolhando-se felizes, Jerônimo e Adelino consideraram exitosa a primeira tarefa do dia, preparando o trabalhador encarnado para a faina corajosa que teria pela frente.

Deixando Jurandir, partiram na direção da instituição onde, logo mais à noite, reunir-se-ia grande número de servos do bem no mundo invisível e de simpatizantes encarnados da doutrina espírita cristã.

Ao chegar, procuraram Ribeiro para apresentar-lhe os cumprimentos.

— Em boa hora chegaram mais quatro mãos para auxiliar em nossos trabalhos sempre tão intensos – falou o dirigente espiritual, sorrindo de contentamento.

— Claro, meu amigo – adiantou-se Adelino, em resposta. Nossa alegria maior é a de sermos úteis para alguma coisa junto de seu coração generoso, Ribeiro. O que seria de nosso tempo sem esta casa de paz e refazimento, não é?

— Bem, Adelino, a paz é a herança do Cristo que nos dirige, mas quanto ao refazimento... – disse Ribeiro, falando entre sério e brincalhão – ainda estou por esperar essa oportunidade. Aqui, por enquanto, estamos no *fazimento* mesmo.

— Faz isso, faça aquilo, ajude aqui, coopere lá... – acrescentou Jerônimo, entrando na conversa.

— É bem isso, queridos irmãos. Dessa forma, comemoramos a chegada de mais dois fazedores para nos amparar nos afazeres que esperam.

— Acabamos de chegar de importante reunião que acompanhamos na companhia de Bezerra, na qual foram relatadas ocorrências muito importantes e feitas determinadas solicitações.

— Sim, amigos, nosso paizinho querido já me informou de tudo.

Surpreso com a rapidez da notícia, Adelino exclamou:

— Mas já? Acabamos de nos despedir dele não faz nem meia hora, Ribeiro.

— Sim, Adelino. No entanto, através do pensamento, comunicou-me sobre as diretrizes urgentes para nossas atividades. Algo como "ponha mais lenha nesse fogo porque é preciso mais calor nesse fogão". Bem, não foi assim que ele disse, mas, no fundo, a mensagem é a de que precisamos acelerar o esclarecimento das criaturas para os preparativos finais.

— Isso mesmo, Ribeiro. Que bom que já está sabendo, pois dessa maneira a gente aproveita melhor o tempo.

— Sim. Sobre isso, já enviei algumas comissões espirituais à casa dos diversos médiuns e trabalhadores assíduos de nosso núcleo a fim de que não se ausentem do trabalho de hoje, quando todos deverão estar muito atentos aos avisos. Só não precisei me preocupar com o Jurandir...

Entendendo que Ribeiro se referia aos cuidados que eles próprios já tinham adotado em relação ao dirigente encarnado, Adelino, brincando, exclamou:

— Virgem Santa, parece até que você tem bola de cristal, Ribeiro!

E Jerônimo completou:

— Isso mesmo, Adelino. Ribeiro tem uma bola de cristal escondida no coração. Aliás, seu coração é um cristal, por isso é que sabe de tudo. Um dia também seremos como ele. E para isso, vamos precisar nos empenhar muito nos *fazeres* que nos esperam. Vamos ao trabalho, Adelino?

Sem aguardar os protestos de Ribeiro, que sempre desaprovava qualquer menção elogiosa a si mesmo, os dois trabalhadores dirigiram-se às inúmeras enfermarias espirituais repletas de almas em recuperação à espera por transporte a núcleos do mundo invisível, além de abrigar grande número dos que, adormecidos, candidatavam-se aos veículos que os levariam ao grande transportador, rumo ao exílio já descrito anteriormente (no romance *Herdeiros do novo mundo*) onde retomariam aquilo que não poderiam mais fazer aqui na humanidade terrena: *despertar para a verdade*.

Conceitos e preconceitos

7

A RUA ESTAVA REPLETA DE TRANSEUNTES APRESSADOS, todos preocupados com suas lutas terrenas, ganhos, perdas e disputas. Por toda parte, observavam-se massas compactas de entidades que se misturavam aos encarnados. Se os homens pudessem observar a natureza de tais companhias, certamente que enlouqueceriam, aterrorizados pela visão grotesca da monstruosidade invisível que lhes fazia a corte, acopladas a sentimentos e pensamentos desconcertantes e inferiores.

A atmosfera vibratória reinante indicava o desajuste da maioria, observando-se que todos pareciam estar caminhando envoltos por vasto oceano de matéria densa, escura e repulsiva, plasmada pelas mentes em desequilíbrio.

Os encarnados imaginavam a vida como sendo o saciar das exigências básicas do instinto e, por isso, viviam mais como animais primitivos do que como seres espirituais em processo de elevação.

Suas mentes se atrelavam ao solo lodoso de um mundo em ruínas, esperando dele retirar tesouros imaginários sem se aperceber de que tais realidades estavam a serviço do crescimento de seus espíritos.

O trabalho existia para disciplinar a vontade, mas o homem só o encarava como fonte de recursos para suprir as necessidades da vida física ou como fonte de prazeres.

O relacionamento afetivo existia para que as pessoas aprendessem a cooperar umas com as outras, a tolerarem-se nas diferenças, a se desdobrarem para a sobrevivência coletiva, formas para o desenvolvimento das virtudes da alma. Entretanto, na maioria das vezes, as pessoas reduziam estas tão importantes oportunidades a simples experiências do sexo, atreladas a emoções mecânicas nos espasmos musculares.

No que se referia à construção do afeto seguro e sincero, entretanto, punham-se a reclamar de todos os problemas que surgiam no lar, fugindo da responsabilidade da própria transformação.

O sofrimento físico ou moral era o chamamento ao resgate do passado ou o pagamento pelos excessos do presente, a aconselhar a modificação de conduta, o abandono do vício fosse ele qual fosse, a mudança de direção a seguir. No entanto, o encarnado via a doença como maldade divina, reclamava das dores, não ingeria os remédios de maneira correta e sonhava em sarar da enfermidade para continuar praticando as mesmas alienantes equivocações.

O homem moderno havia escolhido transformar a escola de virtudes em um ginásio de prazeres e crimes.

Isso atestava o grau de seu comprometimento com a retaguarda moral, marcando o nível de evolução que cada qual havia conseguido desenvolver em si mesmo.

Em relação à fé, não era diferente.

O antigo cenário da Roma Clássica se repetia, ainda que sob os templos cristãos. Isso porque, também dentro das igrejas, a leviandade havia penetrado os corações que lhe buscavam o abrigo seguro.

Na Roma ancestral, uma miríade de templos se misturava nas ruelas e praças romanas, cada qual com o seu cortejo de divindades, sacerdotes e sacerdotisas, cultos e oferendas. E o povo, à cata de favores divinos para suas empreitadas humanas, imaginando que suas espórtulas, doações ou favores seriam capazes de corromper a vontade dos deuses a quem se devotavam.

O cristianismo havia, no entanto, mudado a face da humanidade. Acabaram-se os templos pagãos onde a face assustadora de Júpiter, os modos glutões de Baco, as insinuações sedutoras de Vênus ou Afrodite serviam aos mais diversos interesses dos homens.

Substituídos pela crença no Deus único, testemunhado e ensinado pelo Cristo amoroso, a nova era surgira com o vigor da planta tenra que cresce no solo favorável. Mas o tempo havia passado, o entusiasmo das primeiras horas perdido a força no coração dos seres que, lentamente, fizeram voltar o culto pagão em sua essência ao centro dos diversos cultos cristãos.

Multiplicaram-se as igrejas em suas diversas denominações, cada qual atribuída a um santo, a um nome chamativo, a um patrono importante, nas diversas vertentes da fé.

E o que eram Júpiter, Afrodite, Apolo, Mercúrio, de ontem, passou a ser esse conjunto de denominações de diversas escolas religiosas, agora todas adeptas do cristianismo.

Apesar disso, no entanto, a atmosfera da fé continuava mergulhada no escuro cipoal do interesse, na estrada da irresponsabilidade, na luta pelo sucesso material acima de qualquer outra conquista.

Certamente que a fé de alguns ainda encontrava alimento sadio no seio de tais congregações religiosas que, fundadas no evangelho de Jesus, espalhavam seus ensinamentos a tantos quantos o desejassem. Mas, inegavelmente, em sua maioria, as próprias instituições que se diziam casa de Deus haviam se perdido no caminho do testemunho, acumpliciando-se com os interesses inferiores, olhando para o céu, cobiçando os bens da Terra.

Poucas se mantinham fiéis ao velho projeto da simplicidade, da autenticidade, da coragem no bem.

E, como na antiga Roma, o ser humano descompromissado com a própria transformação migrava de uma crença a outra sem a menor cerimônia, inclinando-se para aquela que lhe garantisse a conquista dos próprios interesses de maneira mais rápida e barata.

Homens e mulheres eram vistos em templos católicos fazendo promessas para, logo depois, ingressar em igrejas evangélicas ou templos espíritas para pedir as mesmas coisas. Boa parte deles solicitava de Deus favores que significariam a desgraça de outros, o atendimento de pedidos que visavam a prejudicar pessoas ou comunidades, o apadrinhamento de pretensões ilícitas ou o apoio para as apostas milionárias.

O panorama do mundo indicava, com raras exceções, que boa parte da humanidade não havia despertado para as realidades da evolução.

E se a rua demonstrava esse intercâmbio assustador entre vivos e mortos, a atmosfera dos grandes e bem ornamentados recintos comerciais da modernidade, os *shoppings centers* estilosos assustavam ainda mais.

Isso porque, se nas vias públicas se misturavam pessoas de todos os padrões sociais, boa parte das quais privadas de entendimento, de formação moral mais requintada ou mesmo de simples cultura escolar, os locais destinados ao caro comércio das tentações reuniam público bem mais apurado, favorecido pelos bens materiais e, de se supor, mais fino. Porém, os Espíritos que passeavam ao lado dos vivos do corpo eram mais grotescos que os das ruas.

De um lado, as belas vitrines com os arranjos sedutores, bens e ofertas provocadoras. Do outro, seres humanos invigilantes e distraídos, desatrelados de um pensamento nobre, emitindo as formas-pensamento grotescas, acoplados a companhia inferior e mais perigosa do que aquelas que eram vistas nas vias públicas. Lá fora, violência e agressividade uniam as duas humanidades. Aqui dentro, astúcia, malícia, cobiça e maldade refinada eram a marca das almas perturbadoras que se uniam aos sócios de carne, em laços que eram ainda mais profundos e intensos.

Observava-se uma simbiose perfeita em que ambos demonstravam a mesma vontade, e o encarnado não saberia afirmar se se conduzia por si mesmo ou pela influência inferior com quem se harmonizava.

Ao se avaliar as condições pessoais dos frequentadores de tais ambientes, o que se podia perceber, sem muito esforço e com poucas exceções, era que a ambição, a inveja, a dependência da matéria, a crueldade, o egoísmo e toda corte de vícios e defeitos morais eram mais graves e patentes do que naqueles que perambulavam nos caminhos públicos.

Tanto nas ruas quanto nos centros comerciais, havia pessoas que fugiam à regra, capacitadas pelo próprio equilíbrio a se manter protegidas por bons pensamentos, nascidos de sua vigilância e por sua opção interior na direção de valores nobres. Ao redor delas, uma atmosfera diferenciada indicava a melhor condição pessoal, como uma impressão digital psíquica reveladora da vibração interior no bem.

No entanto, na maioria, o tumulto mental era a marca preponderante, transformando aquele ambiente de belezas materiais num pântano pestilento, no qual serpentes invisíveis deslizavam acompanhando homens e mulheres bem vestidos, compartilhando da cobiça e da astúcia, do egoísmo e do orgulho.

Não importava se visíveis ou invisíveis. Neles, a peçonha era um traço comum que se enraizava na mente cobiçosa. Em nenhuma parte a preocupação com Deus.

Na verdade, era a grande igreja da modernidade. Nichos de todos os tipos para atrair gostos variados onde cada "deus material" prometia coisas, e a massa dos fiéis a perambular pelos corredores em busca do deus que lhes satisfaria as buscas imediatas.

Para uns, era o deus da beleza, outros, o deus do prazer, outros, ainda, o deus da sedução e cada loja um local de culto onde o interessado depositava a sua doação e saía com a bênção que almejava.

E, nos corredores, criaturas insatisfeitas, infelizes, sonhadoras e ególatras, tentando satisfazer suas ânsias através da cobiça da compra, da ilusão do ter, do velho deus Mamon ou Baal dos tempos pagãos.

A cena bem representava a realidade, bastando que se contasse o número de vezes que qualquer um dos encarnados ia ao *shopping* e se comparasse ao tempo que gastava no exercício da própria crença, onde se ligavam a Deus no exercício da fé.

Um quadro social dessa natureza demonstrava enfermidade coletiva que contaminara boa parte das pessoas.

Compondo o mosaico da coletividade, somente reduzido número de criaturas atentas e vigilantes praticava a profilaxia da alma nos moldes recomendados pelo Cristo, superando suas limitações, esquecendo seus interesses imediatos, recusando-se a participar da ciranda da alucinação que envolvia as multidões.

Para essa minoria, a atmosfera do mundo materialista era hostil porquanto, já não mais participando de seus objetivos nem vibrando segundo as pressões da maioria, tais pessoas viviam rodeadas por loucuras e futilidades que se tornavam agressivas e injustas.

Em verdade, esse era e é o verdadeiro teste.

Somente com o embate entre os conceitos nobres e os preconceitos do mundo é que uma pessoa poderá dar mostras de que conseguiu reformar-se.

E você, querido leitor, é chamado a posicionar-se na grande oportunidade de viver e superar-se, enquanto é tempo.

Observe os conceitos que você defende, como é que justifica suas atitudes diante da vida, quais os valores que sua mente elegeu para servir de roteiro para seus comportamentos.

Este é o momento da prova.

E foi por isso que Jesus alertou a todos sobre a salvação, ao ensinar que somente os que perseverassem no bem, os que lutassem pela concretização dos valores nobres e se corrigissem em sua disposição para vencer as más inclinações, realmente encontrariam a salvação.

Reformule suas escolhas, repense seus conceitos materialistas, reforce suas disposições de servir por amor, esqueça-se para que outros tenham o direito de ser felizes, não esmoreça diante do testemunho moral ou material, trabalhe no bem e aguente firme. Chega o momento em que a prova acaba e, então, só restará aguardar o resultado.

Pelos frutos conhece-se a árvore.

Analise os frutos que você está produzindo e, conhecendo-se, lute para produzi-los em maior quantidade e com melhor qualidade.

Colhendo os frutos

8

O AMBIENTE DAQUELA QUE SE PODERIA CHAMAR A casa da esperança era dos mais tumultuados e impróprios, se vista tão somente pelo prisma dos encarnados. Corredores lotados, insatisfação em quase todos os rostos e, em contrapartida, a má vontade da maioria dos que, ali, eram pagos para exercerem a medicina ou a enfermagem segundo as escolhas profissionais de cada um.

Doentes esbravejando, médicos indiferentes ao lado de enfermeiros descontentes e sem amor eram coisa comum de se encontrar.

Certamente que havia, aqui e ali, alguma exceção a tal maneira de se conduzir. Entretanto, contaminados pela impaciência coletiva, os poucos resignados acabavam atacados pelo desequilíbrio dos outros.

Por se tratar de uma casa cuja tarefa era acolher doentes, nada mais natural do que albergar enfermos irritados pela dor, impacientes com o sofrimento, desesperados pela possibilidade da morte física, agitados pelos dissabores da vida.

No entanto, em vez de se manter no firme propósito de ser remédio para os amargurados, a amargura desses parecia assimilada pelos funcionários dos diversos setores do hospital. Alguns conseguiam controlar o desejo de retribuir o mal recebido com o mau atendimento. A maioria, porém, aqui ou ali, adotava o velho chavão do "olho por olho, dente por dente".

Os médicos acreditavam-se superiores a tudo e a todos, contribuindo significativamente para as péssimas relações coletivas no ambiente.

Expressões simples como o "por favor", "muito obrigado", "seria possível?" há muito tinham deixado de se escutar no relacionamento profissional.

Observando essa realidade, Bezerra comentava com Ribeiro:

— Infelizmente, meu filho, quando observamos como se conduzem os encarnados, temos que convir que a boa convivência tem sido a maior vítima. Na administração humana, esse hospital se divide, basicamente, em três categorias de frequentadores: doentes, enfermeiros e médicos.

Para nós, entretanto, Ribeiro, existe apenas uma categoria: a dos doentes.

Assim é que temos enfermos-doentes, enfermos-enfermeiros e enfermos-médicos, porque todos nos requisitam a atenção fraterna por algum tipo de sofrimento que lhes corrói o sentimento ou a mente.

Dificilmente conseguimos encontrar apoio equilibrado e seguro no coração de algum profissional que, colocado por Deus nesse local de serviço no bem, cumpra adequadamente a tarefa de amar o enfermo físico, compreendendo-lhe os achaques e as crises. Todos reclamam nossa atenção clínica, pois acredite, Ribeiro, a menor das necessidades nesse ambiente de aflições é a da carne doente.

Surpreso com o comentário, Ribeiro permaneceu calado, esperando que Bezerra se alongasse na lição fraterna, ministrada sem nenhuma amargura nas palavras ou sentimento de contrariedade.

— Por esses corredores há doentes físicos, é verdade. No entanto, as doenças da emoção, da mente e do espírito predominam em todos os que aqui permanecem, não importando qual seja o motivo que os tenha trazido até aqui.

Doentes físicos que pioram sua condição orgânica pela enfermidade emocional do medo, da angústia, do desespero.

Enfermeiros que se apresentam doentes da insatisfação, com o pensamento indiferente à dor do semelhante.

Médicos multiplicando sonhos de grandeza e sucesso material, comprometidos com ambições que julgam justas e compatíveis com o nível social em que se acreditam superiores aos demais, por aqui transitam com a cabeça cheia de planos, trazendo vazio o coração. Veem seus pacientes como problemáticos e intoleráveis esquecendo-se de que essa é a reação natural dos que sofrem.

Então, Ribeiro, nós, que aqui servimos por amor a todos, atendemos os doentes do corpo, mas para o bem do próprio serviço, não deixamos de amparar os demais, sem exceção, porquanto, se entendemos a irritação nos doentes, despreparados para suportarem pacificamente o sofrimento, o que será desse hospital se periclitarem também, no resvaladouro do desequilíbrio, justamente aqueles que devem servir os aflitos?

Para tornar mais elucidativa a explicação, Bezerra acercou-se de um dos trabalhadores do hospital.

— Veja nossa irmã Alcinda – disse, apontando para a enfermeira chefe do plantão da noite.

Ribeiro acercou-se com ele da referida servidora que, entre preocupada e insatisfeita, era a responsável por vinte e cinco doentes daquela ala hospitalar.

Lendo-lhe os pensamentos, Ribeiro assustou-se:

— Mas está pensando em como se livrar do ex-marido que lhe causa problemas ao exigir o direito de ter consigo o filho comum, coisa que ela não aceita porque foi traída pelo antigo companheiro que a trocou por outra mais jovem.

— Isso mesmo, Ribeiro. Estamos atendendo nossa irmã Alcinda já há dois meses, quando seu drama moral se agravou. Extremamente ligada ao filho, não lhe doeu tanto a traição de que foi vítima quanto lhe está perturbando a ameaça do ex-marido em lhe retirar a guarda da criança, alegando a sua falta de tempo para cuidar do pequeno, em decorrência de seu trabalho neste hospital.

E como você pôde observar, Alcinda está tramando envenenar o ex-marido Válter, usando alguns recursos medicamentosos a que tem fácil acesso, sem levantar suspeitas. Além do mais, o ex-marido ganha a vida como vendedor de imóveis e, neste momento, entre os vinte e cinco albergados sob seus cuidados, encontram-se dois enfermos com o mesmo tipo de atividade profissional. Alcinda, transferindo a ira que sente para esses dois infelizes, que a fazem recordar da atitude infiel do ex-marido que se envolveu sexualmente com uma colega de trabalho, está inclinada a desprezar os dois doentes aqui internados, como se tivessem, também, alguma culpa por sua desgraça.

Para ela – doente da emoção –, todos os que trabalham nesse ramo são oportunistas e desonestos, imaginando que prestará um excelente serviço à comunidade se aniquilar tanto o ex-companheiro quanto os que lhe compartilham a atividade comercial.

Ribeiro se abismava diante do perfil daquela criatura que, na condição de chefe do turno da noite, tinha sob sua custódia tantas criaturas enfermas.

— Entende você, querido filho, como precisamos tratar de todos, cada qual com o seu tipo de doença? Se nos descuidarmos de Alcinda, certamente que pelo menos outras três criaturas – além dela própria – poderão ter sua vida comprometida por uma atitude insana de uma mente enferma.

E fazemos isso porque Alcinda, ao contrário do que possa parecer, possui qualidades excepcionais em muitas outras áreas do caráter. É disciplinadíssima nos deveres da enfermagem, hábil organizadora do grupo que tem sob sua direção, amorosa enfermeira no trato com crianças, nas quais identifica o próprio filho amado, não importando a que classe social pertençam.

É generosa na compreensão dos problemas alheios e de fácil influenciação por nossa parte, acolhendo a inspiração que lhe enviamos, sem os entraves normais encontrados em outros servidores.

Realmente, acabou se contaminando com o vírus do rancor ao passar por uma provação pessoal, fora do ambiente de trabalho. Isso, no entanto, não a torna má nem a desmerece em tantas qualidades que ornamentam sua alma. Tratamos do combate ao vírus da emoção para continuarmos a contar com a servidora dedicada em muitas outras áreas. E, nesse esforço, visitamos o seu lar, abarcando o Espírito do ex-companheiro a fim de que o antagonismo afetivo não seja levado aos extremos como vem dizendo que fará, nem use o filho como arma para desajustar a emoção da antiga esposa.

Nesse esforço, não recusamos a atenção sequer à leviana companheira que está envolvida na dissolução familiar. Trata-se de uma filha de Deus iludida pelo sonho de grandeza, alicerçada em uma transitória beleza física que vem usando como instrumento de sedução dos incautos para se sentir poderosa diante dos outros.

Envolvemos Luciana, a atual companheira de Válter, para que sua mente astuta não alimente a fogueira de vingança que ambos acenderam contra Alcinda, desde o momento em que começaram o caso afetivo, diante do qual a enfermeira era o maior obstáculo.

Seu coração inquieto não está à altura das qualidades morais que são naturais na irmã que temos sob nossos olhos. Luciana é leviana e, qual borboleta festiva, continua à caça de aventuras, arrastando Válter aos desatinos excitantes da emoção, consumindo-se os dois em excessos físicos que não durarão por muito tempo. Agora que Alcinda foi retirada de seu caminho, Luciana não está satisfeita em ter-lhe arruinado a família. Deseja também continuar criando obstáculos ao seu equilíbrio, com ódio mortal da ex-esposa em decorrência da troca de farpas verbais que ambas tiveram certa vez, quando Alcinda, descontrolada, ofendeu-a pesadamente.

Jurou para si mesma, a amante, que iria ensinar-lhe a nunca mais ofender outra mulher. Exercendo domínio sobre Válter – verdadeiro adolescente encantado pelas emoções da sexualidade que Luciana proporciona –, vem semeando nele as ideias de pleitear na justiça a guarda do filho que ambos sabem ser o tesouro de Alcinda.

Então, Ribeiro, para auxiliar os doentes internados nesta ala do hospital, não podemos deixar de atender o coração de Alcinda, a mente desajustada de Válter, além de procurar desarmar o ódio de Luciana para que consigamos reconduzir todos esses enfermos ao nível aceitável de equilíbrio geral, emocional e orgânico.

Observando o grande e complexo trabalho dos Espíritos que militavam naquela instituição, Ribeiro comentou, sorrindo:

— Bem, doutor, que bom seria se houvesse uma pílula do bom senso, não é?

— É, Ribeiro, acho que a fábrica não iria dar conta da produção – respondeu o nobre servo do bem, envolvendo o companheiro de lutas na atmosfera de seu carinho.

Depois da lição esclarecedora, Bezerra conduziu Ribeiro ao quarto onde jazia uma criatura extremamente abatida, nos estertores da morte. Tratava-se de uma mulher madura cujo sofrimento físico houvera conduzido ao desgaste orgânico acentuado e que, mesmo em um quarto equipado com avançada e complexa aparelhagem, trazia na alma a marca vibratória própria das feras enjauladas. Ao lado do leito limpo, visitantes invisíveis de péssima aparência se amontoavam, como que esperando a doente para a continuidade das aventuras de baixo teor.

Ribeiro já sabia de quem se tratava.

— Puxa! doutor, pensei que o quadro não fosse tão grave - disse ao observar Leda nos momentos cruciais do corpo carnal.

Respondendo à sua exclamação, Bezerra completou:

— Como ensina o velho dito popular, muito comum nos meios espíritas, Ribeiro, "a semeadura é livre, mas a colheita, obrigatória". Nossa irmã está nos derradeiros instantes da vida física mas, observe bem, seus tormentos maiores não são os da carne doente. São os do Espírito amedrontado diante do que a espera na jornada além-túmulo.

Com o relaxamento dos laços orgânicos, Leda está em contato direto com toda a malta de entidades inferiores com a qual se relacionava diariamente, aquelas que encontrava nas festividades impróprias, sob a direção da nossa conhecida baronesa Moira (personagem do romance *Herdeiros do novo mundo*).

Não lhe favorecem mais as intercessões espirituais do antigo companheiro, o nosso querido irmão Alberto. Depois da separação entre eles, ao preferir as ilusões aventureiras, dedicou-se com ênfase às amizades mentirosas, crendo que ali encontraria o apoio necessário. Poucos meses depois, a grande incentivadora de suas leviandades, essa entidade de repulsivo aspecto que a cerca no leito e que era conhecida pela alcunha de baronesa, voltou ao mundo espiritual e, enquanto não é recolhida pelos Espíritos encarregados da seleção do joio e o trigo, vai reunindo as velhas amizades pelo laço dos prazeres indignos no campo da sintonia inferior. Leda passou da esperança à decepção, sem contar sequer com o apoio de seus filhos e comparsas, Robson e Romeu.

Quando o câncer aflorou, cruel e rápido, fugiram de vez todos os antigos sócios da ilusão. Teria ficado entregue a si mesma, caso não fosse a solicitude fraternal do antigo marido que ela mesma humilhara havia poucos anos.

Graças aos contatos que lhe restaram depois da falência, Alberto conseguiu cercar Leda com cuidados especiais que a favoreceram com um pouco de alívio.

A aproximação do ex-marido, no entanto, fez surgir o complexo de culpa de maneira ainda mais cruel. Ao tempo da bancarrota, Alberto não lhe servia mais se não como causa de vergonha. Culpava-o por ter perdido a posição e o realce material dos velhos tempos. Leda, na hora mais dolorosa de Alberto, escolhera abandoná-lo. Agora, era a mão do antigo marido, adepto do cristianismo espírita, que lhe servia de único arrimo e derradeiro refúgio.

Alberto sempre a visitava, conhecendo-lhe o estado terminal, procurando prepará-la para a desencarnação. Mas como médium que é, mesmo com o pensamento elevado ao bem e ao amor, registrava as perversas companhias que se associavam a Leda, sem mesmo lhe respeitarem as dores físicas ou morais.

O quarto era quase uma gafieira de péssimo nível. Enquanto a enferma gemia de um lado, entidades levianas rodopiavam pelo ambiente, como bailarinos treinando para não perder a forma. De quando em quando, algum deles desfechava contra a pobre mulher um xingamento, dizendo que seus gemidos estragavam-lhe a concentração nos passos do bailado.

Alberto sentia as difíceis vibrações daquele recinto, ainda que não se deixasse contaminar por essa atmosfera.

E graças ao seu empenho através de orações e rogativas, os trabalhadores espirituais do centro espírita a que estava vinculado passaram a acompanhar o caso Leda, mesmo sabendo que não poderiam alterar o curso dos fatos, em respeito à lei que manda que cada qual recolha o que haja semeado.

Bezerra e Ribeiro acercaram-se do leito sem ser vistos pelos demais Espíritos.

Leda também não os identificava, perdida nas alucinações do mundo inferior que a envolvia com suas exigências e gozações.

Mantida sob a ação de sedativos que lhe causavam alívio orgânico, seu espírito não podia contar com o refúgio do corpo para esconder-se das perseguições horrendas que a envolviam.

No entanto, mesmo sob a ação dos anestésicos, mantinha-se colada à carne física como último recurso de defesa, tentando ocultar-se dos convites indecentes e dos rostos monstruosos que a chamavam com o tom e intimidade de velhos amigos.

Bezerra impôs sua mão luminosa sobre a mente cansada de Leda e, atuando de forma direta nos centros delicados, transferiu-lhe recursos magnéticos graças aos quais ela pôde visualizar a presença fraterna de Ribeiro, ali ao seu lado.

— Graças a Deus – gritou a doente. Até que enfim alguém vem em meu auxílio. Doutor... doutor... me tire daqui... isto não é um hospital, é um sanatório de loucos... deixe-me voltar à companhia de meu Alberto, por favor...

— Calma, Leda, você está sendo tratada. Pense no Criador, eleve uma oração a Deus e peça o amparo que lhe seja possível conceder ao seu caso, minha filha...

— Mas meu problema não é de reza, não. Estou doente, doutor. Preciso de cirurgia rápida, de atendimento de emergência, de medicação forte. Mas enquanto não me operam, por que deixam toda essa escória de gente entrar aqui no quarto? Onde já se viu uma coisa dessas? Que falta de respeito para com um doente que está lutando para viver...!

— Olha, Leda, continuaremos cuidando de você. No entanto, pense no quanto tem se entregado ao descuido próprio. Você tem solicitado remédios e cirurgias como o indivíduo que, no meio do incêndio, deseja uma aspirina em vez de lutar contra as labaredas. Suas dores físicas estão terminando, minha filha. Mas já pensou nas dores morais? Já meditou nas coisas que a esperam depois?

— Ai... doutor... Deus me livre disso também... – respondeu Leda, modificando o tom de voz. Nem quero pensar muito nisso! Nunca acreditei em inferno, mas tenho muito medo de ir parar lá mesmo.

Vendo que Leda não se animava a enfrentar a própria situação, Ribeiro sorriu para ela e rematou:

— Pois então não é melhor a gente recorrer à oração nesses momentos de incerteza, Leda? Só Deus para nos enviar o amparo de que necessitamos, você não acha?

— É, doutor, acho que o senhor tem razão. Só Deus mesmo para me valer com sua bondade...

Percebendo que a conversa se encaminhava para o final, Leda tomou as mãos de Ribeiro entre as suas e, num esforço desesperado, parecendo esquecer toda a conversa anterior, exclamou:

— Mas o senhor daria um jeito de não deixar mais esses mendigos e miseráveis entrar no meu quarto? Não suporto a companhia dessa gentalha, doutor... pelo menos nesses momentos delicados pelos quais estou passando... por favor...

Compreendendo o despreparo de Leda para o momento da desencarnação e sua recusa em aplicar a seu favor o benefício da prece, Ribeiro sorriu e exclamou:

— Vou solicitar aos guardas que impeçam a entrada deles. No entanto, Leda, não se esqueça de orar. Com sua oração, você mesma poderá barrar-lhes a entrada. É escolha sua, minha filha.

Bezerra retirou a destra de sobre a caixa craniana da enferma e, saindo com Ribeiro do ambiente, comentou que a desencarnação se daria dentro de 12 horas, aproximadamente.

Não haviam se passado nem três anos da separação de Alberto, e Leda, desgastada pelos valores duvidosos à sombra dos quais resolvera se abrigar, estava prestes a ser expulsa do corpo físico pela doença desagregadora que nascia de sua alma doente.

Do outro lado da vida, continuaria cancerosa e mal acompanhada.

Alertando a todos

9

DENTRO DAS TAREFAS DE ILUMINAÇÃO QUE A GENErosa alma de Bezerra realizava, atendendo aos ditames superiores no sentido de alertar os encarnados por meio de manifestações reiteradas, o venerando médico concentrou seus primeiros esforços nos núcleos espíritas aos quais se ligava de maneira direta.

Incentivou vários cooperadores próximos a multiplicarem a mensagem para os demais centros espíritas de todas as partes, sem esquecer nenhuma instituição de boa vontade que estivesse em sintonia com a obra divina na edificação do futuro. Além do mais, convocou diversos representantes espirituais de todos os credos e religiões para que, em reunião de esclarecimentos, fossem também alertados para as necessárias transformações, fazendo chegar aos fiéis de todos os tipos as notícias sobre a indispensável vigilância.

Incansável no bem, o amoroso ancião se desdobrava, multiplicando o esforço sublime nascido de mais alto.

Acompanhado por Jerônimo e Adelino, certa noite Bezerra compareceu à agigantada instituição espírita responsável pela evangelização diária de milhares de criaturas, com a finalidade de infundir em seus responsáveis as orientações recebidas de Antênio e Aurélio.

Favorecidos pelo desdobramento que o sono conferia à alma dos encarnados, foram os dirigentes reunidos em vasto ambiente no qual, em dias comuns, se prestava assistência ao público sob a invocação do nome do médico dos pobres.

Importante realçar que, apesar de serem dirigentes administrativos e doutrinários da instituição, muitos traziam o espírito desvinculado dos ideais mais sinceros, vivendo uma vida mundana incompatível com os elevados deveres dos que, a qualquer título, se encontram à frente de um trabalho de amor e sinceridade que se realiza em nome de Jesus.

Carregados de sombras, muitos deles tinham a mente jungida a desejos humanos, amolecidos nas fibras do caráter pelos interesses materiais que os dominavam e cujas marcas visíveis denunciavam-lhes as precárias condições morais e a insinceridade das atitudes. Na vida normal, em retomando às lides diárias, apresentavam-se ao serviço e aos trabalhos sob sua direção com a bem talhada máscara do devotamento. No fundo, entretanto, não se entregavam ao comportamento evangelizado e fraterno.

Em virtude do tamanho da instituição, viviam sob o regime do fingimento, envenenados pela crítica acirrada dos bastidores, dividindo-se em grupelhos sob os auspícios da injúria ou da calúnia, além de alguns tecerem rede de interesses materiais nas corrupções tão perniciosas. Esse tipo de trabalhador havia se esquecido do sofrimento, da miséria, em razão do distanciamento em relação aos miseráveis. Criam-se bons trabalhadores pelo exercício das virtudes do intelecto, o que lhes garantiria ingresso nos planos superiores.

Ressalvadas algumas exceções, poder-se-ia dizer que o grupo dominante era constituído de almas em um nível precário de elevação em relação ao cargo que exerciam naquela casa de Deus. Apesar disso, Bezerra os reverenciava qual um pai generoso que desconsidera os defeitos dos filhos para ver-lhes, no caráter, somente as virtudes que já existissem ou viessem a eclodir um dia.

Sentados em grande semicírculo, notava-se que cada qual dos presentes reagia de acordo com o grau de lucidez ou de inferioridade de que se revestiam.

A luminosidade de Bezerra encantava os poucos trabalhadores sinceros ao mesmo tempo em que amedrontava ou contrariava os muitos despreparados, acreditando que, ali, iriam ser desmascarados por tribunal celeste.

O ambiente, entretanto, era muito diverso de uma casa de justiça. Entidades espirituais que prestavam concurso naquela instituição se multiplicavam ao redor dos próprios encarnados, isto sem falar na imensa plateia de almas, igualmente desligadas do corpo pelo sono material e que, no papel de médiuns, dialogadores, doadores de fluidos, atendentes, cooperadores de todos os tipos, também haviam sido trazidos para aquele encontro especial.

Não se negaria o alerta a ninguém que desejasse e aceitasse participar da referida reunião.

O vasto auditório, pois, estava repleto de Espíritos, a maioria dos quais trabalhadores da referida instituição naquela populosa comunidade.

Sem maiores formalidades, levantou-se Bezerra e, proferindo sentida oração ao divino mestre, agradeceu a presença de todos, rogando que tivessem o coração límpido para o entendimento de tudo quanto havia sido enviado do alto para os servos do bem que mourejavam na Terra em hora tão especial para a humanidade.

Envoltos pela onda de carinho e emoção, contagiando até mesmo os mais indiferentes, o ambiente espiritual se fez adequado para as rápidas palavras do dirigente.

— Filhos de minha alma – disse com voz firme e serena –, aqui nos acercamos para compartilhar com vocês importantes alertas recebidos de esferas mais elevadas e que devem dirigir nossos esforços no tocante ao momento em que vivemos junto às criaturas encarnadas.

Todos já ouvimos falar dos trabalhadores da última hora a que se refere Jesus em inspirada mensagem de seu evangelho. Assim, sabem vocês que graças ao trabalho no bem que aceitaram como o quinhão da entrega pessoal, são considerados no rol dos convocados à última jornada. Entretanto, urge saber que nos encontramos nas últimas etapas da última hora, quando os esforços e sacrifícios devem ser multiplicados e as advertências precisam chegar de maneira mais direta aos corações dos encarnados.

Para tanto, essa nobre instituição é farol que orienta multidões que lhe buscam o conforto espiritual e que, como seus alunos ou trabalhadores, não podem ficar ao largo da iluminação das próprias consciências, impondo-se lhes seja recordado o fato de que já desperdiçamos quase dois mil anos de ensinos e exemplos e que, diante das renovações que se aproximam, cada qual deve empenhar-se na efetiva transformação moral, pela renúncia ao mundo, pela abnegação sincera e pelo exemplo no bem.

Esses avisos estão sendo espalhados pelas instituições religiosas de todos os credos. No entanto, ninguém melhor dos que os espíritas para poder recebê-los no âmago do ser, com a consciência que nos permitem as leis do discernimento espiritual, que nos chegaram graças aos esforços da plêiade de nobres almas, coordenadas pelo heroísmo de Kardec, sob cuja sombra nos educamos para melhor compreender o amorável Jesus.

Essa mensagem, oriunda de esferas mais sublimes e de outros orbes solidários conosco em matéria de adiantamento, precisa tocar primeiro os vossos corações e mentes para que, assim assimilados, dirijam-se na direção de todos quantos possam encontrar aqui, não somente o pão para o estômago, a roupa para o corpo, o remédio para a enfermidade, mas o precioso ensino para as dúvidas da alma nascidas dos problemas diários. Aqui, eles precisam achar a luz para seus passos incertos como almas imortais. Não se reduzam a cultivadores de corpos, tratadores de corpos, protetores de corpos. O evangelho do Senhor é muito claro a respeito quando Jesus afirma:

> Tende o cuidado de preservar-vos de toda a avareza, seja qual for a abundância em que o homem se encontre, sua vida não depende dos bens que ele possua. (Lucas, cap. XII, v. 15)

A vida, portanto, não depende da abundância material em qualquer sentido, nem nos valores transitórios, nem no equilíbrio orgânico nem na satisfação dos prazeres ou desejos tão variados quanto o permita a criatividade insaciável dos homens.

A vida está acima de todas essas coisas, precisando chegar aos nossos aflitos companheiros de jornada a notícia de que não devem perder mais tempo. Todo esforço no bem que forem capazes de fazer ainda será pequeno diante das grandes dificuldades que se avizinham. No entanto, ainda que as provações coletivas não possam ser impedidas, por seguir o curso natural das coisas em obediência às indefectíveis leis que regem o progresso dos orbes, a conduta sinceramente generosa, a disposição diária para a bondade, o despertamento para a noção da responsabilidade poderão mudar o destino de cada indivíduo enquanto há tempo.

E dirigindo-se aos responsáveis pela instituição que se posicionavam bem diante de seus olhos, Bezerra enfatizou:

— Vocês, queridos filhos, ocupando funções transitórias na responsabilidade administrativa ou doutrinária, devem estar à altura da tarefa, sendo os primeiros a exemplificar as virtudes evangélicas que predicam, recordando que, se a lei não for iludida por orações de última hora, a sentença será mais pesada sobre os ombros dos líderes indiferentes ao destino de seus liderados, dos que deixaram passar a hora preciosa e, por preconceitos, por ideias pessoais, por interpretações mesquinhas, negaram-se a transmitir a notícia que poderia salvar muitas vidas.

Não solicito que deixem o bom senso de lado para adotar a obediência cega e sem questionamento. É importante que saibam, porém, que não dispõem de autonomia para interferir no conteúdo da mensagem sem que, com isso, fraudem o esforço das sublimes dimensões que nos tutelam, responsabilizando-se pessoalmente por todas as dores que não forem evitadas.

Não se esqueçam de que o carteiro não é mais importante do que a notícia que carrega e não está a seu cargo estabelecer nenhum julgamento sobre a conveniência ou não de fazer chegar às mãos do destinatário aquele documento de que é, apenas, o simples portador.

Os olhares de todos se concentravam no orador que, com seu magnetismo intenso, dominava mesmo as mentes mais contrariadas, muitas das quais defendiam a manutenção da ignorância coletiva com a desculpa de não angustiar os ouvintes.

Agora, eram eles que se viam angustiados em decorrência das repercussões graves que sua omissão produziria em prejuízo deles próprios. Além disso, a própria consciência de culpa lhes era um espinho a dilacerar a alma, apontando-lhes erros e nódoas que lhes pesariam na avaliação moral de qualquer hora e tempo. Eram também eles, certamente, convocados à urgente transformação.

Depois de entender-se diretamente com os dirigentes, Bezerra voltou-se para o público onde estavam os diversos trabalhadores da casa.

— A todos vocês, filhos queridos, também está destinada a participação importante na obra do bem. Por suas bocas estaremos transmitindo mensagens de estímulo e vigilância. Tais comunicados virão tanto dos amigos invisíveis que os orientam na prática da mediunidade quanto pelos sofredores que dela se valerem para descrever os próprios tormentos. Sentirão o medo de muitos Espíritos com a aproximação do fim das oportunidades de reforma. Receberão entidades recém-saídas das trevas interiores, carregadas de fluidos pesadíssimos, blasfemando contra a hora difícil que as tirou das obscuras furnas. Magos da ignorância, perseguidores cruéis, estrategistas do mal, muitos se manifestarão por meio de suas faculdades mediúnicas, relatando a força poderosa que os está sugando para longe de seus domínios, sem saber explicar o que os está conduzindo.

Saibam entender que isto já é o prenúncio das coisas. Não desnaturem as comunicações pelo receio de não ser compreendidos pelos coordenadores da obra humana. Menos ainda por se identificar na mesma situação da entidade que se manifesta através de suas faculdades. Não será por minimizar as ideias, tentando desnaturar a comunicação em benefício de quem quer que seja, que conseguirão impedir o curso das coisas.

Tanto quanto os dirigentes, são vocês igualmente corresponsáveis pelo prejuízo dos irmãos que não forem alertados, que não puderem escutar uma palavra esclarecedora sem o véu da fantasia, pois toda mensagem de vigilância que morrer em suas gargantas será a nódoa da omissão que os desqualificará como maus carteiros.

A hora não é de titubeios, queridos filhos. A hora é de coragem e decisão no bem. Por isso, mantendo a calma e a seriedade na obra do Senhor, saibamos corresponder ao chamamento que nos trouxe a esta encarnação, como o momento mais importante para nossa existência, por nos permitir edificar o nosso futuro sem as tristes amarras que trazemos de nosso passado. Para isso é que se faz indispensável que compreendamos o dever que precisa ser cumprido a fim de não se atrapalhar o deslinde da obra.

Não se incomodem se as críticas aparecerem no dia a dia desejando intimidá-los nem percam o bom senso que deve permear toda conduta mental e emocional de dirigentes e trabalhadores da causa.

O momento é delicado e nele deverão saber alertar sem alarmar, orientar sem fanatizar, falar com clareza sobre as leis espirituais, sobretudo as de destruição, sem profetizar o fim do mundo.

A casa de Deus e a nossa casa interior deverão ser a morada do equilíbrio e da serenidade na hora da tormenta, porquanto, graças ao consolador prometido, não nos faltam noções de confiança em Deus e em nós mesmos para suportar os embates da luta nem a convicção de que só existe morte para o corpo. Somos indestrutíveis na alma e, por isso, nada nos deve amedrontar.

Escutarão essas notícias de todos os lados, saberão de outras mensagens através de diversos médiuns, de variados lugares, porquanto é chegada a hora de que as parábolas com as quais se educa o Espírito infantil sejam substituídas pela lição direta, adequada ao Espírito que cresceu.

...

O silêncio reinante dava bem a ideia da profundidade com que o alerta de Bezerra fora recebido e assimilado pela maioria dos presentes. Alguns se emocionavam, outros se entreolhavam com convicções reafirmadas, todos sabiam que não se tratava de um jogo de palavras.

A hora era urgente e, como tal, não havia meias palavras nem meias intenções.

A responsabilidade seria de todos, cada um com a quota parte que lhe cabia no cumprimento da missão.

Reações

10

NO DIA SEGUINTE, ADELINO E JERÔNIMO VOLTARAM à instituição para conferir o efeito das exortações da noite anterior.

A instituição prosseguia suas tarefas em grande afluxo de pessoas. Os trabalhadores encarnados, cada qual em seu posto específico, revezavam-se nas diversas atribuições.

Os dirigentes físicos, empenhados nas lutas diárias frente à administração de recursos escassos, se desdobravam para conseguirem atender aos objetivos primordiais. No entanto, o que se observava na grande maioria é que haviam despertado no dia seguinte quase que sem nenhuma lembrança do evento noturno.

Cumprindo rotinas administrativas ou pedagógicas, boa parte deles trazia o pensamento marcado pela mecanização das tarefas, distanciados do aprofundamento necessário ao desenvolvimento de uma sintonia superior, esquecidos do fato de que, em qualquer instituição espírita, a direção principal não é a dos homens e, sim, a dos Espíritos.

Quando os encarnados pensam que são eles os principais membros dessa equipe, fecham a sensibilidade às sugestões dos tutores que coordenam e encaminham a obra divina, criando barreiras ao bom andamento dos objetivos superiores e permitindo que as interferências inadequadas se façam mais intensas. Daí surgem as disputas, as divergências e os conflitos internos, com as entidades obsessoras atuando sobre os que se mostrem sensíveis aos seus desejos.

Sempre o velho orgulho e o egoísmo na base de todos os problemas.

Para espanto dos dois Espíritos, boa parte dos que ali se apresentavam para os variados tipos de colaboração não havia, sequer, elevado a Deus uma oração de agradecimento pela noite de descanso e pelo dia de novas oportunidades.

Assemelhavam-se a autômatos, robôs programados para dar aulas, aplicar passes, receber Espíritos, fazer cálculos, asfixiando a sensibilidade para a conexão com as inspirações superiores.

— Mas, Jerônimo, como é possível haver uma coisa dessas? – perguntava Adelino, impressionado com a ausência de sensibilidade da maioria dos trabalhadores.

— Ora! Adelino, parece que você não vive na Terra, meu irmão! O que esperava deles? Que se transformassem da noite para o dia? Além do mais, precisamos dar tempo ao tempo. Quando jogamos a semente no solo, não é já no dia seguinte que vemos o jardim florescente. Mesmo depois de acomodada no subsolo, a semente ali permanece por alguns dias, reagindo às novas condições do ambiente, até que isso promova a germinação do princípio vital em suas entranhas e, por fim, o broto surja, rasgando o chão.

Do mesmo modo, observamos aqui a ausência de meditação ou de decisão na maioria dos nossos irmãos de caminhada espírita.

Somente aqueles que possuam uma ligação íntima e sincera com a causa do Cristo, aqueles que vêm lutando para matar o eu personalista e suprimir o próprio interesse diante dos interesses maiores da doutrina de amor é que estão devidamente harmonizados com as diretrizes celestes e podem captar-lhes as intenções a qualquer hora e de forma mais lúcida.

Somente aqueles que aceitaram "morrer" para si mesmos é que podem saber melhor qual é a vontade do Pai. No entanto, Adelino, não desanime porque, dentro de mais alguns dias, os efeitos poderão ser observados no íntimo de cada uma dessas "sementinhas".

Médiuns começarão a relatar a lembrança do sonho que tiveram, outros estarão procurando informações sobre o tema tratado por Bezerra, o assunto começará a correr pelas conversas mais íntimas, de maneira que as informações repercutirão nos trabalhadores que estiverem preparados, criando-se então um ambiente favorável para que proliferem.

Venha comigo, acompanhemos alguns deles mais de perto.

Dirigiram-se para o gabinete administrativo onde alguns dos dirigentes da instituição se reuniam para a discussão de certos problemas que necessitavam solução.

Poucos dentre eles estavam efetivamente conscientes das altas responsabilidades que lhes pesavam nos ombros. Alguns disputavam espaço para se fazer mais importantes no cenário da instituição. Outros esperavam pela cooperação espontânea de pessoas indiferentes, amargurando-se por perceber a omissão da maioria e abrindo espaço mental para a faixa vibratória da indignação e da crítica inferior e descaridosa. Em quase todos era o egoísmo que ditava as regras e, observando aqueles a quem era atribuída a responsabilidade de direção material da casa de Deus, observava-se que seus mais ocultos sentimentos e pensamentos se ligavam à disputa, necessidade de aparecer, crítica aberta ou censura velada. Para não externar tais imperfeições de caráter, frontalmente incompatíveis com os objetivos evangélicos, haviam desenvolvido o verniz da falsidade educada, sabendo manipular com a polidez social atrás de cuja dissimulação se escondiam.

— Está vendo, meu irmão? – perguntou Jerônimo ao companheiro. Não se dão conta do mal que produzem em si próprios. Têm a reforma íntima nos lábios para ensiná-la a qualquer um que os procure com problemas pessoais. No entanto, não bebem do remédio que recomendam aos outros. Aqui estamos observando os malefícios decorrentes do agigantamento das obras benemerentes, quando cargos se transformam em patamares hierárquicos, alimentando em alguns a ambição de conquistá-los, enquanto que inspira seus ocupantes a defender o próprio posto, numa perniciosa e silenciosa luta pelo poder. Surgem, então, as disputas internas, declaradas ou não, que outra coisa não fazem se não drenar a fraternidade real. Além disso, as grandes agremiações benemerentes costumam perder a simplicidade, criando burocracias antifraternas e facilitando que as pessoas não coloquem mais o idealismo acima do interesse pessoal. Então, Adelino, precisamos trabalhar com pessoas como elas, ajudando-as a vencer seus defeitos sem ofender sua suscetibilidade dizendo-lhes que são defeituosas. Consideram-se pessoas maduras e esclarecidas, mas não suportariam olhar-se no espelho que lhes revela a realidade da própria alma, sem fantasias.

Dentre os presentes, somente dois dos dirigentes guardaram com alguma precisão as informações da noite passada. Se observá-los, notará que são os menos ególatras, os menos individualistas e os mais desapegados às coisas do mundo. Aprenderam a servir em qualquer parte, sob quaisquer condições, suportando as lutas variadas, até mesmo a calúnia de certos companheiros, sem se ofender ou desanimar. Estão lutando consigo mesmos para vencer suas debilidades, o que permite que sua sintonia se apresente mais límpida do que a sintonia dos outros.

Acercando-se dos dois trabalhadores, Adelino pôde escutar a conversa de pé de ouvido que mantinham.

— Sonhei com você esta noite, Jairo! – exclamava Aloísio, em voz baixa, durante breve pausa na discussão.

— Eu também, respondeu Jairo, sorrindo discretamente. Na verdade, estávamos ouvindo conselhos de um Espírito muito luminoso aqui em nosso auditório.

— Isso mesmo, que bom que também se recorda. Quer dizer, não foi sonho, não é? Acho que era o doutor... nosso velho conhecido...

— Também acho... - respondeu Jairo -, mas fale baixo para que ninguém escute. Sabe muito bem o que a inquisição espírita vai dizer se ouvir que estivemos na presença de Bezerra, em pessoa...

— É, prudência e caldo de galinha não fazem mal a ninguém... - riu-se Aloísio.

— O que me impressionou foi a seriedade do aviso. Você se recorda de alguma coisa?

— Olha, Aloísio, eu só me lembro de que havia alguma ligação com a hora difícil que a Terra está vivendo. Não sei se era uma chamada para que estivéssemos atentos para o momento de transformação ou algum aconselhamento para que mantivéssemos nosso pensamento em sintonia com as informações superiores sobre as mudanças no planeta.

— Sim, Jairo, eu também fiquei encabulado com o assunto. Algo ligado ao "fim do mundo" ou coisa parecida. Mas isso me confundiu o pensamento porque, você sabe, a gente sempre evitou falar muito sobre isso para não amedrontarmos os nossos trabalhadores...

— É, eu sei disso, Aloísio. No entanto, nosso benfeitor parecia nos preparar para a meditação sobre tais fenômenos transformadores, conclamando-nos à cooperação no esclarecimento. Percebi uma certa urgência no assunto, como se nos solicitasse que, mesmo sem criar ambiente de terror, observássemos as ocorrências à nossa volta, conversássemos uns com os outros sobre os temas da transformação e pesquisássemos em nossas reuniões mediúnicas variadas a respeito de informações no mesmo sentido.

— Mas será que isso não vai contra nossos princípios? Não seria estimularmos a conduta desajustada, facilitando a penetração de entidades inferiores querendo levantar tumulto nos corações menos avisados?

— Olha, meu amigo, sobre esse assunto a gente precisa conversar fora daqui para que tenhamos mais tempo e meditemos melhor. O certo, no entanto, Aloísio, é que alguma coisa importante está "rolando" do "outro lado" porque, se não fosse assim, não se justificaria uma reunião desse quilate, você não acha?

— De pleno acordo, Jairo. Vamos conversar mais, depois da reunião.

Entreolharam-se os dois Espíritos e, com um sorriso de contentamento, deixaram o ambiente depois de envolver-se os dois dirigentes responsáveis e idealistas nas vibrações protetoras e vitalizantes que os ajudariam nos desdobramentos daquele assunto.

— Voltemos ao nosso núcleo de trabalho, Adelino. Acho que Ribeiro nos espera com ansiedade.

Afastaram-se, então, com o poder do pensamento e, em rápidos instantes, encontraram-se na companhia do amigo e dirigente espiritual da casa espírita com a qual cooperavam mais intimamente.

Vendo-os, Ribeiro sorriu e considerou:

— Ainda bem que o sintonizador de vocês não está com defeito. Acabei de solicitar-lhes a presença em pensamento.

— Mandamos para o conserto na semana passada, Ribeiro, falou Jerônimo, sorrindo bem humorado. Seu pedido é uma ordem.

— Não se trata de ordem, Jerônimo, mas sim de premente necessidade. E são vocês aqueles que sabem compreender a urgência do momento para cooperar de maneira decisiva.

— Sim, Ribeiro, do que se trata?

— Peixoto... nosso irmão desgarrado.

— Ah! sim... o médium que se afastou daqui há alguns anos... – exclamou Adelino, balançando a cabeça.

— Ele mesmo, meus amigos. Vocês sabem que nosso paizinho o desligou das tarefas espirituais, tanto quanto aos outros problemáticos e rebeldes, deixando-os entregues à proteção de si próprios. Desde então, não exercem mais atividades específicas nesta casa nem fazem jus aos cuidados diferenciados de que são objeto os verdadeiros trabalhadores. No entanto, a caridade nos ensina a não abandonarmos os irmãos imaturos sem, pelo menos, orar por eles, coisa que faço constantemente.

No entanto, nos últimos dias, identifico em Peixoto as angústias aumentadas. Sua conduta invigilante e interesseira o conduziu a tristes atitudes. Desrespeitando as disciplinas da mediunidade, enveredou por caminhos tortuosos na busca dos favores do cofre e, por isso, contraiu compromissos com entidades perversas que o assessoram de perto, impedindo até mesmo que sinta nossas boas intuições. A casa se transformou em um verdadeiro pardieiro. Conseguiu equilibrar-se nas contas, mas perdeu-se de si mesmo, passando a ser usado por esses irmãos sofredores e maliciosos que converteram seu lar em uma tenda de consultas espirituais, degenerando a sua capacidade mediúnica em uma fonte de informações para curiosos e desocupados ao preço do vil metal dos homens.

— Triste caminho o dele – exclamou Jerônimo.

— Sim, meu amigo. Só que, ao mesmo tempo em que se lhe ampliam os ganhos, agora teme a prestação de contas que se aproxima. Enredado pelas forças degeneradas que o envolvem, o organismo sutil vai recebendo golpes agressivos daqueles que lhe sugam as energias vitais e, sem o escudo da oração, do trabalho no bem e do desinteresse real, Peixoto se sente enfraquecer, como uma vela que derrete ao calor do incêndio que ela mesma ateou. Se tivesse aceitado a disciplina do trabalho reto, a humilde vela poderia queimar lentamente de maneira controlada, de acordo com os projetos espirituais. No entanto, rebelde e inconsequente, preferiu os excessos aventureiros e, sem controle, ateando o incêndio à sua volta. Agora, o calor das labaredas está derretendo a cera que restava, condenando a vela a apagar-se mais cedo, devorada pelas labaredas.

— É uma pena que isso esteja acontecendo com o nosso irmão.

— Mas é o efeito de suas escolhas e, com elas, aprenderá lições valiosas para futuras encarnações. Não temos como evitar que isso aconteça e que a dor o visite de maneira a acordá-lo para a própria realidade. No entanto, poderemos aproveitar esses momentos importantes e ricos no aprendizado, para auxiliar as entidades perversas que o têm envolvido. Quem sabe se conseguirmos atraí-las para nossas reuniões, conversando, façamos com que percebam os problemas que estão semeando no próprio caminho e assim aliviemos as pressões psíquicas a que está submetido o próprio Peixoto, permitindo que sua consciência desperte, ainda que tardiamente. Com tal reflexão que o faria pensar na fuga do trabalho sério, talvez o arrependimento lhe nasça sincero, como medicamento para o combate à infecção do orgulho, doença que o tem vitimado há muitos séculos.

— Aliás, isso é uma pandemia – afirmou Adelino, sorrindo.

— Bem lembrado, meu irmão – concordou Ribeiro. O orgulho é uma epidemia que sempre consumiu o gênero humano, estimulada pela ação dos meios de comunicação, que não fazem outra coisa a não ser realçar sua figura maléfica enaltecendo seus desvalores, confundindo a mente invigilante ainda não suficientemente lúcida para avaliações éticas elevadas.

— E qual o seu conselho para que iniciemos o trabalho?

— Bem, Jerônimo, creio que se trouxermos ao nosso núcleo algumas dessas entidades inferiores que estão associadas ao médium desvirtuado e vicioso para nossa reunião de amanhã isso possa facilitar a alguns o diálogo com nossos trabalhadores e, assim, quem sabe, aceitem ser encaminhados para outros destinos.

— Está bem, Ribeiro. Tentaremos fazer algo nesse sentido. Talvez seja necessário contarmos com o apoio de alguns outros amigos da casa caso seja necessária alguma medida de emergência.

— Claro, Jerônimo. Destacarei dois outros trabalhadores para que os acompanhem. No entanto, sempre que for possível trazê-los como convidados, isso facilitará o trabalho.

— Perfeitamente. Amanhã veremos o que Deus nos permite fazer com estes irmãos aflitos.

E, assim, despediram-se, esperando o novo encontro, na reunião mediúnica que aconteceria na noite do dia seguinte.

Reajustando a indústria

11

ENQUANTO AS LUTAS HUMANAS IAM SE DESDOBRANDO no cenário do mundo onde a liberdade mal conduzida ia fazendo suas vítimas no eterno fluxo do semear e colher, o mundo espiritual se organizava para novas e mais profícuas semeaduras, em vista da futura e luminosa colheita que se preparava.

E se nos campos inferiores ainda predominava a ignorância como reflexo dos milênios de lenta jornada humana, a pedagogia divina se esmerava no combate a tal estado de coisas preparando a caravana de luz que se projetaria no orbe terreno

Ao mesmo tempo em que se desdobrava na visitação aos núcleos religiosos para inspirar os seus dirigentes e trabalhadores no esforço do despertamento, Bezerra de Menezes transitava pelas esferas vibratórias mais sublimes, dimensões luminosas nas quais estagiavam seres cuja elevação espiritual os tornava valiosos cooperadores na orientação evolutiva dos irmãos da retaguarda, aqueles que viviam abaixo, em regiões comprometidas pelo atraso espiritual.

Saiba, querido leitor, que se é efeito natural a existência das faixas vibratórias subcrostais onde o primarismo do Espírito estagia e da zona umbralina na qual se concentram almas compromissadas com o erro ou a insensatez visando ao desgaste da matéria mental inferior, também não deve surpreender a constatação da existência de tais círculos superiores, responsáveis pela cultura, pela beleza, pela arte, pela sabedoria e pelo governo da Terra.

Da mesma maneira que os inferiores se agitam nos períodos turbulentos da vida humana, contorcendo-se ao sabor da ansiedade, da euforia, da violência ou dos prazeres menores as almas que habitam esses planos mais sublimados ao redor do núcleo denso do planeta também com ele se consorciam e solidarizam no bem, na esperança e na sustentação com vistas aos gloriosos destinos projetados pelo Criador.

Vindos de muito acima das ilusões humanas, cujo governo baseia-se no poder das armas ou da economia, o governo celeste traçara, com milênios de antecedência, as linhas principais para o desenvolvimento dos seres inteligentes em estágio no planeta, como o cientista no laboratório sabe cultivar a colônia de bactérias que se reproduz no forno tépido, na temperatura e pressão adequadas, com vistas a objetivo maior.

Assim, dando seguimento ao longo processo de semear a luz, Bezerra retornara aos gabinetes de Aurélio Agostinho.

No entanto, não somente o generoso médico se apresentava no conclave de almas luminosas.

Em ambiente de beleza indescritível para os olhares humanos, dispunham-se ao redor de peça de mobiliário semelhante à mesa terrena oito Espíritos de elevada hierarquia, comprometidos com a obra de amor retomada a partir da eclosão das verdades do consolador prometido. Tratava-se de almas vinculadas diretamente a Jesus pelos laços do trabalho direto e dos sacrifícios heroicos suportados com estoicismo para a vitória de seu evangelho milenar.

Além de Aurélio e Bezerra, ali se encontravam Luiz, Sócrates, Joana d'Arc, Chico Xavier, Francisco e Vicente, cada qual imbuído de responsabilidades sublimes no concerto cósmico que trazia a Terra amada como o centro de todas as atenções.

Inútil descrever em detalhes os avançados recursos tecnológicos de que cada qual dispunha para o encontro em andamento. No entanto, dentre os dispositivos específicos, podiam-se plasmar cenas que se faziam visíveis ao olhar coletivo, com os recursos de vídeo e áudio simultâneos, conectados aos mais luminosos focos de amor dos planos crísticos que governam a humanidade e o mundo.

A fraternidade pura conectava todos os presentes aos sacrossantos objetivos de cooperação com o Senhor, superada em todos a fase do personalismo, dos pruridos de orgulho ou de realce.

— Queridos amigos – disse Aurélio –, a alegria desta hora deve ficar gravada profundamente em nossas almas, eis que, por determinação de Jesus, aqui nos achamos para o trabalho de resgate e salvação.

Todos estivemos no poeirento cenário, seviciados, massacrados e mortos pela ignorância então predominante. Enfrentamos a aspereza do mal para, com as armas do bem, inocular os germes da esperança que estão, agora, crescidos no Jardim dos corações.

Como sabem, a administração sublime estabelece metas e prazos, dentro dos quais todos nos desenvolvemos visando a cooperar para o cumprimento de cada linha do projeto superior.

O responsável por uma indústria sabe quanto produz o seu maquinário a cada dia, a cada mês, seguindo as estimativas e as projeções estatísticas, com as quais delineia o momento da manutenção necessária ou da troca das máquinas, segundo o desgaste natural decorrente das horas trabalhadas.

Não necessita ir verificar pessoalmente se a máquina se desgastou. Sabe que a mesma trabalha em sua rotina diária já há certa quantidade de tempo e que, segundo suas especificações, é necessário interromper-lhe o funcionamento para executar a manutenção rotineira ou para fazer a substituição indispensável, a fim de que suas deficiências não comprometam o fluxo da produção.

Desse modo, como uma empresa que produz bens pode ser gerenciada por um competente líder que estabelece o padrão de produção de cada máquina e de cada empregado, avaliando a eficiência dos turnos de serviço pela conferência final do montante produzido, a empresa divina, administrada pelo competente Senhor, empenhada na produção do bem através dos funcionários que lhe foram confiados, estabeleceu metas, prazos e rotinas de serviço para a consecução dos objetivos celestes.

Máquinas rústicas e primitivas podem ser adequadas a funcionários pouco qualificados que, sem muito preparo para a execução das tarefas, manipularão tais mecanismos sem muitos cuidados ou preocupações. Assim, nos primórdios da evolução espiritual, como nos revelam os escritos antigos, os homens estiveram manejando máquinas simples para que se adestrassem visando ao desenvolvimento pessoal para, mais adiante, trabalhar com maquinário mais sensível e complexo.

Quando a fábrica implantou novas máquinas, mais eficientes e delicadas, o próprio empresário veio ensinar como trabalhar com elas, exemplificando pessoalmente e orientando cada funcionário para o desempenho da tarefa segundo novos critérios, com cuidados maiores, delicadeza e capricho para que o produto final tivesse maior qualidade.

O administrador desceu à fábrica pessoalmente, fazendo-se operário, e, como os próprios funcionários, mostrou as novas rotinas e realçou as vantagens do novo sistema produtivo, muito mais eficaz e rápido.

Quase dois mil anos se passaram e, chegados ao vigésimo primeiro século depois da implantação das novas máquinas no cenário moral do mundo, é chegada a hora da apuração da produção e da verificação dos bons e maus funcionários.

No entanto, amigos, não se trata apenas de procedimento fiscalizador dos bens produzidos, no que tange ao seu volume e qualidade. Nesse exame estão sendo avaliados os empregados da indústria divina que a Terra representa.

E, como sabem, não parece que tais trabalhadores, em sua maioria, se dispuseram a acompanhar a melhoria das máquinas. Muitos as corromperam, adulterando suas funções. Outros as fizeram trabalhar para eles próprios, delas se aproveitaram para serviços particulares, privilegiando seus interesses em vez de obedecer aos objetivos da produção. Outros ainda as mantiveram ociosas, perdendo seus mecanismos pela ferrugem ou pela poeira. Lá do alto, o administrador observava, vigilante, a produtividade de cada setor, a eficiência de cada trabalhador na área específica onde se desenvolvia.

E se, ao longo desses vinte séculos, todos tiveram a garantia de emprego por tempo suficiente para fazer a demonstração de seu valor pessoal, o projeto de empresa sofre nova reviravolta a fim de que máquinas mais avançadas e ágeis realizadoras de um progresso maior e mais acelerado sejam implantadas na indústria. Por isso é que estamos aqui hoje.

Todos guardavam silêncio e atenção ante as palavras de Aurélio.

Procurando romper o tom de monólogo, o santo da cristandade dirigiu-se a Francisco e comentou:

— Você mesmo, irmão Francisco, lembra-se de quando fora convocado pelo Senhor?

Estabelecido o diálogo, Francisco respondeu, sorrindo:

— Sim, querido Aurélio, o Senhor pedia uma reforma em um setor de máquinas de sua indústria.

— Isso mesmo, as máquinas do desapego precisavam ser recicladas.

— E quanto a você, Sócrates? No combate à confusão de conceitos e à relativa confusão de valores...

— Também, comigo, a reforma do pensamento era um impositivo do setor que lhe correspondia na vida dos homens: ajustar o funcionamento do raciocínio para fazer a máquina dos valores verdadeiros voltar a funcionar com clareza.

— Isso aconteceu conosco também. Vicente precisou viver entre os poderosos e ricos para ensiná-los a reajustar a sensibilidade diante da pobreza. Joana levou ao departamento dos poderosos da Terra a reciclagem necessária para que reconhecessem o verdadeiro poder, o do administrador sublime, fazendo-se menina a liderar os exércitos, que se moviam confiando mais na fé verdadeira do que na força das armas. Luiz enfrentou as dificuldades e oposições que lhe surgiram, cultivando uma fé inabalável que o capacitou a renovar os mais empedernidos, pela pureza de suas disposições e firmeza de sua vontade, reformando as máquinas acomodadas nos prazeres inferiores pelo exemplo de virtudes espirituais que legou a todos. Quanto aos dois últimos, Bezerra e Chico, responsabilizaram-se pela reorganização do departamento da vivência do amor verdadeiro num departamento da indústria no qual, em vez de os trabalhadores humanizarem as máquinas, ao contrário, eram as máquinas que estavam desumanizando os trabalhadores.

Como podem ver, a inteligência do administrador divino soube estimular o aprendizado de todos os operários, convocando-os para mudanças importantes ao aperfeiçoamento dos resultados.

Fazendo breve pausa, Aurélio fez projetar à vista dos presentes a imagem da Terra cercada pela escura psicosfera que demonstrava o estado mental e emocional predominante nos moradores humanos.

— Como veem, apesar de tais esforços e outros muitos, em todos os setores da indústria, as condições da fábrica ainda deixam a desejar. Quase não conseguimos vê-la com nosso olhar, tão espessas são as vibrações que a envolvem. No entanto, é da vontade do Senhor que as máquinas que trabalham sob os péssimos cuidados sejam entregues a trabalhadores melhores, a fim de que possam produzir segundo o projeto original, o que nos coloca em pleno ciclo da renovação dos operários.

Aproveitando a pausa, Joana expressou o sentimento que ia no coração de todos:

— Nobre Aurélio, vendo nosso amado mundo entregue ao cerco das trevas, recordo-me da amada França sob o domínio negro dos invasores. Sem as pretensões de liderança, alisto-me como soldado na relação dos que desejam servir na superfície do mundo, tomando um novo corpo e aceitando qualquer sacrifício por amor ao celeste amigo.

Emocionados pela palavra pura em sinceridade e entusiasmo, os outros seis, como crianças que pleiteassem participar de um certame de alegrias, disseram, cada um por sua vez:

— Eu também...

Sensibilizado com a solidariedade demonstrada, Aurélio prosseguiu:

— O Senhor sabe que pode contar com cada um de vocês. No entanto, chegará a hora adequada para que seus testemunhos possam produzir os frutos doces na seara do bem, em novos corpos no mundo físico.

Por ora, como poderíamos manter os planos superiores se, em vez de enviar o exército, mandássemos os generais? Sabem vocês que, se as trevas se organizam para conseguir seus objetivos, a luz não poderá ser menos precavida, enviando à luta aqueles que, antes de tudo, estão comprometidos com a manutenção das estratégias.

Todos nós teremos a nossa oportunidade mas, antes, precisamos organizar os soldados, os batalhões, as divisões e os exércitos para os diversos campos de luta, a fim de que, depois de adequadamente colocados em seus postos, cada um de vocês possa chegar e incorporar-se ao exército do bem, sob o comando do augusto general.

A hora presente é destinada à solicitação de seus esforços diretos para que, em cada área específica para a qual os incumba os deveres espirituais, convoquem Espíritos dispostos ao projeto reencarnatório especial e precioso, aquele que signifique o sacrifício dos próprios interesses, capacitando-os para a linha de frente com os instrumentos adequados nos preparativos justos, sem desguarnecimento da retaguarda espiritual que imporá a todos nós trabalhos ainda mais intensos.

Dores acerbas ferirão multidões, medos terríveis permearão os corações desajustados. Desequilíbrio e desespero visitarão as almas imprevidentes, que pagarão pesado tributo pela fé mentirosa e sem raízes que cultivaram de maneira superficial e ritualística. Nossos soldados renascidos precisarão manter o pensamento limpo, o sentimento nobre, a vigilância acesa no meio da tempestade.

Posso lhes afirmar que é grande o rol dos que, como vocês, se alistaram para os serviços importantíssimos dessa hora.

Dentre os que já partiram ou estão em vias de partir para a reencarnação, encontram-se artistas consagrados, pintores, músicos, artesãos célebres, pensadores lúcidos, empreendedores de coragem e destemor, soldados valorosos testados nas mais difíceis campanhas. A tais legiões de almas que deixam suas obrigações nas esferas superiores do planeta para cooperar com a reforma da indústria terrena, deverão reunir-se os que vocês conseguirem arregimentar. Estarão sob seus cuidados diretos, na proteção e vigilância adequadas para o processo reencarnatório específico.

Estamos novamente no Renascimento, como aquele que marcou o final da idade das trevas, originando a renovação das coisas e embasando o surgimento do próprio Iluminismo que reordenou o pensamento, reformando velhas instituições, primeiros passos para todo o progresso tecnológico que, mais à frente, estabeleceu-se no seio social.

Pensadores, cientistas renomados do passado, almas santificadas pelas disciplinas da fé, artistas que cultivaram a beleza em suas diversas manifestações, líderes carismáticos notabilizados pelo desinteresse absoluto, todos eles empenhar-se-ão na retomada dos valores reais do pensamento justo, dos avanços tecnológicos, da fé raciocinada e simples, da estética do belo na cor, na música, na poesia, na literatura, na condução dos povos por caminhos que visem ao crescimento coletivo.

Esse movimento se dará em toda a Terra, certamente. No entanto, se concentrará naqueles países cujas condições psicológicas facilitem a eclosão de tais princípios, tanto quanto permitam o surgimento da maior taxa de sobrevivência diante dos cataclismos naturais que ceifarão milhões de vidas em muitas partes do globo. Por isso é que, junto ao coração do mundo, o Senhor conta com a cooperação de cada um de vocês, para que os movimentos luminosos que forem encetados pela iniciativa de nossos valorosos soldados encontrem proteção e estímulo indispensáveis. Luiz saberá desdobrar a coragem da fé junto aos seguidores sinceros, encaminhando-os no rumo da espiritualidade real. Sócrates preservará a lucidez do pensamento reto e dos valores essenciais do Espírito na mente dos filósofos modernos. Joana saberá infundir confiança no coração dos mais simples para que empunhem a espada de luz mesmo que seja para o sacrifício de si mesmos. Bezerra e Chico serão responsáveis pelo relembrar do amor verdadeiro aos adeptos da fé raciocinada, semeando por todos os lados os conceitos do consolador prometido através das atitudes vivas e dos exemplos de renúncia e coragem. Francisco e Vicente continuarão cuidando da paz junto aos aflitos, infundindo-lhes ânimo tanto quanto saberão influenciar os poderosos para que sejam sensíveis às angústias do povo.

Fez Aurélio breve silêncio para captar melhor a repercussão de suas palavras no âmago de cada um dos seus ouvintes.

Constatou que cada um dos citados construía em sua mente poderosa o cenário de lutas e atividades que se desdobrariam, com a responsabilidade do servo fiel.

Todos, no entanto, guardavam a santa curiosidade a respeito do próprio Aurélio.

Não desejavam que sobre seus ombros pesasse quinhão maior de sacrifícios do que aqueles que eles próprios desempenhariam.

Preocupavam-se ante a generosidade e a modéstia do velho santo que, com sua maneira humilde, talvez estivesse a poupar algum deles.

Foi Francisco quem, sorrindo com sua alegria humilde, quebrou o silêncio e indagou:

— E quanto a você, nobre amigo, poderia nos dizer algo sobre as próprias responsabilidades? Sabemos de seu valor e nobreza, mas não gostaríamos de vê-lo sobrecarregado em tarefas acerbas.

Satisfazendo, então, o interesse de todos, Aurélio respondeu:

— Agradeço, Francisco, a sincera devoção de suas almas em relação ao meu pobre espírito. No entanto, ficarei com a parte mais fácil do serviço. Permanecerei junto dos meus velhos amigos, os viciosos do mundo, no meio dos quais perambulei por muito tempo. Pedi ao Senhor e Ele me concedeu a alegria que me permitisse resgatar os antigos companheiros que não Lhe têm servido como bons operários ao longo de tantos séculos. Meu esforço será para que eles também consigam recuperar o próprio serviço, antes da demissão justa e da transferência para outra fábrica. Com isso, não haverá nenhuma área da obra divina sem o apoio de nossos esforços.

O silêncio se fez natural, sem que ninguém contestasse a autoridade moral daquela alma de escol. Não ousaram contestar as palavras do santo lidador, mas não houve quem, ao retirar-se do encontro, não guardasse a nítida certeza de que, realmente, Aurélio havia se incumbido da pior parte da tarefa.

SOLIDARIEDADE ENTRE MUNDOS E ALMAS

12

DA MESMA MANEIRA QUE AURÉLIO E OS DEMAIS ESPÍritos elevados se comprometiam com o projeto de renovação da humanidade naquilo que se poderia chamar de "os tempos chegados", outros Espíritos não se faziam indiferentes ao momento especial vivido pelos homens no planeta azul.

Em sintonia com as leis da fraternidade universal, Antênio comparecia diante da comunidade de Espíritos evoluídos que habitavam uma das casas do Pai a orbitar a estrela Sirius a fim de organizar a missão de solidariedade e serviço, segundo os augustos planos que envolviam os destinos da Terra.

Cooperador direto das hostes do Cristo em nome de quem administrava um planeta já em importante etapa de progresso intelectual e moral, Antênio alavancaria todas as forças do bem, conforme já deixara bem claro no desenrolar da sublime reunião espiritual anteriormente relatada, liderando em seu orbe o movimento de socorrer a humanidade no sentido de acelerar tanto quanto possível a modificação dos repetidos sofrimentos suportados pela ignorância humana.

Reunindo a comunidade espiritual sob sua direção, notadamente os responsáveis pelos diversos setores da vida planetária, o amoroso dirigente esclareceu:

— Sabem vocês, filhos do Altíssimo, dos laços milenares que nos aproximam de nossos bem-amados irmãos terrenos. Muitos de nós mesmos já trilhamos seus caminhos pedregosos e bebemos de sua água fresca, nos longínquos dias de nosso estágio entre o erro e o acerto. Alimentados por suas sementes, amparados por sua atmosfera e abrigados por suas estruturas acolhedoras, conseguimos a alfabetização espiritual que nos garantiu o acesso aos níveis de que hoje desfrutamos. Entretanto, nossa velha e carcomida sala de aula requisita braços fortes para a reforma indispensável. Suas carcomidas paredes precisam de modificação que a preparem para novas etapas com alunos melhorados. Nossos velhos bancos escolares, nos quais estão gravados nossos nomes, pedem renovação, precisando de mãos que os retifiquem a fim de que continuem a ser úteis para outros estudantes.

Que alegria maior pode existir ao ex-aluno do que regressar à velha escola para retribuir-lhe os benefícios colhidos graças aos quais, hoje, podemos desfrutar de dias melhores?

Seríamos alunos agradecidos caso virássemos nossas costas e deixássemos a escola à mercê de escassos trabalhadores?

Como exemplificaríamos os ensinamentos de fraternidade que herdamos da escola primária se, transformados em mestres pelo aprendizado superior, olvidássemos o valor dos que nos alfabetizaram na antiga sala de aula?

Eis que é chegada a hora da reforma de nossa irmã Terra e de sua humanidade.

O universo é uma obra solidária e, por isso, conta com os mais habilitados para auxiliar os que estão lutando para se habilitar também, como nós já o fizemos um dia.

Para isso, queridos filhos do coração, todos os que estiverem dispostos ao serviço do Cristo amado na obra da renovação poderão candidatar-se. Um vento renovador haverá de varrer a velha salinha amada, transformando-a em bendito educandário de nível mais alto, derrubando-lhe as paredes carunchadas e edificando a alvenaria segura e robusta, encimada por seguro telheiro em substituição à palha ancestral que lhe servia de cobertura.

A tarefa monumental de transformação será feita com os alunos em plena sala de aula, os quais participarão da reforma conjunta. No entanto, muitos deles continuam desabilitados para o trabalho por ser imaturos para o entendimento profundo das coisas. Se não receberem auxílio adequado, fatalmente reconstruirão a velha sala no mesmo estilo da antiga palhoça. Há poucos com habilidades suficientes para direcionar a edificação para novos conceitos, carecendo de apoio e recursos para conseguir fazê-lo sozinhos. Enfrentam os velhos Espíritos preguiçosos e acomodados, nos quais o vício e o egoísmo tentam impedir qualquer renovação.

Se desejamos auxiliar – e nós podemos fazê-lo –, é necessário que nos alistemos entre os futuros habitantes do planeta para as tarefas que nos aguardam, às quais nos empenharemos com denodo e entusiasmo, como o vitorioso engenheiro que, feliz, participa da reforma e conservação da humilde sala de aula onde aprendeu o abecedário nos idos de sua infância.

Por isso, servos do Cristo de Deus, solicito de cada um dos responsáveis pelos diversos setores da vida em nosso planeta que transmita aos nossos irmãos a convocação para esse programa de alistamento voluntário, garantindo a qualquer que possa ausentar-se de nossas fileiras com suficiente amor e equilíbrio para vencer os desafios de nosso passado de erros, as melhores condições para que o faça sem prejuízos de suas tarefas em nosso meio.

Que lhe sejam facilitados os recursos de adestramento, além de se transferir suas responsabilidades de trabalho a outros irmãos que assumirão suas obrigações, sem prejuízo do andamento das tarefas.

Além do mais, coordenaremos o traslado coletivo dos Espíritos, em grupos homogêneos, tão logo estejam acertados os respectivos processos com a direção espiritual da Terra. Nossos esforços serão concentrados na iluminação da consciência, da tecnologia e da arte, influenciando as novas gerações com conceitos mais amplos e técnicas mais simples apesar de mais sofisticadas. Além disso, as alterações magnéticas a que estará submetido o ambiente físico da Terra propiciarão mudanças na sua sensibilidade e na organização de seus sistemas biológicos que, a médio prazo, facilitarão a sintonização com os princípios superiores. Assim, nossa cooperação se dará tanto através da retomada de novos corpos carnais quanto também no plano espiritual, inspirando, intuindo, iluminando a geração nova para o avanço acelerado.

De qualquer forma, o momento pede heroísmo e renúncia em nome da cooperação, relembrando o exemplo de nosso divino Senhor que, quando se fez chegada a hora, tomou a seu cargo pessoal a responsabilidade e, longe de enviar outros, foi pessoalmente plantar a boa semente.

Tanto quanto nós, Espíritos de outros orbes, também conectados aos irmãos terrícolas pelos laços da fraternidade universal, organizam-se para oferecer o quinhão que lhes caiba na grande reforma da escola.

Cooperaremos com o empenho de Jesus na administração da obra divina, já que os conceitos de amor ao próximo, que nos foram ensinados ao tempo em que muitos habitávamos a Terra, nos chegaram pelas mãos pessoais do próprio Cristo.

Antênio terminara a alocução serena através da qual traçava os planos para a iniciativa de participação nos destinos do orbe irmão. Com tal empreendimento, garantir-se-ia a participação de, pelo menos, seis milhões de Espíritos elevados que, de diversas maneiras e em diversas áreas da evolução, se juntariam aos idealistas já viventes na Terra, em plena luta corpo a corpo com a ignorância e o mal.

Renunciariam à confortável moradia a que faziam jus para embrenhar-se nos arriscados exercícios de estoicismo e devotamento, junto aos irmãos em testemunho evolutivo no planeta vizinho, em nome do amor incondicional e da solidariedade universal.

Enquanto os diversos orbes circunvizinhos da Terra organizavam suas comunidades para o apoio à evolução dos irmãos em testemunho renovador, na própria humanidade terrena já se observava aquilo que Aurélio havia solicitado dos diversos trabalhadores do bem, com o encaminhamento reencarnatório de muitos Espíritos já melhorados e que lhe pertenciam aos quadros para que, antecipando-se aos oriundos de outros orbes na tarefa de cultivar o solo espiritual, fossem lançando os pródomos da seara viçosa, abrindo os sulcos para que as sementes vitoriosas encontrassem o berço acolhedor. E dentre os diversos Espíritos em fase de crescimento no corpo físico e de iminente reencarnação, alguns deles estavam sob os auspiciosos cuidados de Bezerra e Chico Xavier, que trocavam notícias acerca do desenvolvimento de seus tutelados, verdadeiros brotos tenros no pomar das esperanças.

— Como estão nossos pequenos? – perguntou Bezerra a Chico.

— Bem, doutor, Vincent está em pleno desenvolvimento, apesar da condição social não muito favorável.

— Isso é bom para ele, meu filho. Apesar de pertencer a família menos favorecida, não lhe faltarão os recursos básicos para a sobrevivência nem a proteção espiritual para que se solidifique a saúde e a consciência de artista renascido, a fim de que, no momento adequado, retome sua jornada fecunda.

Com seu apoio, saberá enfrentar os compromissos do passado recente no quadro infeliz do suicídio, cujos efeitos foram atenuados em virtude do então estado de angústia e desespero alienantes, além do fato de ter abraçado com profundo amor o projeto de voltar à vida física, trocando sua amada Holanda pelo nosso Brasil, onde exercitará com maior maestria a reedificação de si próprio através da beleza. Precisaremos supervisionar os passos desse valoroso ser, cuja grandeza os brasileiros e o mundo voltarão a conhecer pelos muitos exemplos de simplicidade e inspiração que semeará na comunidade – completou Bezerra.

Desejando inteirar-se acerca dos outros reencarnantes que trazia sob suas vistas, Chico comentou:

— Será que Cláudio regressará em breve também, doutor?

— Sim, meu filho. Depois de Pierre já renascido em lar sereno e bem posto, será a vez do companheiro impressionista retomar o traje físico na família que os reunirá sob os mesmos sangue e nome, tal a afinidade que guardaram entre si esses dois eminentes representantes da pintura. Como Vincent, regressam na condição de cooperadores da reforma do mundo. Tendo sabido enfrentar as vicissitudes do passado sem graves compromissos morais, construíram para si mesmos um futuro mais sorridente graças ao qual poderão desempenhar a missão que carregam de maneira menos árdua do que nosso outro irmãozinho. No entanto, como soldados do bem que, por amor, aceitaram a missão renovadora, a nenhum deles faltarão a assistência divina e a proteção de nossos maiores. Precisaremos, apenas, acompanhar-lhes os passos para que não sejam vítimas das armadilhas soezes daqueles que os queiram desencaminhar, como costuma acontecer quando a criança é cercada de facilidades e ilusões, expectativas e exigências descabidas, a começar pelos próprios pais. Por isso é que temos entidades amigas vigiando e protegendo tanto os genitores quanto seus parentes mais próximos, a fim de que não venham a ser pedras de tropeço no caminho deles.

— E Chico, certamente tem acompanhado o desenvolvimento de nosso amigo senador? – indagou Bezerra, sorrindo.

— Como não, querido paizinho – respondeu o amoroso Espírito. É a minha "menina dos olhos". Vai crescendo saudável e vistoso, apesar de carregar uma introspecção natural daqueles que voltam ao mundo para as horas difíceis, ostentando deveres de alta envergadura moral. Como os nossos pequenos artistas, ele também haverá de ser um artista do intelecto, no devido momento.

Fazendo uma pequena pausa para exprimir certa preocupação, Chico considerou:

— Há pequenos detalhes que me preocupam, doutor.

E conhecendo-lhe o íntimo como a palma da mão, o velho médico completou:

— A velha curiosidade dos espíritas, não é?

— Sim – confirmou o interlocutor, sorrindo discretamente. Nossos irmãos não se contentam com as leis espirituais que pedem discrição e seriedade. Adoram uma especulaçãozinha, uma disputa em torno de temas polêmicos. Não passa um dia sem que algum dos antigos companheiros que privaram de nossa companhia levante nova tese, acendendo discussões polarizadoras e desagregantes. Não os censuro por essa busca de debates na ribalta transitória dos achismos do mundo. Entretanto, deram agora para escarafunchar na procura da família do nosso protegido, certamente para incensar uma personalidade que, no cumprimento da missão que lhe cabe, precisa de sossego para desenvolver-se sem os prejuízos do endeusamento. Cada qual se diz no direito de revelar frases que teriam ouvido de minha boca, indicando isso ou aquilo ao tempo de minha última encarnação. E de palpite em palpite, de opinião em opinião, já estão discutindo sobre quem seria o menino Públio, em que família estaria reencarnado, em qual cidade. Já pensou, doutor, se eles elegem um desses meninos precoces como sendo a alma do senador renascida? Isso vai ser a desgraça do inocente.

— É, meu filho, nós dois sofremos muito desse assédio, nas mais diversas formas. No entanto, quando isso recai sobre um ser em formação, tal idolatria poderá perturbar muito o seu compromisso espiritual. Por isso é que você fez muito bem em encobrir tanto quanto possível as notícias sobre o seu regresso, tanto quanto o local e as condições de seu renascimento, para que não precisasse lutar não só contra os Espíritos inferiores que tentarão atrapalhar a tarefa do bem, mas contra os espíritas curiosos também.

— Mas, apesar disso, não faltam confrades dedicados a levantar hipóteses.

— Sim – respondeu Bezerra –, não se dão conta da grande responsabilidade que pesará sobre seus ombros ao perturbar o desenvolvimento dos outros, seja ele ou não o nosso querido senador reencarnado.

— Certamente que se dão a esse trabalho por lhes faltar o que fazer, na vasta seara de serviço que preferem não enxergar. Gastam seu tempo em teses e discussões teóricas, enquanto muitos estão à míngua, esperando pela prática da teoria. Quando recordo que muitos deles estiveram comigo anos e anos no serviço direto aos aflitos do mundo, fico pensando se não estão sofrendo de alguma doença da memória – falou o antigo lidador da caridade, com o singelo sorriso que sempre o acompanhara, mesmo nas horas difíceis.

— Nada que uma boa decepção do lado de cá não cure, não é, meu amigo? – respondeu Bezerra, animado com a lembrança de que a vida espiritual faz cair todas as máscaras.

Deixando a conversa de lado, Bezerra recomendou ao velho companheiro de lutas:

— Bem, meu filho, preciso acompanhar o processo reencarnatório de Victor. Dentre os antigos filósofos que regressam, conseguiu a autorização para aproximar-se dos pensadores e, com um pouco de apoio de nossa parte, certamente poderemos organizar o projeto de renascimento de mais um dos servos do bem, comprometidos com a iluminação das consciências. Precisaremos, apenas, ajustar-lhe o campo emocional para que sua sensibilidade esteja dosada, quando no corpo físico, a fim de que lhe estejam garantidas as chances de exemplificação nobre e digna não apenas através das claridades do intelecto, como, também, da retidão da conduta na vida pessoal com a vivência de conceitos elevados durante a experiência reencarnatória. Cada vez há menos lugar na Terra para os Espíritos neutros, aqueles que, no conceito do Codificador, tanto fazem o bem quanto fazem o mal, inclinando-se ora para um, ora para outro, segundo o sabor do vento ou das circunstâncias... (pergunta 105 de *O livro dos Espíritos*).

Abraçando o companheiro, despediram-se rapidamente, garantindo que estariam em contato direto pela força do pensamento caso um precisasse da cooperação do outro.

13

Tentando salvar árvores doentes

ATENDENDO AO GRANDE PLANO DA REFORMA MORAL DA humanidade, por toda parte grupamentos de Espíritos dedicados procuravam cumprir as metas superiores tanto no que se vinculasse ao despertamento, quanto no que dissesse respeito ao socorro de alguns que estavam se encaminhando para o desperdício da oportunidade que tinham em suas mãos.

Assim, Jerônimo, Adelino e Bezerra, apesar de intensamente ocupados com muitas obrigações, acercaram-se de Peixoto, o antigo companheiro de tarefas mediúnicas, criatura imatura e perdida nos cipoais do interesse material.

> Também os bons Espíritos protegem visivelmente aqueles que lutam com coragem e perseverança, cujo devotamento é sincero e sem dissimulação; ajudam-nos a triunfar sobre os obstáculos e aliviam as provas que não podem evitar-lhes, ao passo que abandonam, não menos visivelmente, aqueles que os abandonam e sacrificam a causa da verdade à sua ambição pessoal. (*Obras póstumas*, "Os desertores")

> Mas, ai daqueles que, por efeito das suas dissensões, houverem retardado a hora da colheita, pois a tempestade virá e eles serão levados no turbilhão! Clamarão: "Graça! graça!" O Senhor, porém, lhes dirá: "Como implorais graças, vós que não tivestes piedade dos vossos irmãos e que vos negastes a estender-lhes as mãos, que esmagastes o fraco, em vez de o ampparardes? Como suplicais graças, vós que buscastes a vossa recompensa nos gozos da Terra e na satisfação do vosso orgulho? Já recebestes a vossa recompensa, tal qual a quisestes. Nada mais vos cabe pedir; as recompensas celestes são para os que não tenham buscado as recompensas da Terra."

Deus procede, neste momento, ao censo dos seus servidores fiéis e já marcou com o dedo aqueles cujo devotamento é apenas aparente, a fim de que não usurpem o salário dos servidores animosos, pois aos que não recuarem diante de suas tarefas é que ele vai confiar os postos mais difíceis na grande obra da regeneração pelo espiritismo. Cumprir-se-ão estas palavras:

> Os primeiros serão os últimos e os últimos serão os primeiros no reino dos céus. — O Espírito de Verdade, Paris, 1862 (*O evangelho segundo o espiritismo*, cap. XX, "Os obreiros do Senhor")

Diante dos deveres morais negligenciados, sobretudo no que dizia respeito aos compromissos com o bem desinteressado, ao serviço por amor aos aflitos, Peixoto viu-se entregue a si próprio, no capítulo das provas e expiações que lhe cabiam, depois de ter buscado usar a mediunidade visando a satisfazer seus interesses imediatos.

Pretendendo usar da faculdade mediúnica para criar uma teia de gratidão com a qual envolveria pessoas de posses, com a intenção de obter favores e concessões materiais, Peixoto demonstrara a imaturidade diante das coisas sagradas. E isso se deu apesar dos inúmeros compromissos que ele próprio assumira antes da reencarnação, quando prometera solenemente servir à causa da verdade, como intermediário limpo e honesto, custasse o quanto lhe custasse.

Em realidade, Peixoto vinha de encarnações anteriores onde se endividara terrivelmente com os equívocos morais próprios dos que cultivam a ambição desmedida pelo predomínio do orgulho venenoso.

Ludibriou a boa fé de muitos que confiaram em sua sensibilidade, desencaminhando almas, tomando-lhes valores para o desfrute do luxo e das facilidades mundanas. Diante do futuro só lhe restava a oportunidade dolorosa da doença crônica a retificar-lhe o comportamento pela injunção limitadora das faculdades mentais. Renasceria sem o pleno controle do pensamento, titubeando entre momentos de lucidez e alucinação, candidatando-se ao choque elétrico ou aos procedimentos medicamentosos destinados aos asilados em hospícios de loucura na Terra.

Estava plenamente ciente de que tal seria o efeito decorrente do abuso da inteligência e da sensibilidade mal empregadas na prática, forças viciadas a servir apenas aos seus próprios desvios de caráter.

Carregava, por isso, o coração amargurado diante das difíceis etapas que o esperavam na vida física, quando perambularia entre os normais e os loucos, colhendo a sementeira amarga por culpa de suas próprias escolhas. Sua alma se afligia diante da perspectiva adversa do futuro quando, depois de significativa oração, na qual, por sentimentos verdadeiros, demonstrara arrependimento sincero do mal praticado, recebera a visita de amorável entidade que o acompanhava havia alguns séculos, responsável por sua evolução.

Ante magnífica visão espiritual, Peixoto se prostra submisso e apequenado.

Sem conseguir articular palavra alguma, escuta a mensagem da generosa alma que o visita nos antros escuros onde se encontrava.

— Querido filho – fala-lhe a entidade –, a consciência dos próprios erros e o arrependimento sincero são a antessala da melhora. Não pense você que o universo esteja sob o comando do despotismo indiferente. Muitos são os caminhos do resgate de erros, meu irmão. Certamente que algum pequeno mérito amealhado ontem não o isenta do resgate pessoal dos crimes cometidos e dos quais a própria consciência o acusa. Ocorre que, diante da mente enferma e do equilíbrio oscilante que o esperam no novo corpo, sua alma titubeia e se amedronta, enquanto que o coração arrependido pede a clemência de Deus.

Aqui estou, meu filho, para dizer-lhe que há uma opção para a colheita dos frutos amargos, caso você deseje substituir a loucura por outro gênero de tarefas.

Ouvindo as palavras ternas da entidade angelical, Peixoto suplicava de mãos postas que lhe fosse concedida a oportunidade de trocar a experiência dolorosa da loucura por qualquer outro tipo de quitação de seus próprios débitos.

Observando-lhe o propósito sincero, prosseguiu, explicando-lhe:

— Sua opção para a insanidade orgânica, meu filho, é o trabalho no bem como médium espírita, a servir de veículo de amor aos outros insanos e devedores da lei, garantindo-lhes a possibilidade de falar e escutar, compreendendo os erros cometidos para que possam retificar seus caminhos.

Sua vida será a de um indivíduo normal, com a mente aparentemente sadia, sem nenhum resquício da insanidade que você merece e precisa, mas que, diante do trabalho no bem, ficará em estágio de hibernação, como conta pendente que se considerará quitada pelo cumprimento das condições que se impõem na mediunidade do bem.

Contará você com o apoio de tutores espirituais que o ajudarão na superação de suas imperfeições, mas que não o substituirão nas lutas que só dependam de você e de suas próprias forças. Sua vida será, então, considerada como a de um indivíduo normal, com deveres comuns a qualquer cidadão. No entanto, além de tais rotinas normais, comprometer-se-á a trabalhar no bem dos outros pelo menos por três vezes na semana, nos horários regulares em que se reúnem os grupos mediúnicos de uma instituição espírita séria à qual o vincularemos, onde exercitará a percepção do mundo invisível e servirá sem quaisquer exigências. Para os ganhos materiais, você terá que trabalhar honestamente, obtendo assim o próprio sustento, jamais procurando mesclar a tarefa mediúnica com a conquista de vantagens diretas ou indiretas que visem ao enriquecimento ou à solução de seus problemas de dinheiro.

Poderá constituir família, criar filhos, sonhar com projetos de crescimento material, mas, em momento algum, deverá macular o exercício mediúnico com a nódoa da infidelidade porquanto, sobre sua cabeça, pesa o compromisso do passado, no exercício inadequado e desonesto da sensibilidade. Se você cumprir sua parte, contará sempre com o nosso amparo para vencer obstáculos sem contaminar-se com o erro. Se descumprir seus compromissos, nos afastaremos de sua vida e o deixaremos entregue aos efeitos de suas atitudes pretéritas, passando a viver, a partir daí, no clima da loucura e do desajuste.

Não deixaremos de amá-lo em nenhuma hipótese. No entanto, não poderemos impedir que os males que suas escolhas construíram desabem sobre você.

Pode escolher resgatar seus erros através da loucura desde a infância ou pelo exercício da mediunidade séria, respeitosa e disciplinada, com a qual você evitará a alienação, podendo ter uma vida normal com o compromisso de ajudar outros sem rumo a encontrar o equilíbrio.

Qual é a sua escolha, meu filho?

Peixoto ria e chorava ao mesmo tempo.

Por fim, compreendia a generosidade de Deus que não deixava uma só oração sem resposta.

Dentre as emoções contraditórias que lhe dominavam a alma aturdida, balbuciou, agradecido:

— Que... que... ro ser me... médium... aju... de... ajude-me, anjo de Deus... quero ser útil e fa... zer o bem.

Ouvindo-lhe a palavra emocionada, a entidade colocou a mão sobre a sua cabeça e, em oração sublimada, exclamou:

— Bendito Pai de amor e bondade, que construiu a misericórdia para temperar os ditames da justiça, aqui está o filho arrependido que lhe aceita a oferta de trabalho para que, com o suor benfazejo, corrija o mal que deveria ser resgatado pelas lágrimas do sofrimento. Que não lhe faltem as forças para o exercício dedicado, a fim de que o aproveitamento da concessão lhe seja benéfico. Sabemos que a santa loucura não será neutralizada tão somente pelas promessas de serviço e Lhe pedimos que seja a insanidade mental o remédio amigo para qualquer deslize que nosso irmão cometa diante dos compromissos que assume nesta hora. Se é de Tua vontade que assim seja, Pai amoroso, entrego-Te o filho amado para os processos de preparação do retorno. Que se faça a Tua vontade.

Luz intensa jorrava do alto envolvendo-os e, como se ambos fossem delicadamente sugados na direção do foco, rumaram para os preparativos reencarnatórios dos quais o infeliz Espírito se beneficiaria, visando a regressar às lides da vida para o recomeço da jornada retificadora.

Ali estava o pobre Peixoto, envelhecido pelos excessos, preocupado com os ganhos materiais, fazendo cálculos e mais cálculos sobre vantagens e valores, índices e tabelas, depois de haver contado com a paciência das entidades sublimes que, por tantos anos o acompanharam, sempre procurando mantê-lo no caminho correto.

Ao longo das décadas em que serviu de instrumento, entretanto, Peixoto jamais se entregou à mediunidade com o sentimento de devotamento que era de esperar. Prestava-se ao intercâmbio na casa espírita mas, invariavelmente, trazia o pensamento preso a seus possíveis ganhos em investimentos financeiros ou trabalhos materiais. A desculpa para tal descompasso era a necessidade da sobrevivência, a busca pelo conforto, as necessidades de criação de filhos e de seu encaminhamento na vida. Qualquer coisa servia para tirar de sua mente a ideia de entrega desinteressada. Como médium, inclusive, era partidário da ideia de que o exercício da faculdade era uma forma de garantir proteção e boa inspiração para os negócios do mundo.

Não poucas vezes os mentores que o envolviam captavam seus pensamentos interessados relacionando-se a algum frequentador bem postado na vida. Peixoto amava especialmente os ricos e poderosos, aos quais desejava servir com redobrado devotamento, esforçando-se para cair-lhes nas graças, conquistando-lhes a simpatia e estabelecendo laços de amizade.

Sua mente não assimilava as lições que Espíritos amigos insistiam em repetir acerca do desinteresse e do combate ao orgulho corrosivo.

Nem quando se faziam mais incisivos, Peixoto lhes dava importância. Suas percepções sofreram graves limitações por causa de suas práticas escusas e os vigilantes espirituais que o acompanhavam, observando-lhe a rebeldia, desdobravam-se para tentar evitar que, dentro ou fora da casa espírita, o infeliz servidor desajustado viesse a resvalar para o abismo de onde havia vindo.

Como não se reajustou da maneira que prometera, Bezerra de Menezes, tempos antes, desvinculara-o dos deveres mediúnicos que desempenhava na instituição de Ribeiro para que os erros cometidos não lhe pesassem ainda mais na deserção da responsabilidade.

Passados alguns anos, eis que o próprio médico amigo, acompanhado de Jerônimo e Adelino, comparecem à sua moradia para identificar-lhe a posição.

Contristados, encontram Peixoto perdido em divagações e preocupações materiais, assessorado por uma chusma de entidades inferiores que o vampirizam e alucinam.

— Pobre Peixoto – falou Jerônimo, lastimando-lhe a condição.

— Infeliz companheiro, vitimado pelo avantajado orgulho que minou as virtudes de seu coração. Começa a colheita espinhosa, que não foi atenuada em quase nada pela possibilidade do serviço mediúnico honesto – respondeu Bezerra.

Ainda que suas tendências materialistas o acompanhassem, seu esforço sincero, sua vontade de lutar contra as tendências criaria em seu benefício o indispensável ambiente favorável para aumentar-lhe as forças de resistência. No entanto, Peixoto vivera a mediunidade como se seus amigos invisíveis fossem fictícios, vivendo em um mundo à parte do seu próprio. Que nós não saberíamos nem do que se passava em seu íntimo nem quais seriam suas ambições e intenções mais secretas. Viveu como o filho imaturo que pensa estar conseguindo ludibriar a sabedoria de seus pais, contando historinhas inverossímeis. Pobre irmão, que deixou o certo para investir no duvidoso. Preocupa-se com os índices de rendimento de seus valores materiais ao mesmo tempo em que deposita os valores espirituais no mais inadequado de todos os investimentos. Os compromissos de ontem apresentam-se para surrupiar-lhe quaisquer ganhos aparentes, confiscando-lhe os mais importantes valores, inclusive os da própria razão.

— Isso mesmo, doutor. Parece que Peixoto periclita perigosamente rumo ao hospício.

— É verdade, Jerônimo. Nosso amigo traçou o caminho para sua própria recuperação. Se, de início, lhe lastimamos o desaproveitamento do bem, em uma segunda visão, alegremo-nos porquanto o hospício também é uma casa de Deus, ajudando as almas a se reajustar, quando não tiveram o bom senso de fazê-lo pelos caminhos menos dolorosos.

— Poderemos fazer alguma coisa para ajudá-lo, doutor?

— O amor sempre ajuda, Jerônimo, quando não julga, não se revolta, não condena e, respeitando a lei do universo, beneficia como lhe seja possível. Poderemos orar por ele e pelas entidades infelizes que a ele se associam. No entanto, se atuarmos de maneira mais intensa, seu desequilíbrio poderá se aprofundar pelo contato de sua sensibilidade desajustada com a nossa presença. Veja um pálido exemplo do que quero lhe dizer.

Falando assim, Bezerra aproximou-se de Peixoto que, falando sozinho, parecia manipulado em um colóquio com as entidades avarentas e mercenárias que o envolviam.

A presença luminosa do Espírito amigo afastou boa parte dos Espíritos mesquinhos, que se alvoroçaram pela constatação de uma interferência externa que não conseguiam divisar.

No entanto, Peixoto, que se imantava aos sócios infelizes, ao sentir a aproximação da entidade superior, começou a exclamar:

— Assombração, assombração, não tenho nada contigo. Vá embora daqui, estou bem com meus investimentos, preservando meu futuro. Não lhe desejo nenhuma ajuda. Sou capaz de me proteger. Não lhe emprestarei nenhum dinheiro. Nada de ajudar o próximo que nunca pensou em mim também. Estou no mundo e vivo como o mundo me obriga a viver!

E antes que Peixoto tivesse uma síncope, perdendo o pouco equilíbrio que ainda o sustentava, Bezerra regressou à companhia de Jerônimo.

— Viram? Nosso amigo carrega em sua consciência a noção do erro cometido. No entanto, não deseja ajuda nem pretende reconhecer que sua decisão foi inadequada. Nada conseguiremos fazer pelo exercício do amor. A loucura que se instala saberá ajudá-lo ao apertar os laços da insanidade. Infelizmente, Peixoto acordará para a realidade de si mesmo em piores condições do que aquela em que se encontrava antes da presente encarnação.

Oraremos sempre por ele. Entre a nossa e a do dinheiro, Peixoto elegeu a proteção que mais lhe interessa. A riqueza do mundo é uma senhora muito exigente: massacra todos os que a ela se submetem.

Depois de se despedir do grupo, Bezerra entregou a Jerônimo o trabalho de amparar alguma entidade infeliz que ali aceitasse o chamamento ou demonstrasse alguma lucidez para receber ajuda. No entanto, o estado de desajuste mental de todas era tão intenso, que não restou a Jerônimo, Adelino e aos dois outros auxiliares a não ser a opção de regressar de mãos vazias, já que mesmo a retirada compulsória de algum obsessor invisível poderia repercutir dolorosamente no médium, piorando-lhe o estado geral.

14

Os espíritas

No plano espiritual, inumeráveis reuniões e assembleias se realizavam durante as noites, envolvendo Espíritos comprometidos com a tarefa da transição e os encarnados de todas as denominações religiosas, notadamente os espíritas cristãos, com os quais os entendimentos seriam mais profundos e diretos.

Todos os homens de bem estavam sendo chamados à cooperação nas lides renovadoras, fosse pelo exemplo de retidão, fosse pela maneira construtiva de viver em família e nas lides profissionais.

No entanto, os espíritas cristãos detentores das luzes do consolador prometido, dispunham de ferramentas ainda mais perfeitas para o entendimento das causas e dos efeitos, podendo conhecer mais profundamente as leis do universo e atuar de maneira mais decisiva no esclarecimento das criaturas, na transformação de seus irmãos encarnados e desencarnados.

Para os seguidores do consolador prometido, as reuniões de trabalho eram mais frequentes e específicas, junto das diversas entidades que os orientavam.

Certames desse tipo ocorriam todas as noites nas diversas regiões do Brasil, nas instituições onde se reuniam trabalhadores espíritas. Além dos dirigentes encarnados, o grupo de médiuns, esclarecedores, os palestrantes ou oradores e demais cooperadores sinceros, todos tomavam parte no intuito de compreender a importância do momento e poder colocar-se favoráveis à disseminação do chamamento indispensável ao despertamento das consciências.

Os dirigentes espíritas definiriam programas de trabalho, temáticas para esclarecimento do público, abrindo mentes e corações para o momento especial da Terra.

Os médiuns sintonizados com os planos superiores não seriam obstáculos para a transmissão de mensagens ou alertas do mundo invisível, além de se oferecer aos desencarnados em aflições para que pudessem entender a importância de última hora na última hora.

Os esclarecedores estariam abertos e atentos às necessidades de encaminhar entidades necessitadas que se comunicassem nas reuniões mediúnicas desse teor, falando-lhes das realidades vigentes nos dois planos da vida, no sentido de aproveitar a derradeira oportunidade de elevação pelo amor, no orbe terreno. Com as informações precisas sobre a transição moral a que o mundo está sujeito, os que se dedicavam e se dedicam a ouvir e orientar as entidades inferiores manifestantes nas reuniões de desobsessão possuíam preciso manual de salvação, alertando-as para as últimas oportunidades de renovação que lhes propiciasse a permanência no planeta Terra.

Os oradores se preparariam para abordar a temática da renovação sob o prisma da urgência, ajudando a abrir as mentes dos ouvintes, com as devidas cautelas para se evitar os exageros próprios dos fanáticos que apavoram em vez de fazer pensar. Com o poder da palavra, suas vozes ecoariam no íntimo das consciências e permitiram que os ouvintes, ao voltarem para suas casas, meditassem nas mensagens escutadas a fim de que a boa semente, no seu devido tempo, germinasse.

Os outros trabalhadores da instituição, responsáveis pela acolhida do público, por conversar com os visitantes e frequentadores, teriam o campo mental preparado para o entendimento das urgentes transformações coletivas de agora, única maneira de se conseguir o indispensável avanço para as etapas gloriosas do porvir. Entendendo o mecanismo da separação do joio e o trigo, tais servidores do bem estariam mais bem preparados para atender às angústias pessoais dos visitantes da casa espírita, tocando os temas essenciais para ajudá-los a sair da hipnose do egoísmo, do individualismo ferido, do orgulho machucado, da dor exclusivista e, com outro ânimo, superar as pequenas arranhaduras, ignorando-as ao mesmo tempo em que transformariam os grandes ferimentos em pequenos arranhões.

Afinal, os processos evolutivos em jogo levariam em conta a capacidade de autossuperação, pela administração das fraquezas, pela luta contra os defeitos e pela renovação moral através dos desafios enfrentados e vencidos.

Com tais programas de esclarecimento, repetidos a cada noite em diversas áreas da atmosfera espiritual por operosos Espíritos tutores, as criaturas poderiam retornar ao corpo carnal ao alvorecer do novo dia trazendo seu inconsciente semeado com tais ideias, para que os germes eclodissem com naturalidade no seio das comunidades espíritas.

Onde existisse um núcleo de trabalho espírita sincero, lá estavam entidades amigas em visitação, como jardineiros responsáveis pela proteção do viveiro, cuidando do campo para que o germinar das sementinhas luminosas fosse abundante e eficiente, aguardando que os encarnados correspondessem ao esforço sublime na tarefa de multiplicar o chamamento.

Ao lado das orientações repetidas, numa quase "operação de guerra" montada pelo bem para ampliar as oportunidades de salvação dos viventes no mundo, as condições da natureza por si só cooperavam para o chamamento dos indiferentes.

Não faltavam eventos estranhos, na fúria dos elementos, a fazer lembrar as próprias palavras de Jesus contidas no *Evangelho de Mateus*, cap. 24, vv. 6 a 8, 32 e 33:

> E ouvireis de guerras e de rumores de guerras; olhai, não vos assusteis, porque é mister que isso tudo aconteça, mas ainda não é o fim.
>
> Porquanto se levantará nação contra nação, e reino contra reino, e haverá fomes, e pestes, e terremotos, em vários lugares.
>
> Mas todas estas coisas são o princípio de dores.

> Aprendei, pois, esta parábola da figueira: Quando já os seus ramos se tornam tenros e brotam folhas, sabeis que está próximo o verão.
>
> Igualmente, quando virdes todas estas coisas, sabei que ele está próximo, às portas.

Não eram escassos os sinais da natureza indicando que os tempos preditos se aproximavam.

Desastres ceifando vidas aos milhares, frio extremo, calor e secas nunca vistas, fome se espalhando, desajustes sociais, guerras entre irmãos, disputas insanas pelo poder, terremotos e mudanças bruscas do clima em todas as regiões do planeta, incertezas econômicas, tudo isso se encaixava nas palavras proféticas de Mateus.

Dores volumosas para a definição das verdades.

E os homens, em sua maioria, dormindo no suave berço da indiferença, tentando com todas as forças fazer-se de distraídos diante de tais realidades.

Para cada tormenta que a natureza lhes oferecia, num avassalar crescente e triste, a ciência apresentava uma explicação aceita como satisfatória: "sempre foi assim", "todos os anos isso acontece", "isso está dentro do previsto por nossos modelos matemáticos", "não há nada de errado com tais eventos".

E os indiferentes, ouvindo tais explicações, seguiam suas vidinhas tolas, pensando, felizes:

"Ah! que bom. A ciência já explicou. Isso é normal, não temos que nos preocupar com nada. Podemos continuar nossas rotinas, afinal, a ciência está de olho em tudo. Voltemos ao jogo, ao vício, ao prazer frenético, ao ganho desenfreado. Regressemos à insanidade das distrações fúteis com as quais trocamos a saúde pelo gozo, a paz da consciência pela aventura inconsequente. Aproveitemos o tempo que temos para desfrutar a vida."

Elegendo esse modo de ser, cada um aceita apenas a versão da verdade que melhor lhe sirva aos interesses superficiais, acatada facilmente e sem questionamento já que lhe é conveniente ao condizer com os próprios desejos.

O objetivo maior das entidades superiores no grande plano de ajuda para que a maior quantidade de filhos de Deus se salvasse era exatamente o de despertar a noção da consciência.

E os espíritas, aqueles que sabiam da sobrevivência da alma, da comunicabilidade possível entre os dois campos da vida, dos alertas sobre a regeneração acelerada, das convocações urgentes ao trabalho da última hora, diferentemente dos fiéis de outros caminhos religiosos, eram os mais bem preparados no sentido de despertar hipnotizados.

Outros segmentos religiosos tinham igualmente o importante papel de esclarecer seus núcleos específicos. No entanto, sem as bases lógicas de que dispunham os espíritas, voltariam ao velho e desgastado discurso do fim do mundo, já tão desmoralizado e desacreditado pela força do uso e pela maneira interesseira como sempre foi exercitado, amedrontando para tomar os bens e as riquezas dos mais impressionáveis.

A mente racional dos tempos modernos exigia outra abordagem, que essas religiões não seriam capazes de fazer, por estar comprometidas com os velhos erros do passado de desmandos e vícios.

A ação dos cristãos esclarecidos, das almas que aceitaram as verdades espíritas com sinceridade e fé, pelo entendimento e compreensão lógica era, portanto, a base desse edifício de redenção, erguido pelo Cristo de Deus para a orientação indispensável dos filhos que desejassem perseverar até o fim.

Jerônimo e Adelino, em conversa com Ribeiro, falavam de suas preocupações com a sinceridade dos irmãos de ideal.

— Sabe, Ribeiro, estamos muito aflitos. Com exceção desta instituição que você dirige em sintonia com os ideais superiores e de mais umas duas ou três aqui nesta cidade, não temos encontrado ambiente favorável entre os espíritas, para a multiplicação do chamamento – falou Jerônimo.

— É verdade – disse Adelino, em seu apoio. Visitamos, nos últimos meses, centenas de casas ditas espíritas, de dirigentes que estiveram nas diversas reuniões espirituais onde receberam os avisos e chamamentos para as indispensáveis mudanças e, até agora, quando voltam ao corpo de carne, são refratários a qualquer modificação de atitudes.

— Entendo o que dizem, meus amigos. Nossa realidade espiritual não os empolga. Já observamos esse comportamento em muitos de nossos queridos irmãos. Todos nós somos provenientes de outros caminhos religiosos nas muitas vidas já vividas, quando viciamos a crença nos modelos da inoperância e da preguiça.

Então, mesmo depois que aceitam o trabalho espírita nesta jornada, no fundo anseiam por um cargo, por um posto onde se assentem e permaneçam na mesmice, sem empenho profundo na transformação.

Dizem-se servos do Senhor, mas não sonham com o trabalho. Querem sombra e água fresca, querem postos e favores, mas trazem a mente inimiga de qualquer mudança de conduta que lhes signifique um aumento de atividades.

Boa parte usa do argumento de que não devem atordoar a mente das pessoas que frequentam a casa espírita porque elas não estariam preparadas para as transformações necessárias.

Querem falar do momento de transição usando parábolas vagas e de difícil interpretação.

Tais dirigentes espíritas se assemelham ao capitão de um navio que, naufragando, em vez de avisar os passageiros de que tudo vai afundar, mantém o cassino funcionando para tudo parecer normal, manda a orquestra tocar mais alto para esconder os ruídos do afundamento, não espalha salva-vidas nem ordena que se baixem os botes salva-vidas a fim de que não se levantem suspeitas da tragédia em andamento. Desse modo, não previnem os passageiros para a tormenta que os aguarda e contra a qual poderiam estar bem mais preparados.

Os trabalhadores espíritas são como a tripulação desse navio que, não podendo afrontar o capitão, tem que obedecer à suas ordens. Quando muito, poderiam comentar em sigilo a alguns mais íntimos sobre o naufrágio, com o compromisso de que o capitão não venha a saber ou desconfiar de que suas regras estão sendo quebradas.

Por incrível que pareça, capitão e tripulação estão avisados de que o navio está indo para o fundo.

Ouvindo-lhe a comparação, Jerônimo e Adelino sorriram, bem humorados.

— Ribeiro, você sempre com a palavra certa para nos ensinar. É isso mesmo, meu amigo. Estamos vendo a água entrando por todos os lados e, apesar de os responsáveis estar avisados, encontramos boa parte dos passageiros e muitos tripulantes se divertindo ou adormecidos em suas cabines, além do capitão preocupado com o baile, com o jantar de gala, com as coisas superficiais ou com o disfarçar a realidade para que os passageiros não se assustem.

Mas o que será dos passageiros quando perceberem que o navio vai a pique? Por que o capitão não os alertou a tempo? Por que lhes manteve a ilusão de que não havia problema?

Nessa hora, o desespero do "salve-se quem puder" não será mais prejudicial para todos do que se, antes e com calma, tivessem sido alertados dos eventos futuros?

Assim estamos, Ribeiro. Adelino e eu nos surpreendemos quando observamos que a maioria dos dirigentes espíritas está assumindo a insensata posição do fingido capitão, negando-se a alertar sua tripulação sobre os reais problemas do navio, bem como sobre a necessidade de se preparar para o naufrágio.

Os mais antigos dizem que falar dos momentos cruciais da transição poderia produzir mal-estar e medo nas pessoas. Por isso, se calam, não se preparam para abordar o tema e censuram quem o faça na instituição. São os adeptos de manter o baile em andamento, com a orquestra tocando bem alto. Estudam sobre os diversos temas espíritas, fazem conclaves intelectuais sobre o perispírito, vivem com a cantilena da reforma íntima, gastam o tempo nas tarefas rotineiras e importantes, mas... o navio vai indo para o fundo.

Como parecem muito experientes, transmitem a impressão de que estão no controle da situação, fazendo com que os outros se sintam seguros e continuem bailando, comendo, jogando, dormindo, em vez de ir colocar o indispensável salva-vidas.

Os trabalhadores mais jovens estão um pouco mais abertos à influência de tais assuntos mas, infelizmente, muitos deles são contidos pelos mais "experientes", que bloqueiam quaisquer iniciativas no sentido do alerta direto, alegando que ainda não é a hora de aprofundar essas questões.

Médiuns que recebem avisos são, muitas vezes, ignorados ou tidos como obsedados pelos coordenadores das tarefas mediúnicas que, tocados na mesma tecla da vaidade e do pseudossaber, simplificam tais temáticas dizendo ser necessário esperar que outras mensagens desse tipo cheguem por outros médiuns para que se confirmem mutuamente.

Se isso é uma postura prudente e sábia – diga-se de passagem, recomendada pelo próprio Codificador –, ressalte-se que, no fundo, esses dirigentes fazem cair no esquecimento tais comunicados, não os encaminhando com rigor e independência aos responsáveis pela direção da instituição, não lhes dando o devido valor por considerar que são frutos da apreensão coletiva, causada pelas catástrofes diárias ou por algum desequilíbrio do próprio médium.

"Médium impressionável" é a qualificação com que muitos coordenadores de trabalhos mediúnicos rotulam o sensitivo que se torne o veículo de quaisquer mensagens que realce o caráter da urgência dos tempos atuais, falando da transformação que se aproxima.

Diante desse conflito e temendo o descrédito, mesmo médiuns novatos e até mesmo os mais antigos vêm se recusando a abordar tais temáticas, bloqueando a ação diligente dos mentores amigos.

Alguns esperavam que outro médium mais corajoso se fizesse o portador desses assuntos para que, por sua vez, se encorajassem a desbloquear as faculdades sensitivas na mesma direção.

Era o medo do juízo alheio, receio de se expor ou parecer ridículos.

Assim, Ribeiro, temos visto, em toda parte, o público desesperado por informações e as casas espíritas desconversando.

E isso não é por falta de esforço dos incontáveis Espíritos que se desdobram para ajudar os encarnados. É por preguiça, despreparo doutrinário ou inconsequência da maioria, desperdiçando oportunidades.

— Mesmo quando invocam os cuidados que precisam adotar em relação aos ouvintes, pelo receio de que esses ingressem em faixa mental de desequilíbrio, piorando a própria situação, essa postura demonstra que desconhecem os objetivos doutrinários - afirmou Ribeiro, lúcido. Pensam que, por não oferecer as boias ou ensinarem a nadar, conseguirão salvar passageiros do afogamento.

Não seria mais sábio, ressaltar as medidas adequadas para enfrentar a situação difícil? Onde encontrarem o colete salva-vidas, como fazer para encontrar os botes, como enviar sinais de socorro, como proceder quando estiverem à deriva no mar, como se organizar para que a maioria esteja segura depois que tudo acontecer?

Então, seria de se perguntar, por que Jesus falou sobre o fim dos tempos? Já não estaria Ele, como um bom capitão, alertando a todos quanto aos cuidados visando à salvação da maioria?

E isso foi há quase dois mil anos.

Mas, hoje, vivendo no âmago das ocorrências cruciais para a evolução humana, com todos os avisos e alertas, fingimos que as coisas não são como são.

Continuando o raciocínio iniciado por Ribeiro, Jerônimo ponderou:

— Que não desejem assustar, também concordamos com isso. No entanto, a transformação da humanidade precisa ser colocada de maneira construtiva, de forma clara e verdadeira, para que a casa espírita cumpra a sua função de salva-vidas fazendo aquilo para o que fora preparada. Por que, então, Jesus teria organizado esse movimento de iluminação, exatamente no período mais importante da mudança de padrão dos Espíritos, se essa luz tivesse que ser colocada sob o alqueire?

Por que teria feito descer ao mundo as mensagens esclarecedoras das consciências, se tivessem que permanecer encerradas no cofre do comodismo ou da conveniência? Se as pessoas possuem essa preciosa ferramenta do espiritismo cristão, é para que ela seja usada em todos os momentos, especialmente na decisiva jornada da própria salvação.

O capitão deve dizer à tripulação e aos passageiros que não será dançando que encontrarão a salvação. Deve alertar por todos os alto-falantes do navio que o barco está afundando, mas que ainda há tempo para quem deseje salvar-se, desde que se esforce nesse sentido, buscando os meios de flutuar no oceano das adversidades.

Se um marinheiro de terceira classe fala que o navio vai afundar, ninguém lhe dá crédito até que a notícia venha de mais alto. Mas se o capitão toma a palavra e dá a mesma informação, nenhum dos que o escutam duvidará. Todos aproveitarão melhor o tempo para tomar as medidas indispensáveis à preservação do que é importante: a própria vida.

Aproveitando a pausa natural na exposição de Jerônimo, Adelino acrescentou:

— E é justamente isso que não temos encontrado na abundância que gostaríamos, junto aos dirigentes e trabalhadores espíritas. Perdidos em coisas menos importantes, alguns são avessos a esse tema, outros têm receio de enfrentá-lo, outros não se prepararam para fazê-lo, não permitindo que algum outro fale a respeito, outros, mais, estão dormindo para a realidade, enquanto alguns, pasmem vocês, fecham a casa espírita alegando ter direito a férias. Já imaginaram uma coisa como essa?

Os dois amigos que o ouviam sacudiram a cabeça, demonstrando concordar com o espanto que Adelino demonstrava.

— Não sabemos – disse Ribeiro – o que é pior dentre os que se dizem dirigentes e trabalhadores espíritas: se a indiferença diante do amanhã ou a indiferença diante do hoje.

O que importa, no entanto, meus amigos, é que não esmoreçamos. Jesus sabe como somos e quantos serão levados no turbilhão. Talvez os espíritas se surpreendam com a quantidade deles próprios, alistados entre os que não poderão mais permanecer no mundo renovado, atingidos em cheio pela transformação da humanidade que lhes rasgará as ilusões com as quais se travestem, crendo-se eleitos de Deus, poupados de dores ou aflições.

Que se preparem, pois, os espíritas iludidos, porquanto, para eles, a transição será mais dolorosa do que para os outros crentes.

15

Descompasso

Em sua peregrinação pelas instituições religiosas diversas, além das espíritas, compareciam, além de Jerônimo, Adelino, Bezerra, os demais Espíritos amigos, Luiz, Joana, Sócrates, Aurélio, Francisco, observando-se o empenho da espiritualidade superior visando a apoiar o despertamento para as novas realidades com o foco em uma transformação moral imprescindível e acelerada o mais possível.

Era assim que, em diversas cidades brasileiras, não se limitavam a realizar reuniões para esclarecimento dos Espíritos encarnados durante o sono físico mas, além disso, visitavam os trabalhos variados da instituição, procurando influenciá-los no caminho da conscientização.

Contavam com o apoio de Bezerra, que os envolvia com sua generosidade paternal, visitando-os em sistema de rodízio.

Foi assim que o querido médico encontrou o dedicado Espírito Luiz Gonzaga seguindo o sermão de um sacerdote num tradicional templo católico de grande cidade paulista. No entanto, suas atenções não se concentravam nas palavras do representante eclesiástico.

Acompanhado do Médico dos Pobres, Luiz comentava a condição mental dos que assistiam à cerimônia.

— Veja, doutor, o estado dos pensamentos de nossos irmãos é quase uma intransponível barreira para a ação de nossas forças positivas.

Os dois Espíritos se acercavam dos presentes com o olhar acurado do cientista da alma que, com sua visão treinada, vai muito além das aparências físicas.

— Observemos para melhor auxiliar – disse Luiz.

Escolheu ao acaso contrita mulher que, aparentando atenção às palavras do sacerdote, mantinha o fio do pensamento noutra direção. Escutavam-lhe as ideias como quem escuta um noticiário na televisão.

— Será que esse sermão vai demorar muito? Preciso voltar para casa para ultimar os preparativos da viagem. Não vejo a hora de sair logo. Afinal, estas são as primeiras férias que consigo ter, depois de cinco anos de trabalho árduo. Ah! valeu a pena empenhar-me tanto nas horas extras até conquistar a atenção do meu chefinho lindo – aliás, que "pedaço" de homem. Unindo o útil ao agradável, vou passear e continuar o romance que começamos no escritório. A mulher dele nem imagina. Como fui esperta ao me insinuar aos poucos. Quem pode negar o poder de um decote bem colocado, hein?! Além do mais, graças a esse eficaz instrumento, vou poder me distrair sem gastar nada. Afinal, o "escritório" está pagando as passagens. Férias e prazer não fazem mal a ninguém. E o melhor é que o cara é casado. Assim, não vai ficar pegando no meu pé. Quando a gente voltar, ele continua casado e eu não terei que administrar um namorado bobão. Nada melhor do que o sexo pelo sexo.

Enquanto isso, o padre falava:

— A palavra de Deus é para iluminar as consciências. Nada há oculto que não seja de Seu conhecimento. Tudo o que o homem faz indica sua natureza, o que transforma nossas palavras e atitudes em nossa libertação ou em nossa condenação. Arrependam-se do mal, pois o fruto do pecado é o sofrimento.

No entanto, as lúcidas e proféticas palavras do sacerdote caíam no vazio daquela mente feminina, ansiosa por embarcar na aventura do prazer longamente esperado e, sem nenhuma responsabilidade, desfrutado graças às artimanhas da sedução maliciosa no campo estéril da carência afetiva e da invigilância de seu chefe.

Deixando de lado aquele caso, dirigiram-se a outro indivíduo sentado em um dos muitos bancos da igreja, assistindo à cerimônia como se fosse autômato.

Fez-se o mesmo procedimento, agora junto a homem maduro, que seguia o culto ao lado da esposa.

— Será que o departamento administrativo da prefeitura já liberou a verba? Estou dependendo desse dinheiro para dar andamento aos negócios. Além, é claro, da sua divisão com o prefeito e com o Lucinval, o vereador que me apoiou. Puxa vida! cada dia a gente tem que dividir mais a bolada. Saudades do tempo em que com 10% se comprava o sossego e o apoio dos políticos. Agora, para se conseguir qualquer apoio, é um tal de corta aqui, corta ali, divide acolá, que quase não sobra nada para mim. Mas, ainda assim, é melhor do que nada. Com esse dinheiro, termino de pagar a compra da chácara, separo um pouco para a gente viajar e, quando vierem me perguntar do investimento na abertura dos buracos para a fiação, apresento as notas superfaturadas para demonstrar que não foi suficiente para terminar o serviço. Além disso, com as ações trabalhistas que os malditos toupeiras vão mover contra a empresa, reclamando pela falta de pagamento, poderei pressionar a prefeitura para obter o cumprimento dos compromissos e a liberação de mais verba. Afinal, tudo está subindo de preço mesmo...

Enquanto o pensamento voava nos meandros políticos das transações ilícitas, o padre continuava falando:

— Não esqueçam que Jesus expulsou os vendilhões do templo, acusando-os de negociadores espúrios que haviam transformado a casa de Deus em um covil de ladrões. Nas coisas simples da vida demonstramos nosso caráter. E ainda que tudo pareça lícito diante dos olhares humanos, nossa alma conhece a ilicitude em que se mete, porquanto todos sabemos o que é certo e o que é errado. Os ensinos evangélicos são muito claros sobre o critério de avaliação de nossas intenções e atitudes. A boa árvore não produz maus frutos e a árvore má não produz bons frutos...

Nada disso, entretanto, ecoava no pensamento do negociante interessado em lesar o patrimônio público para seguir enriquecendo às custas da desgraça dos próprios funcionários, vítimas de sua ambição egoística.

Seguiram os dois Espíritos, para outra parte, onde uma senhorinha ouvia a pregação com ares de beatitude.

No fundo, entretanto, seus pensamentos voavam em outra direção.

— O padre está falando de perdão, mas é porque ele não vive com a minha irmã. Queria ver, caso ele tivesse que cuidar dela, se ia conseguir falar dessas coisas assim, tão facilmente. Aquilo é um bicho em forma de gente. Não vejo a hora em que morra a criatura, não só para me dar sossego, mas, também, para ir logo para o inferno que é o seu lugar. Maldita hora em que tive que ir morar em sua casa. Para não ficar na rua da amargura, pago um preço cada vez maior, tendo que suportar suas manias e exigências, sempre jogando na minha cara que a casa é dela e que eu tenho que obedecer às suas regras para ficar ali. Além do mais, me fez de empregada para que, assim, pague pela hospedagem. Outro dia, comprei veneno de rato que parece pastilha de morango e deixei um pouquinho em cima da prateleira da cozinha. Quem sabe a maldita não se confunde e, pensando que é um docinho novo, acabe engolindo umas pastilhinhas e morre "por acidente"...

Bem que seria uma festa das boas o seu velório. Até pediria ao padre para ir lá em casa rezar, encomendando o corpo. Afinal, acho que ele me deve esse favor pelos anos que venho aqui limpar a sacristia, arrumar as hóstias, cuidar da casa paroquial...

E lá prosseguia o reverendo, explicando o *Evangelho*:

— Não nos esqueçamos do divino mestre quando se referiu aos seus seguidores alertando-os de que não adiantaria dizer "Senhor, Senhor" se isso não lhes alterasse a conduta íntima. Afirma Jesus que os ladrões e as prostitutas entrariam antes que eles no reino dos céus, porque muitos malfeitores, escutando a palavra, haviam se arrependido e seguido as orientações, ao passo que os demais, que o seguiam de tão perto, não lhe faziam caso aos ensinamentos.

— Observamos aqui, doutor, as dificuldades naturais que surgem em decorrência de uma mensagem que não é sintonizada por aqueles que escutam. Todas as palavras do sacerdote são fiéis ao sentido original e estão bem colocadas para o aproveitamento dos que a recebem. No entanto, apesar de terem ouvidos limpos e não lhes faltar perfeição ao sentido da audição, parecem-se com bonecos que repetem, que se comportam dentro da ritualística, que fazem os gestos esperados mas que, robotizados por uma rotina religiosa, são como androides teleguiados pelos assuntos que lhes dominam o interesse.

— Perfeita avaliação, prezado Luiz. Estamos diante de uma cerimônia de mortos-vivos. Com raríssimas exceções, os presentes confiam mais na fumaça do incensório do que nas exortações morais que escutam com indiferença. Apegam-se aos padrões mundanos, ainda que compareçam à casa do Pai dizendo-se interessados nas coisas de Deus.

— E como fazemos para mudar essas coisas, sábio amigo?

— Com a experiência que você possui, sabe que nosso amor por eles não pode ferir-lhes a liberdade. Bem ou mal, estão no caminho que escolheram e serão despertados no momento oportuno – respondeu Bezerra, amável.

— Como sempre, a nossa velha amiga, a dor – concluiu Luiz Gonzaga.

— Sim, meu irmão. O que seria de nós se ela não fizesse o trabalho mais duro? De toda forma, mesmo fazendo chorar, é um potente instrumento de conscientização, muitas vezes o único eficaz para almas adormecidas para a verdade. Oremos ao Pai por todos e aguardemos a visita dessa importante aliada do bem na vida de cada um deles. Esperemos que possam aprender a lição sem o sofrimento. No entanto, mais do que isso, esperemos que a dor não lhes chegue tarde demais.

Continue em sua tarefa, caro irmão. De minha parte, preciso ir ao encontro de outros amigos. Você está se saindo muito bem ao não desanimar da luta do bem. Além do mais, não se esqueça do nosso irmão celebrante. De todos os presentes, parece que o padre é o único aberto à recepção de sua influência e, ademais, a palavra do sacerdote acabará sendo o espinho a despertar a consciência de alguns que o escutem, não é mesmo? Será pela boca do nosso irmão que você haverá de transmitir o chamamento mais candente ao Espírito dos fiéis. Não será o primeiro fenômeno mediúnico de incorporação dentro de um templo católico, ainda que ninguém o perceba!

— Obrigado, Bezerra. Farei segundo o seu conselho e que, em breve, sua visita possa renovar nossos corações.

Abraçaram-se no carinho dos servos do bem e o Médico dos Pobres seguiu para encontrar-se com o sábio grego, desempenhando seu mister junto dos cultivadores do pensamento.

DOUTOS E PRUDENTES

16

COM A SUA INCANSÁVEL PACIÊNCIA, LÁ ESTAVA O LUminoso Espírito, perambulando como outrora por entre as consciências lúcidas da modernidade, na tarefa de influenciar os neurônios de seus pares encarnados, plantando na rica seara do pensamento as sementes do alerta para as horas do porvir próximo.

— Vejo que sua tarefa está conquistando algumas vitórias, caro Sócrates.

— Muitas vezes assemelham-se à vitória de Pirro, amável esculápio. Caminhamos dias e dias ao lado de alguns luminosos e inspirados pensadores, seguindo-lhes o raciocínio, inquietados pelos problemas do mundo, falando-lhes do humanismo, das necessidades de justiça real, relembrando-lhes das desigualdades surgidas graças ao culto do egoísmo, tão próprio do hedonismo ancestral e, até aí, nossas intuições alcançam-lhes o âmago do ser com razoável facilidade.

— Que bom, excelente! Acabo de deixar o nosso Luiz em situação bem pior do que a sua, eis que ninguém lhe dá ouvidos às intuições amorosas.

— Pode parecer que sim, mas, infelizmente, não conseguimos prosseguir nos rumos superiores. A maioria dos nossos amigos está encantada com as teses materialistas e, os poucos que se permitem viajar pelas veredas do idealismo, esbarram em raciocínios tisnados pelos interesses subalternos, pelos sofismas da modernidade que lhes confundem as interpretações nobres, mesclando conclusões luminosas com o pragmatismo superficial das ansiedades do populacho. Ainda quando pareçam inclinados às meditações espirituais, logo lhes vem à mente as leviandades do público que, na condição de leitores, em sua maioria, não buscam pensamentos nobres como procuram coisas picantes e mundanas, nas superficialidades que vendem. Por isso, a maioria dos pensadores acaba cedendo ao cântico da sereia, migrando para o carreiro da conveniência, recusando-se a corajosa batalha do eu superior contra o ego infeliz. Temem o insucesso tanto quanto o conceito jocoso a que possam estar expostos na opinião de seus pares, caso abordassem temas que por esses fossem considerados burlescos ou ridículos, próprios de mentes inferiores ou místicas.

Contaminados pelo veneno do orgulho, aqueles que se catalogam na categoria de intelectuais que dizem tanto prezar o poder de análise, adotam conduta irracional ao se recusar estudar as leis do Espírito, clara medida de seu preconceito a assinalar sua condição miserável de ignorante que se fantasiam de sábios.

Aqueles que desejam subir nesse palco de purpurina do mundo precisam escolher se falam a língua dos maiorais para serem admitidos ou se aceitam ser exilados por não compartilhar dos mesmos gostos e prevenções.

— É, meu amigo, o orgulho é simpático a tudo o que o lisonjeia – atalhou Bezerra, sorrindo.

— Sempre a mesma fórmula do interesse corrompendo o ideal. Entre o medo do ridículo filosófico e o fiasco do insucesso literário ou comercial, escasseia nos pensadores a coragem de pensar com liberdade e independência. Quando lhes suscito ideias de sobrevivência, de urgência no tempo, de fim de período, imediatamente fazem associação com os assuntos atuais de caráter apocalíptico, encaminhando tais sugestões intuitivas à vala comum do religiosismo alarmista, em vez de se permitir a mínima chance de meditação sobre o tema.

Quase me fazem recordar os passeios pelo mercado de Atenas, nas horas de descanso, analisando-lhes as vitrines mentais com suas bugigangas mentirosas, expostas como teorias profundas ou preciosas. E parece que quanto mais agradam ao mercado que procura leviandades, mais se tornam dignos da atenção dos incautos. Quanto mais for a fama conquistada pelo pensador, maior o número de imitadores de suas barbaridades mentais e cultivadores das sementes deturpadas de seu pensamento.

Como os filósofos laicos se vacinam contra as coisas da alma, por vergonha ou despreparo, dediquei-me a influir sobre o pensamento dos chamados escritores médiuns, palestrantes ou oradores com tarefas de difusão de ideias, com a finalidade de cooperar com a iluminação. Certamente que são mais maleáveis do que os primeiros. No entanto, também aqui encontrei interesses mesclados. O desejo de autorrealização, a vaidade dissimulada por falsa humildade, a preocupação com a vendagem de sua produção mediúnica e o interesse de realce com que muitos oradores se exibem, mais preocupados com a própria figura ou fama do que com a mensagem de que se fizeram portadores são escolhos difíceis de vencer. Dentre esses não são poucos os que se bloqueiam quando o tema da transição lhes é colocado. Novamente o despreparo pessoal ou o receio de criar reações adversas, de não ser agradáveis ou simpáticos ao promover um questionamento dos rumos seguidos pelo movimento espírita, tudo isso impede a produção de frutos fecundos, mantendo a maioria do público na ignorância ou na ilusão de comportamentos inadequados.

Eis a marca do homem moderno iludido pela materialidade, bem representado pelo mito de Narciso, o lindo jovem que, encantado consigo mesmo, veio a afogar-se no lago cujas águas refletiam-lhe a própria beleza. E aqui estamos nós, tentando ser novamente o moscardo que zumbe nos ouvidos do Narciso hedonista e intelectualizado para retirá-lo da alienação em que vive, antes que chegue a hora de seu afogamento.

Venho encontrando mais receptividade na mente de jovens inquietos que, envolvidos pela onda de renovação que avassala o psiquismo da alma comprometida com as mudanças, sente que o velho modelo está carcomido e não é mais capaz de se sustentar por si próprio. Então, como outrora, no seio da juventude aberta para as novas fases evolutivas, descompromissada com o veneno da fama e do orgulho vaidoso, tenho conseguido os poucos sucessos inspiradores para a semeadura profícua das noções de mudança. Acompanho-lhes as discussões, renovo-lhes os argumentos, inspiro-lhes novos rumos de pesquisa e meditação para que, observando as contradições de todos os tempos, amplificadas pelas ilusões de materialismo rico de contradições, transformem a indiferença em vontade de mudanças.

Particularmente agradável me é o contato com os jovens espíritas, cuja mente modelada pelos conceitos do consolador prometido é oficina produtiva e indústria de belas ideias.

O único problema, infelizmente, é causado pelos mais velhos, aqueles dirigentes cujos neurônios enferrujaram no cérebro e que, por isso, não são sensíveis às sugestões e buscas dos mais novos. Por incrível que pareça, nossos esforços na área do esclarecimento tem encontrado obstáculos na censura dos mais antigos, cuja liderança deveria ser assinalada pelo vigor do pensamento aberto, da dialética construtiva, da avaliação neutra de todos os temas e assuntos.

A meu ver, infelizmente, alguns estão cristalizados na rotineira cantilena com a qual pensam que ganharão o céu ou algum lugar privilegiado em colônia espiritual superior se mantiverem as coisas funcionando pelos padrões do passado.

Às vezes, Bezerra, preferem sufocar a inquietação dos mais novos do que dar-lhes espaço na discussão sadia dos temas candentes do momento. Fora tais percalços, nossa tarefa prosegue entregue aos mecanismos divinos que, com mais ou menos rigor, garantirá a cada qual a dor necessária para a construção do caminho que nos levará às futuras alegrias.

— Essa é a nossa tarefa, meu amigo. Não desanimemos mesmo quando alguns de nossos únicos aliados, os espíritas, pareçam ser nossos principais adversários. Talvez fosse mais correto dizer que parecem os maiores inimigos de si mesmos.

— Concordo em gênero e grau – exclamou Sócrates, sem perder a fleuma que lhe marcava a personalidade. Não é por acaso que Jesus fala a Deus nestes termos:

> Graças te rendo, meu Pai, Senhor do céu e da Terra, por haveres ocultado estas coisas aos doutos e aos prudentes e por as teres revelado aos simples e aos pequenos. (S. Mateus, cap. XI, v. 25)

Despediram-se para prosseguir na semeadura dos diversos tipos de solo, conforme a lembrança da tradicional parábola.

Estranhas visões

17

— Se eu fosse você, não falava nada – aconselhava a amiga, depois do trabalho mediúnico na qual ambas compareceram como dedicadas servas do bem.

— Mas, Jandira, já faz algum tempo que venho percebendo a presença de tais entidades – replicou Marieta, inquieta, relatando à amiga as experiências que vinha vivenciando durante as reuniões mediúnicas de seu grupo.

— Eu acredito em você, não duvide disso, Mari... – disse carinhosamente a amiga, estendendo apoio psicológico. No entanto, sabe como é a dona Gertrudes, não é? Rigorosíssima em questões doutrinárias, pulso firme. O que não se encaixa no que está acostumada, não serve. Vai considerar você uma mentirosa, uma exagerada, uma médium querendo aparecer ou, o que é pior, vítima de influências obsessivas, quase uma maluca.

— É, eu já pensei nisso tudo, Jandira. Sei que não seria fácil explicar que entre as entidades que vejo em nossas reuniões, dessas às quais estamos acostumadas e que nos parecem nitidamente terrestres, identifico outras cuja forma não guarda nenhuma semelhança com nossos irmãos. Não digo que sejam monstros ou coisa parecida mas, sem dúvida, pertencem a uma outra humanidade. Como lhe disse, têm corpos completos como os nossos. No entanto, as proporções dos membros, da cabeça, das mãos e dedos, tudo é diferente e, por isso, causam uma impressão muito diferente quando os vejo. Ainda não sei dizer se são seres de outros mundos, já desencarnados e que mantêm a forma que tinham naqueles orbes, ou se se trata de seres encarnados ainda, que se apresentam em nossa dimensão de maneira invisível aos olhos humanos.

— Então, está vendo a confusão em que está vivendo? Se nem você mesma é capaz de dizer se são Espíritos ou se são encarnados invisíveis, imagina o que vai pensar a Gertrudes?

Ainda mais ela, que não tem a mediunidade da vidência. Coloque-se no lugar dela, Mari... Já pensou o espanto que seu relato produziria no grupo e nos outros médiuns na sala?

— Claro, Jandira, já pensei nisso também. Mas o que acontece é que os nossos dirigentes espirituais se me aparecem e dizem que eu preciso falar dessas visões com nossa dirigente. Ela precisa saber que estamos sendo visitados por entidades muito diferentes das que costumam aparecer. Pedem que não adie esse relato, porque é importante que tais fatos cheguem ao conhecimento dos responsáveis pelas reuniões, sobretudo para que eles sejam notificados do objetivo de tais entidades.

— Objetivo? Que objetivo é esse, Mari? Você não me contou nada sobre isso – falou Jandira, tocada na tecla da curiosidade.

— Por acaso você imagina que eles estão por aqui porque não tenham o que fazer lá no mundo deles? – replicou a médium, olhando a amiga bem nos olhos.

Levada a meditar mais profundamente nos motivos suscitados, Jandira, desconcertada, respondeu:

— Bem, Mari, a verdade é que, desde quando você me contou o que está acontecendo, não parei para pensar por que eles estariam por aqui. Imaginei que se tratasse de algum estágio, alguma experiência de aprendizagem para eles, alguma coisa como pessoas em visita ao zoológico ou coisa parecida – disse Jandira, rindo-se da própria ideia.

E aproveitando a comparação, Marieta completou:

— Pois em parte, penso eu, que se trata, sim, de uma coisa parecida com isso. Só que há uma finalidade específica para que essa presença se mantenha por mais tempo. Do mesmo modo que vamos ao zoo, como seres mais avançados que visitam os animais em seu habitat específico para aprender, observar ou se distrair com seus tipos, eles também nos estudam, nos avaliam segundo seus critérios. Por serem mais avançados espiritualmente do que nós, não se deleitam ou se distraem conosco, como fazemos vendo o macaco na jaula, descascando as bananas que lhes jogamos. Estão procurando maneiras de nos ajudar nesses momentos delicados de nossa evolução. Observam os seus irmãos neste zoológico humano com a finalidade de nos preparar para os graves eventos que se avizinham.

Jandira arregalou os olhos, impressionada com as informações.

Como Marieta permanecesse quieta, a amiga cutucou-a com o cotovelo e exclamou:

— Vai falando aí, Mari. Desembucha, porque isso me interessa.

— Interessa saber o quê? Que não estamos sozinhas ou que as coisas vão piorar bastante?

— Ora! amiga, interessa saber o que vai acontecer com a gente, isso sim.

— Então, Jandira, não precisa da mediunidade para saber. Isto já foi revelado pelo próprio Jesus, nas escrituras, falando da porta estreita, das transformações, da separação do joio e o trigo, dos terremotos, da modificação dos elementos da natureza, das guerras e confusões. É que as pessoas não dão valor aos anúncios até que as coisas comecem a cair sobre as suas cabeças, quando já é tarde demais para mudar alguma coisa.

— Mas - argumentou Jandira, enfática - se a gente está podendo entender melhor esses eventos, é sempre bom saber algo mais, pois, assim, nos comportaremos de maneira mais adequada, preparando a nós mesmos e aos outros para enfrentar os desafios. Por isso é que me interesso por tais assuntos.

— Isto é verdade, Jandira. Quando temos serenos nossos pensamentos, sabendo interpretar sem medos ou pavores os eventos que nos aguardam, teremos equilíbrio para ajudar nossos semelhantes como alguém que, sabendo das tempestades que se aproximam, podem ser abrigo seguro para os que despertam no meio da tormenta sem entender o que está ocorrendo.

Aliás, minha amiga, é isso o que eles estão tentando nos fazer entender. A presença de tais entidades ao lado dos nossos Espíritos amigos, mentores e tutores espirituais, indica a solidariedade entre as almas, sobretudo porque, oriundos de outros sistemas estelares mais evoluídos, bem que poderiam lá estar, assistindo de longe as convulsões físicas e morais a que a Terra já está sendo submetida, sem se incomodar com o destino dos semelhantes.

Vamos voltar, então, à ideia do zoológico. Vamos pensar, Jandira, que, como visitante esclarecido, você saiba que uma área do parque onde os animais estão abrigados será atingida por algum evento danoso. Certamente que os animais não sabem disso nem estão preparados para se precaver contra tais catástrofes. No entanto, como seus irmãos mais esclarecidos, que observamos o avanço do fogo ou a enchente do rio que, em alguns dias vai chegar até o zoológico, poderemos auxiliar no anúncio precoce, atraindo o maior número possível de animais para áreas mais seguras, para longe do local onde estariam expostos a um maior risco. Então, teríamos que nos fazer sentir, deveríamos usar dos recursos disponíveis para atrair os animais, talvez com o oferecimento de alimento que os endereçasse para zona distante do desastre.

De nada adiantaria dar aos animais uma aula explicativa sobre o incêndio ou a enchente, nem fazer uma reunião com mapas e planos de fuga. Os animais não entendem essas coisas. Precisaríamos nos comunicar no nível de sua linguagem e, usando as suas tendências, procurar ajudá-los como nos fosse possível. E quando chegasse a enchente ou o incêndio, aqueles que houvessem aceitado o alimento oferecido, seguindo na direção mais segura, teriam maiores chances de sobreviver a tais eventos.

Segundo o que me têm informado, esses seres também cumprem um papel solidário no momento em que a Terra, como escola de aprendizado, está sendo sacudida e reformada. Procuram nos passar a importância do equilíbrio, da serenidade, da elevação espiritual, da confiança em Deus acima de todas as coisas, do desapego, da busca por caminhos espiritualmente mais seguros, da superação dos vícios e defeitos que nos mantêm ligados às coisas de um mundo que sofre os abalos próprios da renovação periódica que lhe impõe a lei de progresso. Não sei dizer se tais entidades terão algum papel decisivo nos momentos difíceis que nos esperam, mas por tudo o que me comunicam, querem que saibamos que os temos como nossos irmãos, como amigos, como bons vizinhos que se apresentam para ajudar no resgate do incêndio, desde que tenhamos condições morais e merecimento espiritual para corresponder à sua boa oferta.

Ouvindo atentamente o relato da amiga médium, Jandira perguntou, curiosa:

— Mas, Mari, nossos mentores espirituais não se cansam de nos avisar sobre a reforma íntima, a necessidade de transformação moral que o próprio *O evangelho segundo o espiritismo* enfatiza. Por que é necessário que venha "gente de fora" para dizer a mesma coisa?

— Bem, Jandira, eu não sei explicar os motivos superiores da permissão a que você se refere. O que posso dizer é que, talvez, de tanto conviver com nossos mentores, nos tenhamos acostumado a seus alertas, como o filho que não faz mais caso das advertências paternas, de tanto ouvi-las. Consideramos que nossos amigos espirituais estarão sempre nos convidando à renovação, censurando nossas fugas do bom caminho como alguém que exagera nos fantasmas para manter os filhos dentro de casa. Nesses casos, os filhos começam a desacreditar dos alertas dos genitores, considerando que sempre verão perigos onde eles não existem. Então, passam a fazer pouco caso das advertências e saem para as aventuras do mundo, imaginando-se maduros e vacinados contra o mal. Caem nas armadilhas soezes e afundam no lodaçal dos prazeres até que percebem a armadilha na qual se meteram. Trocamos nossos generosos tutores por falsos amigos. Deixamos de ouvir os conselhos amorosos dos que nos amam para preferir as conversas chulas, as opiniões infelizes daqueles que compartilham nossas mesmas fraquezas até que as falsas amizades nos abandonam quando a desgraça se planta em nosso caminho, como doença, pobreza ou vergonha.

Observando esse modo de ser, talvez consigamos escutar com mais atenção o conselho de estranhos visitantes que nos repetem as advertências paternais já conhecidas, seguindo-lhes as orientações agora vindas da boca de estranhos, preparando nossos espíritos para enfrentar o futuro com seriedade e compromisso.

— É, Mari, segundo esse ponto de vista, parece certo que essa providência poderá ser mais um alerta que se soma a todos os anteriores.

— Pois eu estou segura, observando a importância que nossos dirigentes espirituais dão ao tema, que tudo isso está nos planos superiores que dirigem os destinos da humanidade. Aliás, no próprio evangelho espírita encontramos o ensinamento de que a Terra não detém toda a humanidade que existe no universo, mas, ao contrário, apenas uma ínfima parte dos seres criados por Deus, que se espalham por civilizações infindáveis, nos planetas existentes por todos os sistemas estelares.

Quando acontece um grande cataclismo em nosso mundo, Jandira, não é normal que vejamos pessoas de todos os países organizando-se para enviar socorro às vítimas? Uns vão pessoalmente, com víveres, remédios, máquinas, equipes de salvamento, ferramentas mais avançadas para usá-las em favor daqueles que sofrem nessas tragédias. Outros, mesmo à distância, mobilizam-se para coletar alimentos, roupas, medicamentos para primeiros socorros, abastecendo a linha de frente com os itens mais necessários. Imagine, Jandira, se um grande terremoto destruísse vasta região africana, na qual a população em estado de miséria e atraso tecnológico sucumbisse à violência do evento. Ao tomar conhecimento da tragédia, as nações mais evoluídas da Terra se mobilizariam no intuito de levar-lhes o amparo para a recuperação possível. Deslocariam aviões, helicópteros, guindastes, hospitais de emergência, aparelhos médicos, remédios avançados para uma região que, talvez, nunca tivesse visto quaisquer desses recursos. Não seria uma coisa parecida com a chegada de "extraterrestres", com sua tecnologia superior, seus recursos quase miraculosos? Em vez da remoção das ruínas com mãos, pás ou pedaços de paus, guindastes, tratores poderosos arrastando pedras e lajes fariam o serviço de milhares de pessoas em pouco tempo. Em vez de animais de carga arrastando doentes para longe da devastação, helicópteros transportando macas para os hospitais de emergência em poucos minutos. Em vez da amputação prematura por falta de recursos, a cirurgia salvadora que preserva a vida sem precisar da mutilação apressada, acompanhada da medicação avançada, diminuindo o tempo de recuperação. Tudo isso pareceria vir "de outro mundo" para os habitantes daquele vilarejo primitivo, não é?

Acompanhando o raciocínio da amiga, envolvida agora pela inspiração dos Espíritos que a impulsionavam na argumentação lúcida, Jandira só pôde responder:

— É...

— Então, minha amiga. Essas entidades nos informam que suas ações em favor da humanidade irmã moradora da Terra também o serão no mesmo sentido. Ainda que não tenham como interferir no momento evolutivo que nos marcará o progresso, estarão a postos para auxiliar na reedificação, na reconstrução do equilíbrio, ao mesmo tempo em que, agora, nos preparam para enfrentar os eventos da melhor maneira possível.

Depois de um silêncio natural que se fez entre ambas, durante o qual Jandira avaliava melhor as informações que recebera enquanto Marieta sentia a atmosfera generosa que a envolvia para aquele diálogo franco com a amiga, ambas sentiam claramente a importância dos fatos que vinham sendo testemunhados pela médium humilde e responsável.

— Desse ponto de vista, Mari, agora entendo a importância do que está acontecendo e acho que, realmente, dona Gertrudes precisa ficar sabendo. Se você quiser que eu a acompanhe, estarei ao seu lado para apoiá-la com minhas vibrações no diálogo com nossa dirigente, antes de falar desses fatos para os outros membros do nosso grupo.

— Puxa! Jandira, que bom que você entendeu. Já estava achando que isso tudo era coisa de maluco mesmo e que o melhor a fazer era ficar caladinha, contrariando as orientações de nossos mentores invisíveis. Claro que eu quero o seu apoio. Vamos procurar dona Gertrudes amanhã à tarde e expor-lhe os fatos para que ela, na condição de responsável pelos trabalhos do grupo mediúnico, adote as medidas que julgar adequadas.

— Combinado, Mari. Vou ligar para ela e marcar o horário. Ali pelas quinze horas está bom para você?

— Para mim está perfeito. E vamos pedir a Deus e aos bons Espíritos que preparem o caminho a fim de que sejamos claras na exposição e que ela esteja aberta para o entendimento.

Despediram-se, com o compromisso de retomar o assunto no dia seguinte.

Entender, conversando

18

NO DIA SEGUINTE, COMO HAVIAM COMBINADO, LÁ ES-tavam as três trabalhadoras da instituição espírita reunidas em pequena sala destinada às entrevistas, espaço reservado aos colóquios privados entre os que chegam em busca de socorro e os trabalhadores que lhes prestam esclarecimentos. Como naquele horário a sala não estaria sendo utilizada, Gertrudes, Marieta e Jandira se acomodaram confortavelmente para iniciarem o diálogo.

A princípio, Jandira e Mari não sabiam como tocar no assunto a fim de não gerar nenhum antagonismo no entendimento da dirigente, em relação ao tema delicado que a médium Marieta iria tratar.

Gertrudes, por sua vez, apesar de ser a responsável pela direção do grupo de trabalhos espíritas a que as duas pertenciam naquela casa de oração, mostrava-se receptiva, procurando deixar o campo aberto à exposição do assunto.

No entanto, como costuma acontecer com inúmeros trabalhadores espíritas imaturos para a tarefa a que se propuseram, Mari e Jandira confundiam-se na análise da personalidade de Gertrudes, tanto quanto esta, no exercício da coordenação dos trabalhos mediúnicos, infundia nos membros do grupo uma inibição natural, decorrente de seus conhecimentos mais amplos e de uma austeridade às vezes confundida com rigor excessivo no trato da disciplina dos trabalhos.

O certo é que, de ambos os lados, havia motivos tanto para que as duas médiuns se sentissem constrangidas quanto para que Gertrudes achasse estranho aquele pedido de entrevista privada.

Procurando facilitar o início do diálogo, Gertrudes tomou a palavra, dizendo:

— Bem, meninas, em que posso ajudá-las? Creio que, para que ambas estejam juntas, o problema que as aflige deve ser referente aos nossos trabalhos, estou certa?

Chamadas a se manifestar de pronto, sem aqueles famosos "rodeios" tão próprios dos encontros sociais nos quais há tempo a perder sem se valorizar os minutos perdidos, Jandira e Marieta ficaram no impasse de saber quem é que começaria a falar.

Sentindo que precisaria preparar o terreno para auxiliar a amiga que, afinal de contas, deveria ser quem mais precisaria de tempo para a exposição dos fatos, Jandira criou coragem e disse:

— Bem, dona Gertrudes, deixe que eu fale antes para, depois, passar a palavra à Mari porque a fala dela deve ser mais demorada. Realmente, a senhora tem razão quando diz que o assunto que nos traz aqui está ligado ao trabalho mediúnico.

Gertrudes começou a ouvir Jandira, mantendo a fisionomia serena e sem nenhuma expressão de contrariedade.

Estimulada pela posição favorável da dirigente, a trabalhadora do grupo mediúnico prosseguiu, mais direta:

— Desde algumas semanas, após as reuniões semanais, tenho ouvido Marieta relatar alguns fatos mediúnicos que nos têm deixado um pouco aflitas. Não porque seja algo prejudicial ao trabalho do grupo, mas porque não é fácil de avaliar a sua procedência ou a realidade do próprio fenômeno. Na condição de dialogadora, considero Mari uma médium segura e confiável, tanto que, em momento algum, passou por minha mente que ela estivesse desejando ser diferente ou usar da situação para um realce pessoal.

E foi justamente por isso que eu me ofereci para acompanhá-la até este encontro, uma vez que a senhora, como dirigente do nosso grupo, deve estar inteirada de todos os fatos, conforme a Marieta poderá lhe relatar.

Em tudo o que ela me contou, apesar de muito estranho, não vi nada que pudesse significar perturbação mental ou fosse indício de alucinação mediúnica. No entanto, a senhora sabe que não temos, por nós mesmas, condições plenas para a avaliação geral dos elementos envolvidos por estarmos ligadas ao trabalho miúdo, caso por caso, entidade por entidade, enquanto que a senhora é nossa dirigente e que, por óbvios motivos, tem uma visão mais ampla de toda a obra.

Entendendo o preâmbulo que Jandira fazia para tocar no assunto, Gertrudes aproveitou a pausa espontânea e respondeu:

— Entendo seus argumentos, Jandira e Marieta. No entanto, por que motivos não comentaram sobre os fatos após o término dos trabalhos, quando abrimos a palavra para os comentários educativos?

— Bem, dona Gertrudes, alguns fatores impediram que isso fosse feito. Primeiro é que, apesar de a senhora dar a palavra aos trabalhadores para os comentários construtivos sobre as comunicações, os eventos com Mari não se enquadravam nos fenômenos de intercâmbio mediúnico comuns, já que não se tratava de comunicações por seu intermédio. Em segundo lugar, como a senhora sempre ressaltou, é necessário que o médium tenha muito cuidado com o que fala, sobretudo quando se trata de alguém que pode ver o mundo espiritual, uma vez que um relato inadequado poderia gerar muita confusão na mente de quem escuta. Em terceiro lugar, a senhora mesma, ao final de nossas reuniões, estará sempre sendo procurada por algum trabalhador que quer lhe contar algo em particular, o que nos impedia de lhe falar com mais tempo, já que todos temos compromissos familiares e não podemos chegar muito tarde aos nossos lares. Em quarto lugar...

E quando Jandira ia começar a falar do quarto motivo, Marieta interrompeu-lhe a palavra e passou, ela própria, a explicar-se de forma mais clara. Isto porque, até aquele momento do diálogo, o mundo espiritual amigo a estava envolvendo, acalmando seus temores, ajudando a amiga a preparar o caminho do entendimento, ao mesmo tempo em que iam auxiliando a dirigente a livrar-se dos pensamentos preconcebidos, sem condutas mentalmente hostis às revelações que lhe seriam apresentadas.

Sentindo-se mais sintonizada com os amigos espirituais que a fortaleciam, amparada pelas forças espirituais que a utilizavam como médium dotada de várias faculdades sensíveis, Mari tomou a palavra de Jandira e passou ela própria a expor suas observações:

— Em quarto lugar – disse a médium, resoluta, sem perder a delicadeza –, aprendemos com os ensinos espíritas que, em questão de mediunidade, dona Gertrudes, os médiuns devem sempre guardar muita prudência e, no meu caso específico, solicitar confirmação de tudo quanto me pareça diferente ou estranho.

Feliz por observar o rigor doutrinário e a seriedade do procedimento de ambas as trabalhadoras do grupo mediúnico que coordenava, Gertrudes sorriu, dizendo:

— Muito bem, minhas filhas. Isto é o exercício legítimo da mediunidade séria e confiável. Louvo esse zelo que significa boa proteção espiritual e o ânimo de servir com segurança.

Indicando que dava por vencida a etapa das explicações prévias, Gertrudes completou:

— Mas, entendido os escrúpulos de ambas, vamos aos fatos, sem receio. Parece que sua mediunidade pôde captar algo diferente, que repercutiu de forma preocupante em sua análise, não é isso, Marieta?

— Perfeitamente, dona Gertrudes. Como nunca havia visto nada parecido, fiquei um tempo observando se não se tratava de Espíritos malignos desejando ludibriar a nossa vigilância.

No entanto, a presença constante e o compartilhar dos trabalhos espirituais ao lado de nossos mentores fizeram-me avaliar melhor a presença de tais seres.

— Pois então, Mari, diga-me tudo o que você tem observado em nossas reuniões.

— Em nossas e nas outras também, dona Gertrudes. E digo isso porque, há algumas semanas, com a desculpa de não poder comparecer para os trabalhos em nosso grupo, solicitei que Afonso me permitisse assistir aos trabalhos do grupo que ele dirige, servindo como doadora de energias na sustentação vibratória. Em realidade, o motivo que me fazia comparecer era, exatamente, observar se constatava a presença de tais entidades como o fazia em nossos trabalhos, confirmação essa que verifiquei com toda a clareza.

Tenho visto tais entidades nos mais diversos ambientes desta casa, sem que causem nenhuma perturbação ou interferência em nossas rotinas. No entanto, a princípio preferi calar-me para não alarmar quem quer que fosse e, também, para não parecer que estava delirando ou sendo objeto de envolvimento inferior.

— Sim, Mari, mas o seu relato está me deixando curiosa. Vamos, filha, fale logo. Não tenha receio do que vai me dizer porquanto todos nós estamos aqui para servir ao Senhor e não a nós mesmos. Sua descrição, por mais estranho que nos pareça à primeira vista, poderá ser um alerta, um caminho pelo qual nossos mentores nos querem amparar. Estou segura conhecendo a ambas de que não estaremos falando de mistificação consciente da parte de vocês.

— Consciente eu também tenho certeza de que não é, porque jamais iria pensar em ver uma coisa dessas. No entanto, meu temor era por algum tipo de mistificação que não fosse capaz de perceber por mim mesma. Foi então que tardei mais tempo em procurá-la e, realmente, só o fiz depois que nossos mentores vieram falar-me de maneira direta, informando-me o quanto seria importante que esses fatos fossem encaminhados às pessoas responsáveis.

— Pois então, minha filha, aqui estamos. Sou a pessoa temporariamente responsável pelos trabalhos do nosso grupo. É só começar.

A postura de Gertrudes causava surpresa nas duas amigas que, longe de a julgar má pessoa, tinham receio de sua seriedade, por maneira como conduzia os trabalhos e pela firmeza através da qual desempenhava a árdua função de coordenar um grupo de mediunidades tão diferentes.

Assim, vencido o medo inicial, Mari respirou fundo e iniciou o relato:

— Tudo começou, dona Gertrudes, dois meses atrás, quando, ao final de uma de nossas reuniões, vi entrar em nossa sala de trabalhos dois Espíritos. No começo, chamava de Espíritos, mas, agora, já não sei dizer se são Espíritos ou não.

Eram duas entidades altas, possuindo corpo como o nosso, mas diferentes de nós: traziam a cabeça muito semelhante a um pingo d'água invertido, equilibrando-se em um pequeno pescoço sobre um tronco do qual pendiam dois braços longos, que terminavam em mãos com quatro dedos. A extremidade de cada um deles era arredondada e um pouco achatada, quase como uma moedinha, sem unhas. Seu corpo não apresentava pelos e a pele tinha uma coloração diferente, se bem que não saiba dizer se era pele mesmo ou uma espécie de roupa muito fina bem colada ao corpo, como aquelas roupas de mergulho que conhecemos aqui na Terra. Seus olhos eram grandes, quase não tinham nariz e a boca era bem miúda, quase um risquinho.

Enquanto ia dizendo, Mari observava a reação de dona Gertrudes, que controlava suas expressões faciais, pois sabia que suas reações poderiam desencorajar ou inibir a trabalhadora no prosseguimento do relato.

Percebendo que dona Gertrudes não manifestava o menor sinal de contrariedade ou de má impressão, a médium prosseguiu:

— Na primeira vez, confesso à senhora que tive que me controlar muito para não gritar de medo ou desmaiar na mesa de trabalhos. No entanto, consegui me conter graças à ação de uma das entidades referidas que, de onde estava, ergueu a mão num gesto amistoso, uma espécie de cumprimento com o qual conseguiu acalmar meus pavores que, certamente, por ela haviam sido notados.

Ao mesmo tempo em que fazia o gesto de simpatia, ouvi em minha cabeça uma voz veludosa que me pedia para nada temer, pois ali se apresentavam com propósitos fraternais. Isso realmente acalmou meu coração, mas, para evitar maiores sustos, tratei de abrir os olhos e não fechá-los mais, interrompendo o transe para não mais ver tais visitantes.

Naquele dia não contei nada a ninguém. Chegando à casa, antes de me deitar, fiz uma longa oração, pedindo a Deus que me protegesse dessas alucinações, já que não lhes conhecia a origem nem atinava se eram imagens plasmadas por entidades inferiores, ainda que me transmitissem um estado emocional de tranquilidade. Dormi pesado e não me lembro de nenhum sonho.

No entanto, em nossa reunião da semana seguinte, o fato se repetiu, dessa vez desde o início. As duas entidades estavam lá, vibrando de maneira que infundia confiança, apesar de sua aparência rara e inusual aos nossos olhares humanos. Seriam humanos eles também? Sem levantar suspeitas sobre minhas visões, perguntei a um dos trabalhadores do grupo com maior conhecimento na doutrina a respeito de variações físicas das entidades do mundo espiritual que, prestativo, explicou-me que os Espíritos podem assumir as aparências que o pensamento lhes permita ter, alguns dos quais, apesar de inferiores, entendendo o poder do pensamento a refletir-se na forma podem criar figuras que iludam os médiuns menos experimentados. Certamente, porém, os Espíritos inferiores não deteriam o mesmo poder de manipular a forma de que dispõem os mentores espirituais nem gozariam suas criações da atmosfera de placidez, perfeição e serenidade que inspiram segurança no coração do sensitivo que os capte. As criações mentais dos Espíritos inferiores trazem sempre um tempero estranho à sensibilidade experiente, algo que não parece combinar a imagem com o sentimento natural que provocam. Um descompasso vibratório que indica, certamente, alguma inverdade naquela imagem. No entanto – dona Gertrudes – não era esse o caso. Por mais que eu meditasse e observasse seu aspecto, nunca me passaram algo de mal. Ao contrário, eles tinham a aparência feia para os nossos padrões estéticos, mas, no fundo, me faziam sentir boas coisas a ponto de não me apavorar mais no encontro que, diga-se de passagem, tornou-se periódico.

Na terceira semana, comecei a vê-los em minha casa também, agora sem temê-los. Todavia continuava sem entender o que estavam fazendo e qual era sua natureza. Só sabia que não pertenciam à humanidade terrena.

— E como chegou a essa conclusão? – perguntou Gertrudes, demonstrando interesse sincero.

— Foram eles mesmos que me disseram.

— Pela via do pensamento? – falou a dirigente.

— Isso mesmo. Eles não precisam falar para que eu escute. Pelo menos comigo, sei quando me comunicam algo, porque eu os escuto em minha cabeça, sem passar pelos ouvidos físicos. No entanto, ainda não me disseram se são Espíritos – isto é, se já desencarnaram no mundo deles e estão aqui com seu perispírito – ou se são encarnados invisíveis para os olhos dos humanos. Todas as vezes em que pergunto isso, eles se calam e, no fundo, parece que não dão muito valor a esse fato.

Dona Gertrudes, em verdade, estava bastante surpresa com a riqueza dos detalhes. Mantinha-se em silêncio para não intimidar a médium, cortando-lhe o fio do pensamento.

— Olha, dona Gertrudes, a senhora deve imaginar tudo o que já me passou pela cabeça. Desde o primeiro dia em que constatei esses fatos, passei a receber passes magnéticos em horários diferentes de nossos trabalhos, pedindo aos mentores amigos que me ajudassem a vencer qualquer sintonia inferior que pudesse estar me iludindo. Não desejava, em hipótese alguma, criar confusão neste centro, notadamente em nosso grupo mediúnico harmônico. Os próprios amigos espirituais aos quais estou acostumada na sintonia da vidência mediúnica, compreendendo meu drama pessoal, me envolviam com mais atenção e, com carinho paternal, falavam-me para que não bloqueasse as linhas de entendimento vibratório que se estabeleciam entre os visitantes e a minha percepção. Pediam-me que acreditasse na proteção que me estendiam, como responsáveis pelo equilíbrio da minha mediunidade e que, compreendendo meu constrangimento, estariam sempre ao meu lado para me afastar da ilusão ou do engano.

Isto me acalmava, mas, certamente, não me encorajava a falar do assunto com outras pessoas, por receio de que vindo a saber disso pudessem me considerar uma completa maluca ou, no mínimo, vítima de alucinação psíquica.

Outros suporiam que estaria sob a ação de notícias de televisão que cada vez mais abordam o tema do extraterrestre. Passei a não mais assistir à televisão ou ler jornais, para impedir que as visões acontecessem, caso estivessem sendo produzidas por minha indução mental. Nada mudou, porém.

Tomei coragem e, certa noite, comentei com Jandira sobre esses fatos. A princípio ficou preocupada e, com justos motivos, aconselhou-me a calar o assunto, não revelando nada a mais ninguém. Como minha amiga, Jandira sabia que não estava doida, mas não podia responsabilizar-se pelos pensamentos dos outros irmãos de trabalho.

Também tínhamos receio de contar-lhe, pelos mesmos motivos, além daqueles que me fizeram esperar a confirmação espiritual, como lhe falei antes.

Atenta aos menores gestos de Mari, e entendendo a importância daquele instante no ânimo de duas nobres trabalhadoras, Gertrudes acenou afirmativamente com a cabeça, dizendo:

— Fizeram muito bem em ser discretas. Nem sempre estamos preparados para ouvir certas revelações que, quando maduros, nos chegarão como constatações naturais. Até lá, muitas vezes precisamos do Papai Noel para entender a solicitude amorosa de Deus, ou então da mula-sem-cabeça ou de satanás, para conseguir disciplinar nossas más inclinações. No entanto, nada do que me contam me espanta.

Diante de tal afirmativa, Mari e Jandira se entreolharam de boca aberta, sem dizer nenhuma palavra.

Percebendo-lhes o espanto, Gertrudes segurou-lhes as mãos de forma muito maternal e lhes explicou:

— Sabe, filhas, se observarmos o capítulo terceiro de *O evangelho segundo o espiritismo*, no item "Destinação da terra – causa das misérias humanas", encontraremos a informação de que aqui na Terra não está toda a humanidade criada por Deus mas, apenas, ínfima parte da humanidade. Informa ainda que "a espécie humana abrange todos os seres dotados de razão que povoam os inúmeros orbes do universo" e que aquela que habita este mundo é uma das mais inferiorizadas em evolução espiritual. Se isso é assim, nada mais natural que as almas se apresentem com formas diferentes, com maneiras distintas, e não só com aparências iguais às que conhecemos.

— A senhora acha, então, que isso tudo é... – ia perguntar Jandira, espantada com a abertura da mente que demonstrava Gertrudes, quando foi interrompida por ela, completando a frase:

— Possível... quer dizer você, não é?

— Si... Sim... possível, isso mesmo... dona Gertrudes!

— Acho que sim, Jandira. Acho ainda mais. Creio profundamente nessa possibilidade e, de acordo com as tarefas que realizo nesta instituição, tenho percebido, aqui e ali, indícios de que não são somente vocês que estão notando esses fatos anômalos às nossas rotinas. No entanto, como vocês sabem muito bem, os próprios espíritas têm muito cuidado com tais notícias em função da seriedade de que se reveste o trabalho mediúnico, não se devendo confundi-lo com o mercado da curiosidade a prestar-se a todo tipo de exploração ou chacota. Os que têm responsabilidades na direção de grupos mediúnicos ou casas religiosas precisam desenvolver atenção e discernimento para não abrir as portas da instituição a todo tipo de novidades ou achismos que acabariam prejudicando o andamento das tarefas mais sagradas que lá se realizem.

Muitos são os atalhos do "maravilhoso" que se descortinam ao largo da estrada reta (convidando os incautos), os quais, trilhados, podem levar à perda de toda estrutura a serviço no bem, além de mal direcionar os trabalhadores e frequentadores. Por isso é que há, nos dirigentes sérios e responsáveis, muito escrúpulo diante de novidades e entusiasmos juvenis, muito normais em pessoas bem-intencionadas, mas que demonstram certa imaturidade para a compreensão das repercussões futuras que desaguem em uma desnaturação doutrinária inserida nas práticas de uma casa espírita séria.

Isso, porém, não deve impedir os dirigentes de que mantenham a "mente aberta" para tudo investigar, para conhecer os fatos e analisar as diretrizes espirituais que devem ser adotadas de maneira firme e convicta, lastreadas nos ensinamentos básicos da doutrina. Sem dogmatismos cegos ou fanatismo irracional, devemos estar permeáveis aos entendimentos adequados aos objetivos superiores. Para que vocês entendam o que quero dizer, existem espíritas tão puristas por aí que repudiam mesmo a fluidoterapia – conhecida vulgarmente por passe magnético – alegando que tais práticas foram herdadas da homeopatia e não do espiritismo. Não importa que Espíritos amigos nos tenham trazido relatos e descrições sobre o poder salutar da prática da transfusão de energias, como o encontramos nas obras de André Luiz. Tais irmãos, endurecidos nos rigores da lei, são incapazes de alcançar entendimentos novos e, por isso mesmo, não podem ser alicerces para o avanço racional de uma doutrina que, em todos os seus níveis, é uma estrada de progresso seguro.

Não quero dizer com isso que se deva proceder a uma reforma na doutrina, como pregam alguns outros que consideram ultrapassado o pentateuco kardeciano, ou que supõem fora de moda os ensinamentos morais de Jesus, que acham que *O livro dos Espíritos* já foi superado pela ciência, *et cetera*.

Acho que os dirigentes devem estudar mais, descendo do pedestal de "comandantes" de algo do qual não deveriam se considerar mais do que servos por amor. Creio que as instituições que possuem mais problemas são justamente aquelas que são mais mal dirigidas, pois não é possível dissociar as dificuldades experimentadas pelos membros no seio da irmandade da maneira equivocada por meio da qual são todos conduzidos.

Assim, queridas filhas, tenho certeza de que, analisando os ensinamentos de *O evangelho segundo o espiritismo*, de *A gênese*, da *Revista Espírita*, dentre outros, estamos em um momento muito importante da evolução espiritual no orbe terreno e, por isso, nada mais alvissareiro do que também estar sendo amparados por irmãos humanos de outras humanidades que, com sapiência, não se fazem ver por todos para que não interfiram em nosso livre-arbítrio nem venham a desencadear o caos no comportamento dos que não estão preparados para lhes perceber a companhia.

O universo é feito de solidariedade e amor fraterno. Os homens ainda não entenderam isso e é por esse motivo que eles também precisarão ficar chocados pelas mudanças dolorosas que se delineiam.

Chamados ao entendimento do amor e a compartilhar as benesses da vida, a maioria tem preferido as lutas do orgulho despótico no sentido de reter para si mais do que o necessário à sobrevivência do corpo.

A Terra de hoje é o atestado vivo da incompetência da maioria dos governantes encarnados e de suas instituições, que construíram um modelo dominado pelo poder, pelo medo e pelo dinheiro, aniquilando a esperança de bilhões de criaturas.

Não é de estranhar que Mozart tenha vindo de Júpiter, de onde também provieram tantos Espíritos responsáveis pelos avanços tecnológicos, científicos e morais em todos os tempos. Estamos vivendo essa reforma, filhas.

Jandira e Marieta estavam aliviadas e encantadas com o carinho espontâneo e as revelações que a própria Gertrudes lhes fazia.

Nunca haviam pensado que, por detrás daquela alma austera, de conduta firme nos ideais do bem, fossem encontrar um Espírito lúcido e aberto para realidades tão diferentes quanto singulares como as que Mari estava divisando.

Retomando a palavra, Gertrudes asseverou:

— É preciso que apliquemos a todas as coisas o critério da universalidade que aprendemos na codificação. Um médium pode errar, dois podem errar ou ser enganados, cem podem falhar em falsas interpretações. No entanto, quando, de todas as partes, começam a surgir relatos semelhantes, as notícias a multiplicar-se por meios inusitados, as palavras diferentes a vestir ideias parecidas se não idênticas, estaremos diante da manifestação fiel da vontade divina, governando todas as coisas, falando-nos ao raciocínio esclarecido.

E para lhes ser honesta por completo, quero que saibam que esse relato que me fazem já o ouvi de outros dois médiuns insuspeitos da nossa instituição, que trabalham em grupos diferentes, em horários distintos, que quase não se encontram e que não possuem nenhum relacionamento de amizade ou intimidade fora daqui. Procuraram-me com o mesmo escrúpulo de vocês pedindo-me sigilo absoluto porquanto não queriam colocar em xeque a própria sanidade diante do trabalho. Confiavam em meus modestos conhecimentos e, por isso, crendo-me digna de tais confissões, relataram-me visões muito semelhantes às de Mari. Variavam no formato do corpo, algumas mais baixas e de cores diferentes, outras mais alongadas e estruturadas em materiais diversos. O certo é, entretanto, que ouvi seus relatos como quem recebe precioso depósito e, empenhada em observar mais, mantive-me calada esse tempo todo, só rompendo o silêncio para relatar-lhes o que lhes digo com a finalidade de acalmar suas angústias e prepará-las para servir de bons instrumentos para tudo quanto nossos dirigentes espirituais estejam pretendendo nos revelar.

Se estiverem de acordo, trabalharemos esses fatos com o

sigilo e a confiança que devemos ter em toda fase experimental. Contando com a discrição de ambas, você, Mari, permitirá a manifestação desses irmãos, desde que isso esteja conforme os planos de nossos dirigentes invisíveis, ao mesmo tempo em que Jandira se posicionará constantemente ao seu lado para conversar, se for o caso, ou anotar as orientações que sejam transmitidas. Isso será feito em nossos trabalhos rotineiros, sem que ninguém precise saber, por ora. Ao final, falaremos do assunto somente entre nós, observando os frutos do trabalho para que, assim que se fizerem mais sólidos, possamos levar tais notícias aos outros dirigentes mediúnicos, a fim de que, com discrição, desenvolvam a mesma pesquisa.

E se não estivermos sob uma alucinação coletiva – vocês e eu também – nos outros grupamentos observaremos as manifestações de tais entidades irmãs confirmando o trabalho comum e descobriremos um modo de servir como porta-vozes de seus alertas.

O que acham desse plano?

Por fim, depois de tanto temer o entendimento, as duas mulheres eram convidadas ao trabalho sério contando com o apoio da dirigente que, daí por diante, antes de ser temida, passou a ser admirada pela segurança e honestidade doutrinária com que se conduzia, cooperando para que a vontade de Deus e dos Espíritos superiores se operasse nas vidas dos trabalhadores do bem que se hospedavam naquele hospital-escola que a casa espírita representava.

Que revelações trariam tais entidades visitantes?

Que conselhos produziriam?

Somente o tempo e a disciplina poderiam dizer.

Aumenta a noite

19

:

OS TRABALHOS ESPÍRITAS NA INSTITUIÇÃO QUE RIBEIRO dirigia se avolumavam a cada dia. Fruto das características renovadoras a que estava submetida no período de transição evolutiva, multiplicavam-se frentes de trabalho na Terra.

No lado físico, trabalhadores encarnados encontravam sofredores por toda parte, não somente quando visitavam os lugares afastados onde a miséria estabelecera a sede de seu império de andrajos e tragédias.

Não passava um dia sem que um ou outro dos servos do bem fosse procurado por alguma notícia infeliz.

Aqui era a doença de um conhecido que jamais suspeitara possuir qualquer gravame físico e que, repentinamente, vira o corpo tomado por focos cancerígenos a exigir tratamento complicado.

Ali, o desfazimento do lar de um ente querido ou algum amigo incapaz de superar desafios morais ou tentações variadas.

Além, problemas materiais decorrentes da volúpia e do descontrole diante dos convites sedutores de um mundo de ilusões, levando pessoas aparentemente equilibradas a cobiçarem coisas inacessíveis às suas posses, mergulhando na aventura de dívidas de longo prazo, preâmbulo de mais profundo desequilíbrio.

Por toda parte, um suceder de armadilhas soezes, nos relacionamentos viciados pela sedução, nos oferecimentos de facilidades para o exercício dos prazeres descontrolados, entronizando a ilusão dos sentidos como o deus das criaturas.

O sistema seguia oferecendo adocicado veneno aos que, iludidos, gostavam de açúcar.

E, por isso, os trabalhadores da instituição onde Jerônimo, Adelino, Bezerra e Ribeiro se concentravam em esforços renovadores também viviam assoberbados por notícias infelizes, procurando ajudar tanto quanto podiam, trazendo nomes, pedindo vibrações ou encaminhando os aflitos aos trabalhos regulares nos quais ouviriam as exortações do *Evangelho* e receberiam as forças da fluidoterapia fraterna.

Isso sem falar do cortejo de famintos materiais e morais que por sua própria conta acorria à instituição nos dias e horários destinados ao atendimento normal.

Confirmando a urgência do momento, os cooperadores invisíveis precisavam organizar-se porquanto o simples fato de abrir suas portas nos horários de funcionamento normal do centro espírita decuplicava o número das criaturas que reclamavam socorro.

Isto era devido ao fato de que cada encarnado que comparecia levava um conjunto de Espíritos infelizes que a ele se associavam, num cortejo de dores e influências de difícil solução, mas de importante tratamento.

Era comum encontrar-se um encarnado assediado por oito, dez ou mais entidades, isto sem falar no imenso contingente dessas que ficava impedido de ingressar em decorrência das barreiras vibratórias que demarcavam o perímetro de defesa da instituição, no plano invisível.

Assim, nas noites em que o número dos encarnados chegava a cem, contavam-se entre oitocentos a mil os Espíritos que os acompanhavam, além dos que se afastavam da entrada, bloqueados pela vigilância da instituição.

Ao lado dessa população, diversas caravanas espirituais em incessante trabalho de resgate visitavam as moradias de cada frequentador que havia comparecido, de lá trazendo entidades perturbadoras para tratamento.

Mas não era só.

Atraídos pela intensa luminosidade que emanava daquele fulcro de esperanças qual poderoso farol na escuridão, milhares de desencarnados aflitos, desesperados, cansados de sofrer, arrependidos e até mesmo aqueles rebeldes e vingadores vinham de distantes regiões, na busca de atendimento, no desejo de deixar aquela vida de misérias e aflições ou no intuito de atacar a casa de oração, no esforço de apagar-lhe a influenciação benéfica e que atingia longínquos rincões pela luz emitida.

Outros procuravam pelas forças físicas produzidas pelos corpos vivos, conhecidas pelo nome de fluido vital. Entidades de pouca elevação que lhe conheciam o poder e os efeitos sabiam que, manipulando referidas energias, sentir-se-iam fortificadas, capacitando-se para atuações mais diretas junto dos encarnados pela manipulação, em certa medida, da matéria densa.

Ao lado desse contingente imenso de almas, havia aqueles Espíritos que, confiando nas forças espirituais que ali se concentravam, rogavam o atendimento para seus familiares aflitos, pessoas ainda vivas no mundo que, por não conhecer as leis espirituais, ignoravam a causa vibratória de seus problemas.

Pais e mães, filhos e irmãos continuavam, do lado de lá da vida, preocupados com os que haviam ficado na Terra, tentando ajudá-los na superação de suas dores variadas. E quando tais desencarnados, por sua influência positiva, não eram capazes de fazê-lo, recorriam a uma instituição como aquela, como alguém que se socorre da solicitude hospitalar, suplicando a visita do médico no amparo dos queridos do coração.

Traziam o endereço, relatavam sucintamente o problema e eram encaminhados ao atendimento em vasto ambiente, uma vez que também eles, apesar de estar desejando o bem dos que ficaram no mundo, em sua maioria eram necessitados, ignorando a própria necessidade, tornando-se dignos de também se beneficiar dos recursos que solicitavam para outros.

Depois de ver seus pedidos cuidadosamente encaminhados aos Espíritos que se ocupariam da ajuda possível em cada caso, eram convidados para participar da reunião da noite, escutando a mensagem do *Evangelho* que seria traduzida em palavras por algum orador da instituição, além de receber os salutares eflúvios do ambiente, magnetizado pelas generosas forças superiores com a finalidade terapêutica que alivia dores, consola angústias e fortalece a compreensão.

Então, em uma noite na qual o salão físico da instituição contasse com um público de cem pessoas, o "salão" espiritual estaria ocupado por mais de dois mil ouvintes que, separados em ambientes específicos, eram aqueles Espíritos que acompanharam os encarnados somados aos demais convidados ao conclave dentre os que haviam ido até lá solicitar o auxílio da instituição.

Com um universo desses, uma casa espírita era de impressionar pelo volume e pela diversidade de tarefas que ali se realizavam.

Espíritos médicos atendiam a todos os encarnados auxiliando-os com renovação de energias, medicação para o corpo e para a alma, enquanto outras entidades amigas auxiliavam no diálogo fraterno com os seus acompanhantes invisíveis, promovendo a liberação dos liames magnéticos que os prendiam aos que aguardavam o início da palestra da noite.

Verdadeiro batalhão de trabalhadores devotados precisava orquestrar-se para atender as diversas frentes, exigindo disciplina e profundo sentido do dever a fim de que tudo se cumprisse com ordem e eficiência.

Quando terminava a reunião pública dos encarnados, isso não significava alívio do trabalho dos Espíritos.

Depois das sementeiras evangélicas de que eram objeto, os vivos voltavam para suas casas, mas, invariavelmente, eram acompanhados por amigos invisíveis que tinham a missão de auxiliá-los na interiorização do ensinamento, cooperando com a germinação da semente, visando ao seu crescimento e à frutificação futura.

Sim, era um trabalho de jardineiro que, de sol a sol se empenha para que a plantinha tenra seja protegida e reúna as condições de, um dia, produzir tudo quanto foi preparada para gerar.

Então, entidades amigas iam com eles ao lar, preparando--lhes o repouso do corpo e, muitas vezes, logo que o sono físico os libertava das amarras orgânicas, traziam-nos à casa espírita para a continuidade dos ensinamentos, consolidando os conceitos na mente espiritual, além de submetê-los a aplicações magnéticas de refazimento, de despertamento ou de revitalização ante os desafios que teriam pela frente.

Muitos voltavam para frequentar os cursos ministrados por sábios instrutores, como alunos que vão a aulas regulares para o desenvolvimento de suas potencialidades.

Era esse um outro setor de trabalhos da instituição espírita.

Mas acompanhando as atividades que se seguiam logo após o encerramento da palestra e a partida dos cem encarnados, a casa espírita iniciava os trabalhos mediúnicos para atendimento dos Espíritos necessitados através da comunicação verbal ou escrita, o que movimentava outro contingente de laboriosos técnicos do amor, empenhados no esclarecimento do maior número dos que haviam aceitado desligar-se dos encarnados, tendo permanecido no ambiente, ou daqueles que, de variada procedência, precisavam do contato mediúnico para iniciar o autodescobrimento.

No plano espiritual, portanto, a reunião continuava com a quase totalidade dos Espíritos, acrescida daqueles que já haviam sido recolhidos entre os pedintes invisíveis e os que tinham sido trazidos dos lares visitados pelas equipes socorristas.

Além deles, havia os que chegavam pelas mãos das equipes que atendiam aos acidentes e eventos catastróficos, nos quais a morte inesperada impunha o sofrimento desesperante, como muitos casos de acidentes automobilísticos ou aéreos, além dos eventos da própria natureza a produzir tragédias que ceifam inúmeras vidas.

Nesses casos, o transe mediúnico aliviava a dor psíquica, retificando-lhes o padrão mental com um pouco de serenidade para que, depois, fossem encaminhados a tratamento mais delicado e profundo, nos ambientes hospitalares da instituição espírita, no mundo invisível.

Para cada comunicação mediúnica, trabalhadores espirituais, responsáveis pela triagem, selecionavam grupos de Espíritos em semelhantes estados de dor e nível de entendimento para que, ao se promover ao socorro de um único sofredor, sua experiência pessoal pudesse ser ouvida e sentida por todos os integrantes do grupo, em uma terapia coletiva que se notabilizava pelos excelentes resultados para a maioria, propiciando que muitos aprendessem e extraíssem bons frutos do atendimento de um só.

Meditando sobre a imensidão das tarefas de uma casa espírita, prezado leitor, é de admirar quantos trabalhadores encarnados comparecem às suas atividades totalmente despreparados para aquilo que lá foram fazer.

Muitos se consideram pedras fundamentais do trabalho, outros creem que já estão fazendo muito quando prestam a cooperação nos dias e horários estipulados para o seu concurso. Vários pensam estar sendo exigidos demais quando alguém lhes solicita um pouco além do que estão oferecendo, outros perdem o entusiasmo e a alegria de servir, substituindo-os pela rotina do fazer as coisas mecanicamente.

Esquecem-se, no entanto, de que são atendidos em seus problemas pela equipe espiritual que, com muito carinho, procura servi-los, salvaguardando o equilíbrio mental e emocional de cada um, muitas vezes às portas do desajuste.

Olvidam que são doentes que trabalham em benefício próprio, enquanto que a maioria dos que lá chegam não passa de doentes à espera da ajuda externa, inúteis e inertes ante o auxílio próprio.

Conforme muitos Espíritos amigos, vale lembrar que, se os encarnados em geral e os trabalhadores espíritas em particular esperam a chegada ao mundo invisível para o descanso merecido depois da morte orgânica, aproveitem enquanto estão no corpo de carne. Depois que migram para o outro lado da vida, assustar-se-ão com a montanha de compromissos e o rigor da tarefa que os espera.

Em um dos raros momentos de entendimento diante de tantas frentes a exigir-lhes os esforços, Jerônimo e Adelino, ladeados de Ribeiro e alguns outros trabalhadores, conversavam sobre o vertiginoso aumento das aflições de todos os tipos.

Os campos mentais dos encarnados estavam cada vez mais entorpecidos e difíceis de medicar pela ação fluídica. Poderosas carapaças magnéticas os envolviam em pensamentos de indiferença, inércia, medo, abatimento, carência ou revolta.

— Certamente que os homens e mulheres de todos os tempos estiveram entregues às lutas da sobrevivência e às disputas emocionais no cadinho de provas e expiações necessários à evolução do Espírito. No entanto, Ribeiro, parece que a represa das desditas rompeu o dique que mantinha o desequilíbrio contido e a enxurrada de desatinos, a torrente de lodo com todo o cortejo de desgraças projetou-se mundo abaixo, afogando o ser humano. Você não identifica esse aumento de aflições que eu e Adelino temos constatado diariamente? - perguntou, respeitoso, Jerônimo.

— Estando aqui como responsável há tantas décadas, meu irmão, posso afirmar que em tempo algum tivemos tanto trabalho como agora. Aquilo que era apenas uma modesta pousada para o descanso de alguns viajantes aflitos, precisou transformar-se em um complexo sistema de atendimento a centenas de milhares de entidades de todos os tipos, algumas das quais não desejam outra coisa que não destruir a própria instituição que as abriga. Somos testados em todos os âmbitos e nossas defesas precisam mensurar com exatidão o limite entre a bondade e a complacência, entre o rigor e a violência, entre a disciplina e a intransigência. São lições que temos diante de nossos olhos todos os dias e que tentamos transmitir aos encarnados que nos visitam bem como aos trabalhadores que nos auxiliam, muitas vezes sem o êxito esperado.

Isso, no entanto, não importa, já que estamos sendo testados no mais profundo de nosso ser. A hora da separação do joio e o trigo soou não somente para os homens e mulheres encarnados, mas para os Espíritos também, meus amigos.

Assim que terminou a frase, chegou ao grupo o querido médico dos pobres, saudando a todos.

Depois dos cumprimentos, Bezerra falou-lhes, circunspecto, mas sem perder a simpatia e a simplicidade:

— Queridos de minha alma, trago a vocês o que recolhi em importante encontro em planos superiores no qual se congregaram Espíritos superiores responsáveis pelos destinos da humanidade. Lá fui admitido por acréscimo da misericórdia existente de tão generosos Espíritos, certamente por causa das tarefas de que estamos incumbidos junto aos nossos queridos trabalhadores da seara do consolador prometido.

Não se deixem atribular pelo crescente das aflições e dos desajustes coletivos. Isso está sob a observação destes nossos dirigentes sublimes, que nos informam que a Terra penetra, nestes tempos, em mais densa zona de influência magnética primitiva, na qual já navegava há algumas décadas, mas que, agora, se torna mais compacta, com as consequências danosas para todos os que lhe aceitem a influência. Não se trata de área visível aos olhos ou aparelhos ópticos desenvolvidos pela tecnologia primitiva dos homens. É ambiente magnético-psíquico, cujo fulcro está no corpo celeste que se acerca cada vez mais de nosso sistema e que transmitirá não apenas suas influências gravitacionais e elétricas a tudo o que lhe esteja no campo de ação, mas, de igual sorte, envolverá a todos como essa densa nuvem de vibrações primitivas, atuando sobre tudo que lhe penetre a área de influência.

Isso propiciará modificações de comportamento, eclosão de enfermidades em decorrência de sintonias negativas, alteração de hábitos, agravamento de tendências e defeitos pela somatória de forças de mesma direção, efeito da ressonância ou harmonia dos Espíritos que vibrem segundo as influências inferiores derivadas diretamente do potente campo psíquico do orbe estranho.

Do mesmo modo que uma pessoa alegre irradia alegria para todos os que a escutam e que uma pessoa taciturna contamina com pessimismo todos os que a rodeiam, o fenômeno da influência magnético-psíquica é o mesmo entre os corpos celestes e suas vibrações próprias.

Imagine uma comunidade familiar em relativa harmonia, com seus integrantes acostumados às rotinas, todos adaptando-se às possibilidades e necessidades individuais visando ao bom convívio.

Cada um tem seus horários, seus compromissos e, por isso, desenvolveram uma convivência harmônica com base no respeito e na cooperação.

Agora suponham que, repentinamente, aquela família razoavelmente equilibrada necessite abrigar em seu seio um parente que chega de distante região para passar um período morando com eles. Faz parte da mesma herança genética, tem o sangue dos mesmos antepassados. No entanto, é um corpo estranho, com hábitos diferentes, rotinas e problemas próprios.

Então, a comunidade familiar precisará adaptar-se para acolher o visitante temporário. Alguns vão ter que se apertar no quarto de dormir para que caiba mais um no ambiente.

Certamente que vocês estarão pensando que o visitante deverá aprender a respeitar as maneiras de viver do grupo que o recebe para que incomode o mínimo possível.

Mas, pergunto-lhes, o que será da harmonia daquela família se o novo morador não se preocupar com isso? Por possuir outros hábitos e outra educação, trará consigo modos conflitantes com os da família que o recebe. Se não respeitar o espaço dos demais, se não cumprir os deveres mínimos a que todos estão obrigados pela convivência, se não estiver habituado aos hábitos de higiene diária ou se for muito barulhento em tudo o que faça, como isso afetará o equilíbrio dos demais?

Diante de um visitante com estas características, toda a estrutura se vê abalada. Alguns dos moradores, vendo que o novato se comporta por outros padrões, poderão querer imitá-lo, descobrindo afinidades e sintonias negativas que vêm a perturbar ainda mais a harmonia do todo.

Outros poderão reagir de maneira violenta, agressiva, expondo o desequilíbrio que ainda carregavam em seu íntimo, no extravasar de sua fúria em atitudes rudes e desagregadoras, ou seja, cada qual demonstrará o conteúdo de defeitos ou virtudes que já conquistou.

Assim está acontecendo com a nossa família planetária, meus filhos.

Estamos recebendo um parente distante, com padrões mais primitivos e hábitos vibratórios ainda menos depurados que os nossos.

Isso perturbará o equilíbrio da casa, produzindo ajustes materiais em todos os integrantes da comunidade. Todos os corpos celestes que compõem a família solar já estão sofrendo as alterações de suas rotinas por causa da presença do visitante temporário. Apertos, tremores e agitações, falando figuradamente, obrigarão a adequações naturais, dentro das leis que regem as influências gravitacionais nos diversos planetas, inclusive na própria Terra. No entanto, além desses ajustes mecânicos que são dirigidos pelas forças físicas, há todo o processo da influência vibratória sobre os membros das humanidades que fazem parte dessa família cósmica.

Haverá os que, sentindo a nova influência, se sintonizem positivamente com ela e passem a imitá-la, ajustando-se ao padrão inferior. Há os que a sentirão e, invigilantes no que tange às provocações externas, se entregarão à violência, aquela inclinação que possuem no íntimo e contra a qual não lutaram a contento. Existem os que vão se entregar ao desânimo, deixando que se instalem doenças físicas e psíquicas, entrando em estados de abatimento por sintonia com as emissões energéticas impuras que envolvem a casa pela chegada do morador intruso.

A única e melhor defesa contra tal estado de coisas, entretanto, é a daqueles que, sabendo que a visita será transitória e que, dentro de algum tempo o visitante irá embora, mantêm o próprio equilíbrio, ajustam-se à alteração sem ódios, procuram fazer o melhor para diminuir o desconforto de todos, compreendem as limitações do visitante e sabem que não serão capazes de mudar-lhe os hábitos. Então, cultivando uma atmosfera de paz interior e equilíbrio espiritual, ajudam os outros moradores da mesma casa a encontrarem o equilíbrio, sustentando-os, aconselhando-os e acalmando-os diante do que é inexorável.

A humanidade, doravante, por algum tempo, estará sob a influência primitiva nascida das vibrações densas desse visitante cujo curso o manterá em nossa comunidade planetária por algum tempo até que, obedecendo às leis cósmicas, retome o seu caminho e se afaste da família. Então, passada a tormenta, todos os seus membros poderão retomar suas vidas, enriquecidos pelo aprendizado da convivência e despertados para as próprias deficiências que se fizeram visíveis pela forma com que responderam à companhia indesejada.

Os que aceitarem a influência do visitante, acreditando que seu modo de ser é mais adequado e combina melhor com seus exemplos e valores, irão fazer companhia ao visitante, transferindo-se da habitação e indo com ele para experimentarem novas emoções. Os violentos, os sensuais, os egoístas e orgulhosos, os indiferentes, os maus – enfim, todos os que estão se deixando tocar pelas más influências, demonstram pertencer ao cortejo de almas que se sintoniza mais com o visitante do que com a casa que os tem abrigado. Isso sela o destino de cada um, preparando-se a reforma da moradia terrena para que esteja aberta somente aos que se disponham ao respeito de seus princípios de boa convivência como irmãos.

O aumento das tragédias pessoais e do volume de trabalho é causado por essa ampliação da carga vibratória inferior que estará engolindo a Terra na sua estrada cósmica, de cuja noite emergirá renovada em sua essência.

É preciso, pois, que a noite se faça mais escura para que, por fim, a alvorada seja mais radiante.

Que nossos irmãos médiuns e os sensitivos em exercício estejam vigilantes, pois ainda mais do que os outros, eles estarão mais acessíveis à captação dessas vibrações. Se não mantiverem a vigilância, são candidatos a conflitos mais intensos e, caso titubeiem, ao fracasso de suas tarefas espirituais.

Se se deixarem levar pelo desânimo, pela presunção, pelo interesse pessoal, pelo medo, pela preguiça, sofrerão mais intensamente os potentes golpes magnético-psíquicos.

Que cultivem nobres sentimentos, melhorando a mente e a emoção, afastando-se dos ambientes inadequados, sublimando as buscas e aproveitando todo o tempo disponível na prática do bem.

A mediunidade que solicitaram como instrumento de crescimento e resgate poderá ser-lhes a ponte sobre o precipício ou o peso que os arrastará para o abismo, dependendo de como a utilizem.

É nesse sentido que as casas espíritas e os dirigentes em geral devem estar avisados. Mantenhamos o equilíbrio enquanto o visitante nos atrapalha por um tempo. Ele não ficará entre nós para sempre. Que o centro espírita espalhe a dose de equilíbrio necessária e que vai faltar à maioria dos encarnados nos cruciais momentos quando a ação do visitante for mais intensa.

Eis por que foi para esses tempos que Jesus destinou as lições claras do espiritismo, ajudando o encarnado a compreender as leis espirituais e a se preparar para tudo quanto está escrito visando ao cumprimento da vontade de Deus.

Não esmoreçam, filhos do coração. Sobre nós, multidões de almas generosas nos observam e nos estimulam a descermos ao circo, enfrentando as feras com o cântico corajoso dos mártires da fé esclarecida.

Esta é a nossa hora gloriosa, queridos irmãos.

Cantemos em homenagem ao Criador que nos ama e aos Espíritos superiores que nos sustentam na hora do testemunho através do cântico do serviço no bem, incansável e imperturbável.

Esperemos o visitante ir embora e, então, restabeleçamos a harmonia, num estado de elevação interior que nunca antes havia sido vivido, para o bem dos remanescentes.

Todos estavam emocionados com as palavras reveladoras do devotado servidor.

Não ousaram romper aquele êxtase coletivo, silenciando qualquer indagação inoportuna para deixar ecoar, no mais profundo de suas almas, as advertências e chamamentos à coragem, no testemunho do servo fiel.

AH! SE NÃO FOSSE A INVIGILÂNCIA DOS HOMENS!

20

Ao mesmo tempo em que Geralda e Cássio se haviam desviado do caminho reto, com tristes consequências para suas vidas, enquanto Peixoto se afundava no desequilíbrio em virtude de seu apego material, Moreira, o outro desertor da causa, não ia em melhor direção.

Apesar de trabalhador com aparência de seriedade, trazia em sua alma as marcas da sexualidade desajustada, em virtude do viciar das forças genésicas ao contato com prostitutas e cenas deteriorantes do caráter.

Moreira era incapaz de entender e aceitar as necessárias disciplinas, sobretudo na condição de médium espírita. O pobre homem não conseguia admitir que sua sensibilidade o tornava mais vulnerável à ação das entidades perseguidoras. Era daqueles que imaginava que o trabalho espírita não deveria interferir em suas rotinas e gostos, conduzindo-se como os que vão às igrejas fingindo-se devotados e contritos, mas isso só durante a cerimônia.

Sua mente denunciava-lhe o baixo padrão de vibrações.

Recusava-se a prestar atenção em qualquer discurso que realçasse os deveres de fidelidade, de honradez e abstinência. Assim que o assunto derivava para esse ângulo, desconectava-se do palestrante para não se irritar. Ao mesmo tempo, acreditava que uma coisa era o trabalho no centro espírita e outra era a sua vida pessoal.

— Que coisa mais rançosa – dizia para si mesmo – esse negócio de ficar pregando contenção em tudo. Parece que voltamos à Idade Média! Se Deus nos deu o sexo, é para que o exercitemos, ora!

Sem profundidade nos pensamentos, Moreira não era capaz de estabelecer juízos ponderados, igualando todos os conceitos pela tábula rasa de suas conveniências. Aquilo que gostava de fazer de sua intimidade fundamentava-se na autorização de Deus, enquanto que aquilo que as mensagens espirituais pediam, em termos de respeito aos sentimentos alheios, fidelidade aos compromissos e limpeza de coração seriam invasões inaceitáveis de sua liberdade, intervenções indevidas de moralistas em sua consciência.

— No fundo, no fundo, estes caras são uns recalcados. Como não assumem seus desejos, querem proibir os demais de aproveitarem a vida e desfrutarem dos prazeres. Se são fanáticos por Deus a esse ponto, que vivam sua vida de falsa santidade, mas não venham se meter na consciência dos outros.

Apesar das opções pessoais, Moreira disfarçava muito bem suas escolhas e inclinações.

Casado com devotada mulher que o suportava com paciência, não se incomodava em traí-la em aventuras variadas, fosse com mocinhas que se ofereciam por pequenas quantias ou com mulheres cuja conquista exigia de sua bolsa e de suas energias maior empenho e esforço.

Apesar de doar-se como médium na instituição de Ribeiro e Jurandir por um tempo, isso não lhe modificou em nada o caráter leviano, fazendo-o vítima fácil das entidades trevosas que a ele se uniam nas aventuras emocionais, alimentando-as e alimentando-se delas.

Inúmeras dessas entidades monstruosas haviam sido amparadas nos trabalhos de esclarecimento da instituição espírita, nas atividades mediúnicas da psicofonia, usando o próprio Moreira como veículo de comunicação para os Espíritos que o assediavam.

Entretanto, em momento algum julgava que as almas aturdidas que recebia no transe mediúnico lhe estavam relacionadas diretamente como suas sócias nos delitos morais a envolvê-lo com seus escuros tentáculos.

Iludido pelo desajuste das emoções e das forças, Moreira periclitava acentuadamente, apesar de parecer homem correto e dedicado ao caminho do bem.

Isso levou-o ao desligamento dos trabalhos espirituais, conforme relatado no romance *Herdeiros do novo mundo*, o mesmo ocorrendo aos outros três já citados trabalhadores.

Envolvido pela teia lançada por Peixoto, afastou-se das tarefas da mediunidade imaginando que poderia trabalhar em qualquer lugar, como alguém que troca de roupa.

Não imaginava que sua sensibilidade estava bem ajustada naquela casa espírita em função da ordem e disciplina que lá eram observadas e onde era auxiliado pelas entidades que o tutelavam no caminho da mediunidade.

Afastado do núcleo com o qual se afinara desde o início, certamente que poderia continuar cooperando em qualquer outra instituição irmã. No entanto, não supunha, como não supõem os médiuns que perambulam de centro em centro, que é preciso construir uma sintonia com os Espíritos e com os Encarnados de cada instituição religiosa e isso não se faz do dia para a noite.

Moreira, assim, procurou visitar algumas casas espíritas que julgava mais adequadas à sua atividade mediúnica. Primeiramente, aquela que era mais próxima de sua casa. Lá chegando, ofereceu-se como médium com experiência, supondo que seria imediatamente aproveitado. Para sua surpresa e decepção, foi orientado a frequentar as atividades normais do centro como simples ouvinte até que as entidades amigas achassem por bem engajá-lo nos trabalhos.

Isso feriu-lhe o orgulho, não aceitando as recomendações, que lhe surgiram como indiferença ou preconceito.

Não voltou mais a dito centro.

Em outro, assim que chegou e se apresentou como trabalhador, foi colocado à mesa para exercitar a mediunidade, sem que o dirigente encarnado, despreparado e ingênuo, se acautelasse com os modos e hábitos do recém-chegado.

Depois dos primeiros dias de serviço, Moreira sentia ter encontrado o "seu" lugar. Isso porque, o trabalhador que dirigia a modesta instituição, sem segurança no estudo doutrinário sistemático, era despreparado para argumentar com alguém tão experiente como o médium recém-chegado. Na verdade, o dirigente não via a hora de entregar o comando para alguém, porque tinha outros interesses e o centro espírita lhe pesava nos compromissos como um elefante nas costas.

Moreira lhe caíra, então, como um presente do céu, um enviado dos Espíritos amigos como um potencial substituto.

No entanto, a atração de Moreira não era tanto pela festa que lhe faziam à vaidade.

Em realidade, enamorara-se da esposa do pobre presidente, moça de boa aparência que, por debaixo da beleza, escondia um caráter leviano.

Moreira, fazendo-se de sábio e sério, nos papéis bem interpretados para enganar os ingênuos, logo despertou a atenção da moça, sintonizados nos mesmos padrões de uma sexualidade fervilhante.

Com a desculpa de se valer da experiência do médium, Beliza solicitou uma oportunidade para entendimento privado.

Seu marido, Elias, o dirigente, nada estranhou quanto à solicitação, imaginando também que ele próprio, dentro de mais alguns dias, faria o mesmo.

O encanto de Beliza, manipulado pelas mesmas entidades perturbadoras atuou em Moreira como o fogo na gasolina. A simpatia e cordialidade dos primeiros entendimentos logo deu lugar a uma intimidade perniciosa entre ambos.

Beliza sabia que seu marido era despreparado para a liderança e, por isso, sempre esperara encontrar alguém mais seguro e experiente. Sabendo manipular as emoções masculinas, a sedutora mulher lançou sua cartada sobre Moreira que, desguarnecido moralmente, aceitou o jogo das emoções, sem quaisquer considerações por quem quer que fosse.

Elias o cercava de mesuras e cordialidades ao mesmo tempo em que Moreira e Beliza se encontravam em motéis isolados.

Essa conduta durou vários meses, envolvendo mais e mais os dois enamorados, sem nenhuma consideração para com as tarefas espirituais que exerciam na casa de Deus.

Chega o dia, porém, em que as ilusões se desvanecem.

Cada vez menos cuidadosos em esconder a fogosa paixão, eis que seus encontros clandestinos são descobertos pelo próprio Elias, que abriu campo mental à revolta, à indignidade, à violência, manipulado pelas entidades inferiores que também o influenciavam.

Terminava naquela crise moral aquele que nascera como promissora iniciativa de serviço ao bem, na forma de mais um grupo espírita. Desequilibrado, Elias fechou o centro, afastou os poucos frequentadores alegando que iria fazer uma grande reforma, durante a qual a instituição não estaria aberta.

Ferido em seu temperamento impetuoso, espancou a esposa que, com muito custo, fugiu de casa abrigando-se na residência de parentes. E, com arma na cintura, Elias saiu à caça de Moreira.

Alertado por Beliza, Moreira alegou necessidades de trabalho e empreendeu longa viagem durante a qual esperava que as coisas se acalmassem.

Elias não o encontrou para exercer sua vingança, marcando, desde então, a data para que revidasse à bala o ultraje suportado, em função do ódio que lhe cegara o equilíbrio.

Afastado de tudo e distante da esposa que de nada desconfiava, Moreira asilou-se em hotel em capital do nordeste do Brasil, de onde se comunicava com Beliza, trazendo-a para fazer-lhe companhia. Retomaram, assim, o romance interrompido pela tragédia, imaginando que seriam felizes para sempre, apenas porque nutriam profundas afinidades sexuais.

No entanto, a convivência entre ambos fez surgirem as manias e gostos discrepantes e antagônicos. Beliza, bem mais jovem do que ele, apreciava as aventuras noturnas, baladas, *shows*, diversão. Moreira, mais pacato, desejava passeios discretos e plácidos. Ela queria a boate, ele a orla marítima. Ela desejava roupas curtas e exuberantes enquanto ele, dentro de seus hábitos tradicionais, apreciava a discrição. No início, ambos se fizeram compreensivos para não estragarem a relação. No entanto, depois de algum tempo de convivência, os desentendimentos se fizeram visíveis, cada qual passando a repensar a conveniência ou não daquela relação.

Se por um lado Beliza se sentia atraída pela segurança que Moreira demonstrava, não tolerava aquele homem de personalidade forte e determinado, bem diferente do pacato Elias que ela manipulava sem dificuldades.

Moreira, por sua vez, se abastecia da volúpia e da formosura de Beliza, mas não suportava aquela independência, as atitudes libertinas e grosseiras que lhe feriam os brios de homem tido como reto.

Descobriram, por fim, que a única coisa em comum que possuíam era o vício do sexo, mais nada. Não tardou para que Beliza e Moreira passassem a se hostilizar de tal maneira, que nem mesmo os prazeres físicos lhes davam a mesma satisfação.

Ambos seguiam manipulados pelas monstruosas entidades inferiores que se divertiam diante da infantilidade de ambos, a quem tratavam como dois bonequinhos que lhes faziam as vontades.

Moreira, por fim, depois de uma noite em que permitiu a Beliza divertir-se sozinha na boate do hotel com o propósito de flagrá-la em atitude indecorosa, arrumou a desculpa perfeita para encerrar o romance definitivamente. Escondido na escuridão do ambiente, fotografou a amante nos braços de fogoso rapaz, desses descompromissados acompanhantes que se oferecem para fazer a alegria das solitárias ou solitários de ocasião e, com as provas da leviandade, expulsou a mulher na mesma noite.

Humilhada por aquele homem indecente, que lhe exigia fidelidade quando ele próprio desprezava a esposa distante, Beliza viu a vida desagregar-se diante de seus olhos.

Não podia voltar a Elias, que desejava matá-la. Não possuía parentes que a pudessem acolher. Pensava em albergar-se sob os cuidados de Moreira que, agora, lhe fechava as portas. Em desespero e inspirada pelas entidades perturbadoras que os envolviam, articulou ardiloso plano, segundo o qual resolveria seus problemas e se vingaria do malfadado amante.

Conseguiu poderoso sonífero que tratou de ocultar de forma hábil e, fazendo-se de arrependida, humildemente procurou Moreira reconhecendo o próprio erro e pedindo-lhe perdão.

Astuta, sabia jogar com os sentimentos do homem que ainda a desejava como antes. Usando de seus modos provocantes para minar-lhe a severidade, propôs que deixassem aquele hotel e fossem se abrigar em um bangalô que existia em praia afastada, tão ao gosto de Moreira que, garantindo total privacidade, lhes permitiria exacerbar a intimidade sem nenhum bloqueio.

Seduzido pela ideia e pela provocante mulher, Moreira não tardou em ver as vantagens da proposta, aceitando-lhe a sugestão. Encerraram, assim, a estadia no hotel sem levantarem quaisquer suspeitas.

Na mente viciada do homem, multiplicavam-se as formas pensamento referentes ao prazer físico que desfrutaria em companhia de Beliza, mesmo que depois a descartasse.

Enquanto se dirigiam ao local sugerido, a mulher se desfazia em carinho, adocicando a voz e enaltecendo os atributos viris do companheiro.

Durante o caminho, conversavam sobre a crise dos últimos dias e que superariam com as emoções do bangalô. Beliza sugeriu a degustação de saborosa água de coco que se vendia em quiosque de praia das proximidades.

Antes mesmo que Moreira concordasse, estacionou o veículo e desceu para ir buscar, solícita, a bebida com a qual narcotizaria o amante.

Longe dos olhares do companheiro, depositou no interior do coco gelado o sonífero cujo sabor se misturou ao da fruta, entregando-lhe para que fosse ingerido.

Assim que tomaram, e pretextando a pressa para as projetadas intimidades, retomaram o trajeto em busca da tal pousada onde se hospedariam já naquela noite.

No meio do caminho, segundo os planos que elaborara, o torpor invadiu o ânimo do infeliz e iludido companheiro de loucuras. Sádica, Beliza passou a dirigir aleatoriamente, procurando lugares afastados, dizendo que buscava um hospital ou pronto-socorro.

Moreira encontrava-se à beira da inconsciência quando Beliza escolheu remoto precipício na estrada que trilhavam para projetar o carro com Moreira inconsciente, já em plena escuridão noturna.

Não lhe foi difícil recolocar Moreira no posto de condutor, limpar as impressões digitais do volante, pegar-lhe a carteira, os valores e documentos pessoais e atirar o veículo para o fundo do abismo, junto às pedras.

Feito isso sem que ninguém o testemunhasse, caminhou vários quilômetros, escondendo-se para não ser vista por veículos esporádicos, carregando apenas pequena sacola com seus pertences pessoais.

Chegou à periferia da cidade, onde conseguiu um táxi e dirigiu-se ao aeroporto. Comprou uma passagem aérea para o outro extremo do país, de onde, através de ônibus, viajou para várias cidades até fixar-se em pequena comunidade que nem de longe imaginava estar recebendo fria homicida.

Esse foi o fim de Moreira, o aventureiro e iludido que, inadvertidamente, resolveu viver sua liberdade em vez de aprender a vigiar seus desejos, a benefício de si mesmo.

Usando a invigilância dos homens as entidades perturbadoras haviam conseguido destruir duas famílias, fechar uma instituição que semeava o bem no mundo, interromper o trabalho de vários tarefeiros bem intencionados, subtrair da vida um médium, comprometer o futuro espiritual de uma jovem e alienar um dirigente espírita dos deveres que poderiam estar sendo cumpridos de acordo com a vontade de Deus.

Ah! se não fosse a invigilância dos homens!

Amparo de emergência

21

Depois que o encontro com Bezerra se deu por encerrado, Ribeiro solicitou que Adelino e Jerônimo o acompanhassem de regresso ao hospital onde Leda, a esposa de Alberto, se preparava para deixar o corpo físico em definitivo.

Ao seu lado, no modesto quarto em ala do hospital destinada ao atendimento público, apenas o ex-marido se mantinha sereno, em orações à benefício da antiga companheira. Nenhum dos filhos se fizera junto da mãezinha, cada qual encaminhado no mundo segundo suas próprias ilusões.

Nenhum amigo ou amiga dos tempos de riqueza a visitava, ainda que Leda lhes houvesse solicitado a atenção através de enfermeiras e do próprio Alberto, mediante telefonemas e comunicações.

Não havia nenhum laço verdadeiro entre aqueles que se divertiam nas festas regadas a bebida onde as aparências os uniam.

O câncer devorara-lhe tanto a jovialidade quanto o arsenal defensivo que o corpo dispunha para enfrentar a batalha pela manutenção da vida orgânica.

Leda sabia que estava no fim e era exatamente isso o que a aterrorizava.

Perdera toda uma vida entre as ilusões da aparência e dos prazeres, sem haver se esforçado para conquistar alguma bagagem espiritual, mínima que fosse. Mesmo perante a maternidade responsável, esta fonte constante e vigorosa de méritos para a alma, a enferma não conquistara valores significativos porquanto em nada se sacrificara pelos filhos. Além do mais, era corresponsável pelo destino de insanidades e loucuras por ambos cultivado, graças aos seus péssimos exemplos, uma vez que os dois encontraram em sua postura complacente e indigna, o refúgio que os acobertava e estragara-lhes o caráter.

Sem lastro no merecimento real, Leda estava, agora, entregue à colheita amarga, bem como ligada aos que com ela se mantinham associados nas aventuras levianas.

Se ainda houvesse aproveitado alguma coisa da convivência com Alberto, com seus conselhos, exemplos de paciência, coragem e fé em Deus, através dos quais ele sempre tentara inspirar os membros da família na busca do entendimento das leis espirituais, isso lhe serviria de alento no fatídico instante da despedida física, em viagem ao desconhecido.

No entanto, Alberto sempre fora ridicularizado pelos seus, desrespeitado como idealista e visto, apenas, como o dono do cofre que procuravam assaltar depressa.

Quando a desdita os reduziu à pobreza, expulsaram o genitor da casa, de suas vidas, preferindo agarrar-se às antigas ilusões e fantasias do que seguir o exemplo digno do marido e pai.

Leda agonizava como um lixo humano, sem nenhum preparo para encontrar-se consigo mesma.

Além do mais, sua consciência estava carregada de muitas culpas. Não havia como fugir da certeza do erro, na injustiça praticada contra o ex-marido, nas fraquezas dos filhos que estimulara com sua conivência e os maus conselhos. No fundo, os momentos de desligamento físico propiciavam à alma o silêncio necessário para a quebra de todos os parâmetros materiais e o mergulho na esfera da consciência real, aquela que não se consegue apagar, ainda que se tente ludibriar enquanto conveniente.

Seu pavor íntimo só diminuía quando Alberto se apresentava ao seu lado. Era com suas orações que Leda se acalmava, recobrando forças morais para enfrentar o inevitável. Não foram poucos os momentos em que lágrimas de arrependimento molharam as mãos do único visitante que a suportava. Dentre os pedidos de perdão e as confissões de seus delitos morais, Leda procurava fustigar-se para aliviar o peso de seus erros.

Alberto aceitava-lhe tais arroubos de honestidade e correspondia-lhe à necessidade de ser perdoada de maneira suave e natural porquanto, em verdade, jamais lhe guardara rancor, apesar de tudo o que sofrera. Ao contrário, Alberto assumira grande parte da culpa ao considerar-se o gerador das ilusões nas vidas de seus tutelados, pelas preocupações materiais excessivas que dominaram suas ideias iludindo-os sobre os reais deveres de chefe de família. Valorizara bens materiais em detrimento dos verdadeiros, os do Espírito. Então, não poderia condenar a ninguém sem condenar-se, primeiramente. Aceitava as palavras de Leda com naturalidade, não lhe censurava a insistência em repetir as confissões porque sabia que isso serviria de alívio temporário da consciência.

A ex-esposa, agora debilitada e em desespero, tardiamente percebera o tempo perdido e reconhecia o esforço do companheiro em tentar encaminhá-la, como no passado. Vislumbrando os dois lados da vida em decorrência da fraqueza orgânica, via entidades que a ridicularizavam, galhofeiras ou violentas. Aquelas mesmas dos bailes e orgias noturnas, quando o corpo adormecido libertava sua alma para diversões inconfessáveis, ali esperavam pela comparsa para a contradança macabra.

Quando Alberto estava ao seu lado, não parava de relatar as visões aterradoras, ao mesmo tempo em que percebia o halo luminoso que circundava o companheiro, todas as vezes que ele chegava ao quarto.

— Ah! Alberto, só quando você está aqui comigo é que tenho um pouco de sossego. Parece que sua luz impede que meus inimigos me perturbem. Não sei explicar como, mas todos eles se afastam quando você está aqui comigo.

— Não se fixe nas visões desagradáveis, Leda. Pense no bem, nos seus amigos, nas pessoas que gostam de você.

— Não faço outra coisa, Alberto. No entanto, revirando minha mente e minhas lembranças, só consigo encontrar uma única pessoa que ainda me considera, que é você. Meus pais estão mortos, meus familiares distantes são indiferentes. Nossos filhos estão perdidos por minha culpa. Os que pensava serem meus amigos fugiram assim que souberam da doença. Nunca vieram me visitar. Só vejo almas penadas à minha volta e, mesmo que consiga dormir um pouco, são esses os fantasmas que me apavoram e impedem de descansar. Sei que você fala muito desse médico amigo, a quem os espíritas devotam tanto respeito, mas para minha infelicidade, creio que não estou à altura de seus cuidados. Sempre desprezei o espiritismo e sei que não se colhem frutos de árvores que não cultivamos.

— Olha, Leda, não pense assim. Todos nós cometemos nossos erros e, apesar deles, Deus não nos desampara nunca. Seu filho maior, Jesus, não se recusou a ouvir e amparar os sofredores, por mais indignos que fossem. Mesmo no Calvário, teve uma boa palavra para o criminoso que o ladeava, ensinando-nos que o bem não julga o mal. Estou seguro de que o doutor Bezerra de Menezes cuida de você. Sempre lhe peço ajuda e, ainda que esteja ocupado, de onde está sabe como atendê-la com força e coragem.

— Bem, Alberto, que Deus possa ouvir seus apelos porque, quanto aos meus, estou ciente de que não possuo qualidades para apelar para tão alto. No entanto, você não imagina como são terríveis esses perseguidores. Dizem que são meus amigos, mas se isso é verdade, não tenho nenhum prazer de estar na companhia deles agora. E pensar que você insistia tanto em me explicar sobre essas verdades espirituais, quando vivíamos sob o mesmo teto, mas nunca lhe fiz caso. Hoje, descubro que tudo isso não é somente verdade, mas, infelizmente, no meu caso, é uma verdade extremamente desesperadora.

As palavras de Leda eram entrecortadas de soluços e suspiros, reações produzidas pelo pavor da assustadora presença de muitas entidades inferiores que lhe testemunhavam "solidariedade" naqueles momentos.

Alberto reconhecia que não tinha muito tempo para encaminhá-la a patamares mais luminosos, procurando sempre convidá-la à oração, única forma de serená-la.

Nesses momentos de elevação, sempre pedia a ajuda de Ribeiro e Bezerra, além de qualquer outro Espírito que fosse capaz de captar-lhe a solicitação.

No plano espiritual, a singela consulta à ficha de serviços de Leda demonstrava que não havia acumulado méritos suficientes para lhe servir como recursos favoráveis a autorizar o amparo direto. Colheria as urzes que deixara crescer em seu caminho.

No entanto, Alberto soubera edificar uma jornada de elevação e serviço. Reconhecendo os erros cometidos nos primeiros anos da vida familiar, quando cultivara excessivo conforto que amolecera o caráter dos seus, o médium devotado demonstrara o equilíbrio necessário nas horas da aflição, não resvalando nem para a condição de vítima, nem para a autoflagelação. Ao aceitar os reveses e não desistir da tarefa de servir por amor aos aflitos do mundo, apesar da indiferença com que foi tratado pelos que amava, manteve-se no trabalho do bem, o único escudo protetor contra os venenos da culpa. Sofreu, passou fome, humilhou-se sem odiar a ninguém. Assim, amorteceu eventuais débitos nascidos da ilusão que se apagara por completo de seu Espírito. Com isso, granjeou a simpatia e solidariedade de nobres entidades que o abasteciam com forças e o auxiliavam no esquecimento de si próprio, amealhando méritos ao enfrentar seu testemunho com heroísmo.

Então, as orações de Alberto repercutiam no mundo espiritual de forma a garantir para a ex-esposa o amparo fraterno dos amigos que o escutavam, promovendo seu desligamento gradual, que garantiria um despertar espiritual suave, livre das torturas do aprisionamento cadavérico muito comuns naqueles cujo apego material os faz passar pelo testemunho da decomposição carnal a fim de se conscientizar de que não há mais matéria disponível.

Alberto intercedia, generoso, por aquela que o enxotara.

E o fazia sem ostentação de virtudes. Mesmo quando alegava as próprias culpas, suas qualidades morais o distinguiam em relação aos baixos padrões de Leda.

Atendendo-lhe o pedido, foi que Ribeiro e seus acompanhantes dirigiram-se para o quarto hospitalar onde Leda vivia os derradeiros momentos no corpo.

Ao chegar, bastou o olhar experiente de Ribeiro para detectar que não deviam restar à enferma mais do que algumas horas de ligação consciente.

Aproveitando-se da sensibilidade de Alberto que, em orações, tentava amparar Leda, que se contorcia de dores, Ribeiro extraiu-lhe o máximo de fluidos vitais, combinando-os com as próprias emanações e com as dos amigos invisíveis que o acompanhavam, aplicando tal recurso medicamentoso nos centros de força, amortecendo o impacto da enfermidade que galopava sem encontrar resistência. Promovendo o bloqueio de certos feixes neuronais transmissores dos impulsos dolorosos, branda anestesia envolveu a enferma que, mesmo sem medicação química, acalmou-se no leito. A aplicação magnética resultara decisiva para os momentos finais, quando o desligamento do perispírito, que já se iniciara algum tempo antes, haveria de se completar em definitivo, abandonando a veste carnal.

Alberto sentira a retirada de energias vitais pelo entorpecimento de forças que identificara. No entanto, sabendo que aquelas eram as horas finais de Leda, manteve firme o pensamento, solicitando energias extras para não fraquejar no testemunho da despedida.

Indicando as entidades perturbadoras que não os visualizavam, Ribeiro solicitou a Jerônimo e Adelino que produzissem ao redor do leito um cordão de energias isolantes, impedindo aos perseguidores da moribunda que arrebatassem seu espírito no instante da consolidação do desencarne, como num sequestro de vítima que não pussuísse o controle de si mesma.

Tão logo o campo magnético passou a impedir a aproximação dos perturbadores, esses logo identificaram uma ação superior em benefício da doente.

— O que é isso? Quem é que pode estar aqui tentando ajudar esta cobra? Que este padreco idiota se perca em orações que nos atrapalham a ação, vá lá. Mas, agora, nem no quarto a gente consegue entrar... – bradavam, em revolta, as entidades que não tiveram outra opção a não ser deixar o ambiente por incompatibilidade fluídica.

Com a saída dos Espíritos inferiores, a atmosfera psíquica se tornou menos densa e degradada, permitindo que Ribeiro e os demais socorristas se dividissem nos processos de desligamento.

Leda afligiu-se ao perceber que tudo estava acabando, definitivamente.

— Alberto! – gritou ela... – Estou morrendo... me salva... me ajuda... não me deixe... Alberto... me perdoa... me per... do...

E não houve mais condições de falar nada.

Os aparelhos soaram com estridentes silvos indicando a perda dos sinais vitais. Enfermeiras acorreram no esforço de recuperar-lhe a vitalidade, mas, entendendo-lhe o caso como o de doença terminal, deram-se por satisfeitas em desligar os alarmes e solicitar a presença dos médicos para a aferição da morte clínica.

Alberto, sentindo a companhia dos Espíritos, solicitou das trabalhadoras a possibilidade de ficar alguns instantes sozinho com o cadáver a fim de fazer a oração final.

Do outro lado, Ribeiro recolhia Leda em seus braços como um pai que aconchega a filha muito amada. Seu estado espiritual era lastimável e, se não fosse pela intercessão do ex-marido, certamente seu destino não estaria sob a tutela dos amigos espirituais.

Essa proteção, no entanto, não impediria que Leda encontrasse o próprio destino. Apenas lhe garantiria um despertar menos traumático.

Com o fardo nos braços, Ribeiro e os amigos rumaram para o centro espírita ao qual Leda jamais aceitara comparecer quando Alberto a convidava, em cujas dependências permaneceria internada doravante, em sonoterapia.

Não foi difícil que os Espíritos mantidos do lado de fora constatassem, graças à movimentação da enfermagem, que Leda havia morrido no corpo, o que motivou protestos contra aquilo que consideravam verdadeiro furto. Sentiam-se no direito de possuir a alma de Leda e lutariam para tê-la junto deles, como estavam acostumados a fazer.

No entanto, obedecendo aos ditames espirituais superiores que determinam que o socorro deve ser estendido a todos os que o aceitem, generosa entidade amiga se fez visível ao grupo dos desordeiros, informando-os acerca do ocorrido com a doente e indicando-lhes o destino que ela teria.

— Mas ela é nossa... vocês a estão roubando... ela mesma nos chamava... não é justo que os bonzinhos saiam por aí vilipendiando cadáveres e roubando o que nos pertence...

— Leda é filha de Deus, como todos nós o somos, meus irmãos – respondeu, serena e firme, a entidade que a eles se dirigia.

E o mesmo destino que o Pai lhe ofereceu está sendo estendido a todos vocês. Se são tão amigos da irmã como se dizem, poderão nos seguir ao mesmo destino que ela para conhecer o hospital onde será internada e, se o aceitarem, receberão a ajuda de que necessitem igualmente.

— Quanto isso vai custar? Nesta vida tudo tem um preço... ninguém dá nada para ninguém...

— Todo o tratamento é gratuito e vocês são livres para ir embora quando quiserem. Não são prisioneiros.

— Vai ter festa? A gente adora um rebolado... – gritou um dos mais levianos.

— Vai haver a festa do bem, para que as dores que conquistamos nos rebolados sejam tratadas e nos aliviem de verdade.

— Ah! que coisa sem graça. Eu não vou... – respondeu o infeliz.

— Mas você é apenas um. O convite é para todos. Se desejarem me acompanhar, é só me seguir.

Com tais palavras, o Espírito rumou para a escadaria respectiva, buscando a saída do hospital, no que foi seguido à distância por alguns dos "amigos" de Leda, enquanto outros faziam galhofa, ali plantados à espera dos despojos que, em breve, seriam devolvidos ao lodo da Terra.

O amparo de emergência no caso Leda havia possibilitado alguns recursos atenuadores do tormento das primeiras horas da desencarnação não somente para ela como também a mais de uma dúzia de Espíritos perniciosos que, curiosos, haviam aceitado o convite para conhecer as novas acomodações dela conforme lhes fora prometido pela entidade generosa que os guiava até o centro espírita.

Dado esse primeiro passo, lá seriam encaminhados de acordo com suas disposições, aprenderiam com outros aflitos que era possível vencer as dificuldades e encontrariam a esperança de um recomeço.

No fundo, aquela instituição era o próprio Jesus a exclamar:

Vinde a mim, todos vós que estais aflitos e sobrecarregados, que eu vos aliviarei. Tomai sobre vós o meu jugo e aprendei comigo que sou brando e humilde de coração e achareis repouso para vossas almas, pois é suave o meu jugo e leve o meu fardo. (S. Mateus, cap. XI, vv. 28 a 30)

O esforço de Aurélio

22

SEGUINDO O CRONOGRAMA DE TRABALHO INTENSO, Bezerra, Jerônimo e Adelino seguiram ao encontro de um dos emissários celestes em missão de reerguimento junto das almas perdidas em estágio evolutivo sobre a Terra.

Conduzidos pela vigorosa mente do Médico dos Pobres, o grupo estaciona em movimentada região de grande metrópole brasileira, na qual a concentração de vícios de toda ordem transformava o ambiente em verdadeira sucursal das trevas.

Por toda parte, almas dementadas seguiam ao lado dos encarnados como se fossem duas ou mais personalidades partilhando um único corpo. Grudados uns aos outros, existia uma tal sintonia entre as inteligências associadas para o delito ou para os excessos de todos os tipos, que da visão do conjunto não era possível concluir quem comandava quem.

Na rua, os vivos se uniam em gangues ou grupos menores, perdendo-se em condutas impróprias do ser humano. Dando vazão aos instintos da pior espécie, confundiam a liberdade de expressão com a conduta sem juízo ou freios morais e, valendo-se do véu da noite, experimentavam as emoções mais inferiores como se fossem um direito que a vida lhes garantia, sem nenhuma referência às consequências de seu exercício.

A prostituição de ambos os sexos era apenas um pequeno aperitivo nesse grande festival de alucinações. Violência e droga, promiscuidade e devassidão marcavam a mente desajustada de cada indivíduo. A via pública da grande cidade moderna se havia transformado na velha Roma, com seus becos imundos como palco dos espetáculos mais dantescos que a torpe inteligência poderia imaginar. Jovens, quase adolescentes, sem orientação segura envolviam-se com homens e mulheres maduros à procura de emoções fortes, no mercado humano que prometia prazeres em troca de pagamento. Depois que escurecia, a rua se tornava território de ninguém, quando nem mesmo a polícia se envolvia de maneira direta na repressão ou controle das condutas, dando aos membros daquela triste fauna a ideia de liberdade sem peias, favorecendo-lhes o comportamento criminoso sem nenhuma repressão legítima.

As brigas sucediam-se, rotineiras, como explosões ocasionais que terminavam em golpes, agressões e gritarias.

O espetáculo diário era repugnante e indigno do ser humano dito civilizado, considerando-se que havia mais ordem e respeito entre os membros de uma matilha ou alcateia do que entre aquelas criaturas.

E se a realidade física já arrepiava, perante a observação adestrada dos Espíritos amigos, os cenários se tornavam ainda mais grotescos.

Entidades monstruosas dominavam rapazes e moças como polvos com seus tentáculos penetrantes, conectados magneticamente às regiões cerebrais e físicas mais frágeis, que estimulavam ou excitavam visando a extrair as emoções mais primitivas.

O panorama vibratório era tão dantesco, que os visitantes do plano espiritual necessitavam de grande autodomínio para não desistir da tarefa, ausentando-se dali.

Na dimensão invisível, as atrocidades daquela área da cidade se multiplicavam. Manadas de entidades transitavam, acompanhando o fluxo dos encarnados, atacando outras entidades que sequestravam para usá-las como servos de seus interesses. Invadiam mentes com o poder de penetração e influência, sugando a energia vital dos encarnados.

Local de intensas disputas de poder, facções espirituais se enfrentavam em confrontos diretos, com ataques e contragolpes, chegando à luta corpo a corpo que só terminava quando o mais violento intimidasse os demais.

Era a plena lei da selva, apesar de estar sendo observada entre seres que já haviam atingido a condição de humanidade.

E tais Espíritos disputavam entre si o domínio sobre os próprios encarnados, tentando tomar uns dos outros os corpos dos vivos que lhes nutriam a fome de fluido vital ou os que se associavam nas práticas indignas por meio das quais podiam compartilhar emoções primitivas.

Os encarnados, portanto, não passavam de mercadoria barata, pedaço de carne pendurado no armazém do vício, manipulados por aqueles que lhes conheciam a fraqueza moral.

Quanto mais se embrenhavam nesses domínios, mais iam perdendo o próprio domínio, eis que os choques vibratórios e o desgaste das emoções reduziam o encarnado à condição de verdadeiro farrapo humano, defraudando-lhe a energia vital e comprometendo seu campo fluídico.

Era patente e visível o baixo nível dos que ali se igualavam, a começar pelas aberrações das vestimentas e pelos comportamentos exóticos. No fundo, todos buscavam uma felicidade que não sabiam o que era nem onde e como consegui-la.

Esse foi o panorama que o grupo espiritual divisou, tão logo chegaram os três àquele ambiente, obrigando-os ao exercício da disciplina rigorosa do pensamento para que a concentração possibilitasse o desempenho da tarefa.

Usando de seu poder de sintonia, não se passaram mais do que breves instantes para Bezerra dirigir-se com os dois amigos a um amplo terreno abandonado que se prestava a depósito de resíduos de uma vizinhança incivilizada, que preferia descartar o lixo naquele local em vez de cooperar com o esforço comunitário de coleta de detritos, mantida pela municipalidade.

Verdadeiro foco de insetos, roedores e animais peçonhentos, além de abrigo perfeito para os desocupados que, penetrando por aberturas variadas ou saltando o muro que o circundava, ali encontravam verdadeira praça para a prática de seus desatinos.

Atos sexuais ocorriam sem nenhum pudor, consensuais ou forçados. Drogados podiam usar entorpecentes sem quaisquer problemas, afastados do olhar de um ou outro veículo de vigilância que, esporadicamente, enveredava por aquelas ruas.

Ladrões se escondiam entre os detritos onde também ocultavam o produto de furtos.

Acercaram-se os recém-chegados, procurando um local específico nos fundos do terreno baldio.

Ali, caídos, um jovem havia se excedido na bebida e uma moça o acompanhava na insanidade. Ambos no fim da adolescência, não tinham mais do que 17 anos.

Eram sócios em estranha empresa.

O rapaz conseguia a droga que divida com a moça, em troca dos favores sexuais que esta lhe concedia. Apesar disso, não eram dos piores frequentadores daquele antro.

Quando os Espíritos chegaram, os dois encontravam-se na euforia das emoções físicas, beirando à brutalidade carnal pelos excessos que a cocaína provocava no psiquismo doentio.

Na dimensão espiritual, porém, o quadro era mais dramático.

Aproveitando-se da sintonia, ligados aos dois encarnados pelos condutos magnéticos, oito entidades monstruosas se contorciam, enleadas umas às outras, desfrutando dos efeitos da droga e dos apetites carnais com os quais se nutriam, como a planta que vive das seivas produzidas por outra que a hospeda e que, aos poucos, vai matando.

Nenhuma das entidades se incomodou com a chegada dos visitantes, já que não eram capazes de perceber-lhes a presença e por que estavam tão alienados no animalismo em que viviam, que não seriam capazes de perceber nada ao seu redor.

Foi quando uma voz amiga se fez ouvir, no meio dos gritos, urros e uivos que dominavam a paisagem auditiva.

— Olá, Bezerra, que bom que veio! – exclamou, com serenidade, o nobre Aurélio.

— Como deixar de vir ao seu encontro, querido irmão? Mesmo à distância, seguimos vibrando por seus esforços, sabedores da aspereza do terreno que lhe está a cargo fazer produzir. Nossas condutas se inspiram em seu heroísmo e nossas forças querem encontrar combustível em seu devotamento – respondeu-lhe Bezerra, reverente.

— É, meu amigo, todos precisamos encontrar forças em Jesus para fazer o melhor possível em um ambiente tão desfavorável. Como veem, o ser humano continua quase o mesmo, ainda que a história tenha demonstrado quantas tragédias poderiam ter sido evitadas com um pouco de contensão e juízo.

Aqui estamos diante das forças primitivas da vida, cobrando o pesado tributo aos que delinquem por prazer, aos que escolhem equivocadamente e, depois, não têm suficiente força para corresponder à colheita dos resultados.

— Observamos esse equívoco em todas as áreas da vida humana, Aurélio. Quantos sadios se fazem doentes pelos excessos do garfo, do copo ou de qualquer vício da vontade e, depois, se revoltam contra Deus, que não os protegeu nem os curou? Todos os dias, temos diante de nós Espíritos encarnados e desencarnados que se ferem por gosto ou por prazer, mas que se recusam a tomar o medicamento prescrito para lhes restituir a saúde. Você está cheio de razões quando diz que só recorrendo a Jesus para não se perder o ânimo e o entusiasmo no tão ingrato serviço de ajudar os que não querem ajuda.

Endereçando-se ao casal que oferecia o triste espetáculo, Aurélio continuou explicando:

— Olhando nossos irmãozinhos encarnados, observamos que estão na fase primitiva do desejo físico, aliado aos desgastes decorrentes da vontade viciada pela droga. Qualquer um que os visse aqui se escandalizaria por tudo o que estão fazendo. No entanto, meus amigos, como os interpretaríamos se soubéssemos de sua história real?

Diante do silêncio dos ouvintes, Aurélio continuou:

— Pois aqui nós não temos dois estranhos. O rapaz que consegue drogas para dividi-la com a moça que a ele se entrega para o desfrute do sexo, na verdade, foi iniciado no vício pelos próprios pais. Em sua vida, o berço não significou aconchegante refúgio de esperança e fortalecimento para a vida.

Ambos foram tratados, desde pequenos, como estorvos dos quais se precisava extrair alguma vantagem.

Assim, cada qual a seu tempo, em vez da escola que edificaria o caráter, recebeu a lição da violência e do egoísmo, espancados sempre que regressavam sem os ganhos esperados.

Sofriam a fome e a dureza dos que, em vez de confortá-los, os exploravam da pior e mais sórdida maneira.

Observando suas histórias pessoais, não é de estranhar que sejam o que são hoje.

De certa maneira, apesar de toda a insanidade em que vivem, expressam um ao outro o desejo de afeto que lhes foi negado na formação do caráter.

Ele, carente de pai e de apoio, agrada a companheira compartilhando a droga corrosiva, como o pai que traz o pão ou o leite aos filhos famintos, abastecendo o lar.

Ela, agradecida pelo gesto de atenção que nunca recebera de mais ninguém, corresponde-lhe às necessidades fisiológicas entregando-se, usando o carinho sexual para expressar a gratidão.

Os dois estão totalmente equivocados na forma com que exercitam a emoção. No entanto, se mergulharmos na tragédia de cada um, observaremos que o que estamos vendo corresponde a uma forma de exprimir uma afetividade que lhes fora negada e que, ainda que de uma maneira inadequada, estão tentando resgatar.

Todos temos sede de afeto e, no caso desses, qualquer juízo prematuro que se fizesse não nos permitiria cumprir com a responsabilidade de orientar esses Espíritos, fazendo a vontade do Pai.

As revelações de Aurélio sensibilizavam o coração dos três amigos que o ouviam, admirados.

Foi nessa pausa que, aproveitando a oportunidade, Jerônimo indagou:

— E nesse caso, nobre amigo, como foi possível que dois Espíritos tão carentes acabassem se encontrando em uma cidade tão gigantesca como esta? Que mecanismos secretos poderiam estar por detrás de uma afinidade perniciosa e amorosa, ao mesmo tempo?

Entendendo a questão em seu lado mais profundo, Aurélio não desperdiçou a chance de explicar:

— Certamente, meu amigo, as leis espirituais são inflexíveis e manifestam-se em sua sabedoria mesmo quando as ocorrências mais improváveis se apresentem. No entanto, nossos passos buscam a companhia daqueles com os quais temos compromissos assumidos. Da mesma maneira que chegaram até aqui sem que soubessem minha localização graças à capacidade de sintonia, nossas vidas também se procuram para o aproveitamento das experiências no bem, como na retomada das alucinações no mal.

A afinidade aproxima as pessoas mesmo quando essas pareçam não se suportar.

Não conhecem os famosos casos de matrimônios entre pessoas que sempre se hostilizavam reciprocamente? Pessoas que não se suportavam, que brigavam cada vez que se encontravam e que, tempos depois, terminam no altar, trocando alianças para espanto de todos?

Por isso, os dramas morais desses jovens são laços que os unem e, apesar dos desajustes a que se entregam, de uma forma ou de outra estão em processo de sublimação espiritual. Não nos esqueçamos de que, apesar de pertencer à família dos metais, o ouro é muito diferente do ferro quanto ao valor, beleza e características específicas.

Porém, tanto o ouro quanto o ferro precisam passar pelo cadinho que os derreta para que se purifiquem.

Como acontece com todos os filhos de Deus, precisamos ser derretidos em altas temperaturas para que a impureza seja ejetada de nossa constituição íntima, propiciando a sua depuração e melhoria no longo caminho de regresso ao Pai. E não há coincidências ou acasos nesta vida.

Todos os que estão nesse ambiente, inclusive essas entidades perturbadas que se valem dos péssimos hábitos dos encarnados que sugam, possuem uma sintonia semelhante e padecem da mesma enfermidade. No entanto, isso não quer dizer que estão ligados aos jovens desde o pretérito. Daí que, quando os dois partirem daqui, essas entidades espreitarão outras vítimas e se entregarão aos mesmos processos de vampirização, afinadas mais com o interesse do momento do que com os que o protagonizam.

No entanto, perceberão que quem se mantém unido na virtude ou no vício carrega em comum uma bagagem que os atrai, facilitando que vivam experiências que os construam no amor ou na dor.

Qualquer desavisado que os flagrasse nesses momentos de insanidade estimulado pela droga e a promiscuidade os consideraria dementados, vagabundos e incivilizados, encaminhando-os para o cárcere.

Entretanto, onde os homens veem consumo de droga e prática de sexo animal a bondade de Deus sabe ver o embrião do amor, da solicitude, da cooperação e do companheirismo, conduzindo-os à alfabetização moral indispensável, na qual, através do renascimento, ambos reaprenderão o caminho do bem, sem as ilusões que agora os enceguecem.

Não queremos dizer, com isso, que a sociedade deva enaltecer essa conduta que, certamente, em termos individuais ou coletivos precisa ser coibida, ser combatida por medidas salutares e reformadoras que se apliquem no nascedouro, evitando os descalabros que temos visto.

Assim, Jerônimo, para não nos alongarmos em divagações inoportunas, podemos dizer que os dois se procuram porque já se conhecem há muito, e que, com o tempo, serão apoio um para o outro.

Não se assuste, pois, com a coincidência de ter se achado neste imenso palheiro que é constituído por essa vasta comunidade. O ferro sempre encontrará o imã, por mais perdido que se ache no meio da palha pobre, da mesma forma que o imã irá atraí-lo para as experiências comuns em que se sintonizam.

Agora, o mais dramático no caso desses dois, infelizmente, é o fato de serem irmãos consanguíneos, mal orientados pelos mesmos genitores, vitimados pelo mesmo lar desajustado. Haviam sido colocados sob o mesmo teto para que, convivendo novamente, conseguissem sublimar as atrações viciosas nas quais já haviam se perdido outrora, aprendendo o amor de irmão. Por falta de orientação adequada, no entanto, regressaram ao mesmo contato íntimo de ontem, que nem a identidade sanguínea nem o apelo ao bom senso foram capazes de impedir.

Aguardo aqui a diminuição da euforia produzida pela droga e o sexo para ajudá-los a enfrentar os instantes do arrependimento que sempre acontece depois de desvarios desse tipo, procurando infundir-lhes pensamentos de nobreza, aproveitando-me do embrião de amor que eles nutrem um pelo outro. Quem sabe, ainda que como irmãos consanguíneos, a relação incestuosa que nutrem por associação no vício possa se tornar uma união afetiva sincera, graças à qual se inicie o resgate de suas almas para sentimentos de responsabilidade mais nobres no futuro.

Nunca estaremos ajudando se desperdiçarmos as oportunidades do bem, ainda que essas sejam edificadas usando o material da casa arruinada pelos erros já cometidos.

Em nosso caso, a fraternidade que compreende antecede a noção da caridade que auxilia e norteia as suas medidas. Estaremos muito felizes se, passada a euforia da droga e amadurecidos em espírito, conseguirmos fazer com que convertam a associação para o vício em um amor sincero de um para o com o outro, capaz de tirá-los desse mundo de perversidades.

Poderão vocês pensar: Mas eles são irmãos consanguíneos...!

Sim, nasceram no mesmo lar, filhos de pais comuns. Mas a família os tratou como animais e, por isso, agora, se amam como bichos. No caso deles, então, não será um progresso notável superar o amor animal para começar a se amar como homem e mulher?

Se aprenderem o amor de homem e mulher, darão importante passo para, logo mais, entender outros conceitos mais nobres para o exercício da afetividade.

A vida nos ensina, filhos queridos, que entre o errado e o certo existe uma longa estrada a percorrer. Cada qual tem a sua velocidade e escolhe a maneira como anda. Quanto a nós, precisamos ajudá-los a andar, estimulando-os em cada etapa, até que percebam que só deles mesmos é que depende chegar até o final.

O ensinamento libertador havia chegado ao final.

O êxtase físico cessara no casal que, sem saber, recebia a atenção do amor espiritual que Aurélio representava. O sono físico iria conduzir os dois ao mundo da verdade e, então, aproveitando-se da oportunidade, o santo que os protegia os envolveria com sua atmosfera de pureza para, quem sabe, despertar-lhes um afeto diferente que fosse capaz de retirá-los daquele antro de perversidades.

Era assim que o amor visitava os errados para, pacientemente, encaminhá-los na direção do acerto.

23

Ouvindo outras almas

— Você está pronta, Jandira? – perguntou com ansiedade, a médium Marieta.

— Pronta não, né, Mari. Fiquei pensando neste plano da dona Gertrudes a semana inteira. Como é que a gente começa a conversar com gente de outro mundo? Se não fosse o apoio dela, acho que pulava fora desse projeto maluco.

Marieta ria-se da amiga, enquanto ambas se dirigiam ao centro espírita onde, naquela noite, o grupo de trabalhos mediúnicos se reuniria, como ocorria todas as semanas.

— Você dá risada porque sua posição é menos espinhosa do que a minha. Basta fechar os olhos e ver o mundo espiritual, ouvir suas conversas, abrir a boca quando algum deles quer falar ou descrever o que está vendo graças à mediunidade de vidência. Se pensar bem, não precisa fazer nada, é só registrar o que acontece. Agora, já pensou comigo? Conduzir uma conversa com um Espírito que nem sei se é Espírito? Fico pensando como é que começo o "papo": Oi, seu Espírito... o senhor é Espírito mesmo? Mas por que tem esse cabeção? Não podia se apresentar de um jeitinho mais, vamos dizer assim, bonitinho? No seu mundo, vocês têm bife com batatinha? Ora! Marieta, já pensou na minha encrenca?

— Olha, Jandira, seja natural. Não se esqueça de que estamos sob a orientação de nossos mentores espirituais, que saberão intuí-la para que suas ideias auxiliem a entidade a se manifestar, dentro dos assuntos que lhes pareçam mais importantes. Recorde-se de que a própria dona Gertrudes nos alertou para o fato de que esse contato só vai acontecer se os nossos dirigentes invisíveis o permitirem.

— É por isso que eu não pulei fora, minha amiga. Se estou aqui ao seu lado é por causa da certeza de que são nossos mentores quem nos conduzirão. Mas, ainda assim, fico matutando sobre os assuntos que acham mais adequados. Além disso, tem a turminha da "orelha em pé". Sabe, não é, Mari? Aqueles que entre um Espírito e outro ficam bisbilhotando sobre o que está acontecendo com o médium do lado. Já pensou se algum deles me escuta perguntando, por exemplo: Ora! meu irmão, de que sistema estelar você vem? Como é a sua nave? Isto vai criar um problemão para a gente e para dona Gertrudes. Então, vamos ficar tolhidas, presas a sussurros e, o que é pior, atrapalhadas pelo barulho das outras manifestações impedindo que a gente entenda o que está sendo falado por você.

A conversa ia nesse diapasão quando chegaram ao centro.

Ninguém mais, além das duas trabalhadoras e da dirigente do grupo, tinha conhecimento da tarefa que, naquela noite, se desenvolveria no modesto recinto das reuniões.

Ao mesmo tempo em que as médiuns se dirigiam ao trabalho na casa espírita, bem antes delas lá estava dona Gertrudes, arrumando a sala, preparando o ambiente físico com pequenos cuidados como colocar a jarra de água, os copos, posicionar as cadeiras, limpar o piso caso fosse necessário à melhoria do aspecto do local, abrir janelas para facilitar a ventilação enquanto a reunião não se iniciava, além de já ir se sintonizando com os dirigentes espirituais que, bem antes que a própria Gertrudes, lá estavam energizando a psicosfera reinante visando à concretização dos objetivos espirituais, no encaminhamento das entidades aflitas e das mensagens de cunho edificante, endereçadas aos membros do grupo.

Dentro do plano de trabalho, os mentores responsáveis estavam cientes de que as duas companheiras se dedicariam à experiência do contato mediúnico com entidades visitantes provenientes de outro orbe.

Aliás, há muito vinham trabalhando Marieta para que suas observações desaguassem na conversa com Gertrudes, da mesma forma que auxiliavam a dirigente dos trabalhos para manter mente aberta para essas questões.

Então, não se tratou de algum evento que tivesse sido provocado pelos encarnados e que terminasse no mundo dos Espíritos. Ao contrário, fora semeado pelos dirigentes invisíveis como experiência importante para o aprendizado comum e para a constatação da solidariedade entre as humanidades.

Germano, o dirigente principal, acompanhava Gertrudes enquanto a operária arrumava a sala antes da chegada de qualquer trabalhador. Pelos canais intuitivos, ia lhe dando as diretrizes:

— Filha, o esforço de hoje será a grande oportunidade de corresponder aos ditames superiores que desejam que nossos corações estejam em sintonia com a fraternidade do universo. Nossas irmãs precisarão vencer a barreira natural que as mantém naturalmente um pouco amedrontadas, mesmo que contem com sua cooperação, no sentido da sintonia adequada.

O receio ou a falta de serenidade para a compreensão da amplitude dessa hora podem pôr a perder longos períodos de preparação que nos custaram muito esforço.

Enquanto Germano ia falando, Gertrudes – que não o escutava com os ouvidos físicos – ia recolhendo as suas ideias como se estivesse a conversar consigo mesma:

— É, hoje é o dia em que Marieta e Jandira iniciarão a execução de nosso plano. Não deve ser fácil para elas ser os veículos de manifestação dessas inteligências visitantes. Fico pensando que, se fosse eu a perceber-lhes a presença, talvez me dispusesse a fugir do trabalho pelos mesmos motivos que elas alegaram em nossa primeira conversa. Embasando nossos esforços, temos os dirigentes espirituais que, se estão permitindo que isso aconteça, não é sem motivo.

— Então, filha – voltava Germano, dando tempo a que Gertrudes acolhesse suas intuições e raciocinasse com ele –, isso é uma grande verdade. Tudo o que está acontecendo é fruto de um longo esforço de todos nós com um objetivo certo. E o que você, como dirigente deste grupo, pode fazer para os Espíritos e as nossas duas dedicadas irmãs?

Gertrudes recolheu a pergunta como se ela mesma estivesse questionando-se:

— Então, Gertrudes – dizia consigo –, se não deve ser fácil para ninguém, o que é que você pode fazer para diminuir os obstáculos e ajudar as meninas? Certamente eu ia querer estar em um ambiente menos público, longe da curiosidade natural de meus amigos e vizinhos de cadeira, despreocupada com o que pudessem escutar e com a interferência mental negativa que poderia colocar em risco a delicada sintonia do intercâmbio mediúnico.

Feliz com o próprio pensamento, acatando a reflexão e o chamamento de Germano, Gertrudes logo teve uma ideia:

— Acho que seria adequado que Marieta e Jandira não se sentassem à mesa, junto com os demais médiuns como costuma acontecer em todas as reuniões. Colocando-as em uma mesinha separada do grupo, propiciaremos que permaneçam unidas ao trabalho, ao mesmo tempo em que as isolaremos da participação involuntária de qualquer curioso que, de rabo de ouvido, escute alguma coisa muito diferente.

Aprovando a solução da esclarecida dirigente, Germano fez incidir sobre o seu centro cerebral um jato de energias estimulantes, comunicando-lhe sua concordância por meio de uma alegria interior que brotou, pura, na alma de Gertrudes.

— Isso mesmo, minha filha – exclamou ele. Será muito útil que as duas amigas estejam um pouco afastadas do grupo para que a delicadeza da tarefa não seja prejudicada por acidentes de percurso. No entanto, isso precisa ser feito de modo a não levantar suspeitas na curiosidade dos outros trabalhadores que, como seres humanos, certamente quererão saber o porquê das mudanças. Muitos carregam a alma marcada por frustrações e recalques, complexos de inferioridade ou limitações de personalidade que não entendem nenhuma modificação de rotinas envolvendo outras pessoas. Logo imaginam que se trata de privilégios ou proteções, preferências ou favores inconcebíveis. Por essas brechas no pensamento, entidades inferiores podem penetrar e perturbar o equilíbrio do grupo. Qualquer ideia menos elevada é foco de possíveis desentendimentos, muitos dos quais ocorrem fora da casa espírita, através dos telefones e correios eletrônicos por meio dos quais os descontentes ou insatisfeitos se unem em grupinhos desajustados e passam a se apoiar em comentários caluniosos ou negativos, tornando-se adversários do trabalho.

— Preciso ter cuidado – pensou Gertrudes com seriedade –, a fim de não criar problemas maiores com uma atitude aparentemente inocente.

Depois de pensar mais um pouco, logo lhe ocorreu a solução.

— Já sei. Como Marieta estará em sintonia espiritual, podendo, inclusive, escrever o que estiver vendo ou escutando, justificarei a medida explicando que vem apresentando inclinação para o desenvolvimento da psicografia e, por isso, iniciaremos um treinamento dessa faculdade, com o apoio de Jandira. Assim, não haverá estranheza no fato da colocação de ambas na mesa em separado, fora do circuito mediúnico normal para os fenômenos da psicofonia. Acho que ninguém vai estranhar essa medida.

E tão depressa lhe chegou a ideia à cabeça, Gertrudes pôs mãos à obra, saindo em busca do referido móvel com duas cadeiras para acomodá-las no mesmo ambiente de trabalho mas, suficientemente distantes do contingente maior dos trabalhadores, garantindo-lhes serenidade e despreocupação para que melhor se empenhassem nos objetivos conhecidos.

Quando os trabalhadores do grupo iam chegando, portanto, já encontravam tudo pronto e dona Gertrudes a postos, dando o exemplo de disciplina e seriedade, correção e zelo, abraçando cada um deles nas boas-vindas que representam o cartão de visitas sincero entre irmãos que compartilham do mesmo ideal de servir.

Cada qual acostumado a sentar-se em um lugar específico, segundo as atividades mediúnicas de esclarecimento ou de doação de energias a que se ofereciam, iam tomando seus assentos.

Poucos notaram a discreta presença da mesa ao largo da sala.

Seguindo as disciplinas estabelecidas pelos Espíritos dirigentes, o local não era para conversas sociais. Era momento de introspecção e concentração, visando à sintonização com as energias do ambiente e à harmonização com os mentores responsáveis por cada trabalhador, os guardiães e garantidores do equilíbrio para o desempenho das tarefas a que cada um estivesse ligado. Se a conversa não era permitida, a leitura era estimulada até o início da reunião. Leitura elevada, instrutiva, alentadora, ajudando o próprio trabalhador na conquista de experiência e educação para si próprio. Muitos deles chegavam para o trabalho acossados por dores íntimas, feridos na emoção pessoal, assoberbados por conflitos familiares, vítimas da perseguição de muitas entidades que pretendiam afastá-los da lida espiritual, apertando-lhes o cerco e o tormento visando a abater-lhes o ânimo.

Tarimbados com tais estratégias, os cooperadores encarnados haviam desenvolvido certo grau de disciplina que servia como barreira segura contra as investidas da maré invisível proveniente dos Espíritos inferiores, numa espécie de quebra-mar suficientemente robusto para resistir às ondas desfavoráveis, sem ceder aos estados de abatimento, cansaço ou desgosto.

Cada um que chegava era envolvido por Gertrudes numa atmosfera de afabilidade e energia positiva, que se interessava pelo estado pessoal do trabalhador, observando-lhe as condições gerais para o desempenho da tarefa, além de receber deles pedidos de oração específica por algum aflito. De outros, escutava notícias sobre as sensações orgânicas que lhes fustigavam o corpo justamente nas horas que antecediam a tarefa da semana, sempre lhes ofertando esclarecimento seguro e dando-lhes serenidade para as atividades por começar.

Foi assim que, com a mesma naturalidade, viu chegar Marieta e Jandira. Depois dos cumprimentos rápidos, puxou-as de lado e informou, sem maiores detalhes:

— Filhas, por motivos que vocês conhecem, a partir de hoje ambas se sentarão numa mesinha lateral, afastadas da curiosidade dos demais. Dirijam-se para lá. Já deixei papel e caneta para as necessárias anotações. Permaneçam em oração e não falem com ninguém. Antes de começar o trabalho, explicarei a todos o motivo de nossa medida. Entenderam?

Uma sensação de alívio percorreu o ânimo das duas trabalhadoras.

— Ah! a senhora não sabe o bem que essa medida me proporciona, dona Gertrudes – disse a médium Marieta.

— Ainda mais a mim – completou Jandira, igualmente acalmada. Parece que a senhora escutou as minhas preces. Ainda agora, nós duas conversávamos enquanto vínhamos para cá, sobre as dificuldades do trabalho de hoje, falando justamente sobre esse problema, dentre outros.

— Pois já está resolvido. E depois que tudo acabar, não conversem sobre o resultado com mais ninguém, a não ser comigo. Combinado?

— Combinado, dona Gertrudes.

Entraram rapidamente e foram conduzidas pela dirigente até a mesinha lateral onde se sentaram, posicionando-se em sintonia para o início das atividades.

Assim que o fizeram, Espíritos amigos envolveram-nas em uma espécie de bolha vibratória de isolamento. Dois ambientes estavam consolidados, de maneira que em cada um deles se desenvolveria uma atividade própria, sem interferências prejudiciais.

Dentre os trabalhadores presentes, apesar de todas as advertências da disciplina normal dos trabalhos, duas senhoras que se mantinham de olhos abertos viram quando Gertrudes encaminhou as recém-chegadas à mesa lateral.

Eram Laura e Neide, que observavam o fato.

Os Espíritos protetores que trabalhavam o equilíbrio de ambas logo se ressentiram do choque magnético produzido pela inversão da corrente mental nascida na mente descontrolada e invigilante de ambas. Isso porque, em vez de continuar a usar o pensamento no sentido positivo da afinidade vibratória, ambas se desconectaram da prece e da elevação para ajuizar do motivo pelo qual as duas outras, Marieta e Jandira, estavam sendo destacadas do grupo.

Laura, indisciplinada, logo pensou:

— Ah! o que aconteceu para essas duas estar ali? Um grupinho especial dentro do grupo? Por que Gertrudes as está privilegiando? Por que não fui a escolhida para lá estar? Ah! essas duas devem estar se achando as maiores. É assim que as divisões começam. Não é de se espantar se, daqui a algum tempo, o grupo rachar, com comportamentos discriminatórios como esse.

Ao lado de Laura, a sua amiga Neide também dava asas ao pensamento.

— O que será que aconteceu com essas duas? Devem ter feito alguma coisa errada para ser colocadas longe do grupo. Puxa vida! e ninguém me falou nada. Preciso saber o que aconteceu, porque não é normal que dona Gertrudes afaste algum trabalhador das rotinas do serviço. Se estão ali, isoladas, é porque fizeram alguma coisa feia. Mais alguém deve estar sabendo. Depois do trabalho, vou ligar para Laura e perguntar. Essa dona Gertrudes é fogo, viu? Parece uma sargentona. Ah! se fosse comigo, não ia aceitar essa discriminação passivamente, não. Isto é uma vergonha, ficar assim, afastada dos outros. Parece coisa de criminoso. Credo. Se algum dia fizer isso comigo, ou me explica direitinho o motivo ou nunca mais volto aqui.

Como se via, o pensamento que deveria estar em sintonia com as entidades amigas que cuidavam da preparação mental para o trabalho, perdia-se na mesquinharia dessas duas almas que, apesar de se dizer dedicadas ao trabalho do bem, recusavam-se sistematicamente a se controlar, dominando a direção do pensamento, demonstrando as torpezas interiores que lhes marcava a personalidade imatura, cultivadas por uma vida de facilidades materiais, frustrações afetivas e carências emocionais de todos os tipos, próprias da alma que cultiva a vaidade e o orgulho.

Ambas, apesar de se dizer trabalhadoras espíritas, recusavam-se a promover a reforma dos próprios defeitos.

Com isso, seus mentores espirituais sofriam muito porque, semana após semana, precisavam drenar da atmosfera psíquica de cada uma viscoso caldo de negra substância mental, tentando mais bem prepará-las para que conseguissem algum intercâmbio com o mundo invisível. E quando isso ocorria a contento, as entidades que por elas se manifestavam eram Espíritos inferiores, que orbitavam suas psicosferas pessoais, atraídos pelos ciúmes ou mau juízos que faziam dos outros.

Isso só foi atenuado quando dona Gertrudes, dirigindo os trabalhos, tomou a palavra e, antes de iniciar a reunião, explicou a todos sobre a medida diferente naquela noite, alegando a experiência da escrita como motivo para colocar as duas trabalhadoras longe dos demais.

Mesmo com a explicação convincente de Gertrudes, porém, Laura e Neide não se libertaram da própria maldade.

A primeira, antes de se entregar à oração inicial, ainda pensou consigo mesma:

— É, pode ser por causa da psicografia, mas que devem ser queridinhas da Gertrudes, isso devem ser. Por que ela não fez isso comigo? Eu também gostaria de ser médium de psicografia.

E enquanto isso acontecia na cabeça de Laura, sua amiga Neide meditava:

— Tudo bem, isso pode parecer um bom motivo, mas... quem garante que não seja só uma desculpinha bem arrumada para isolar quem fez alguma coisa de errado? É... essa dona Gertrudes não dá ponto sem nó... onde há fumaça há fogo... - bem, mas deixa eu rezar porque o trabalho começa e hoje é dia de me limpar das urucas que me perseguem durante a semana.

Assim, organizado o trabalho de maneira segura e consciente pela dirigente encarnada, cabia agora ao mundo invisível dar prosseguimento aos seus planos, auxiliando a todos nas percepções mediúnicas que facilitassem o atendimento das aflições de entidades necessitadas ou que permitissem a chegada das orientações elevadas direcionadas a cada um dos presentes, ainda que Laura e Neide sempre achassem que não precisavam de nenhuma mudança, por se considerar preparadas para o ingresso nos planos superiores.

Junto à mesa de Marieta e Jandira, posicionara-se o dirigente espiritual Germano para ampará-las, deixando ao controle de seu auxiliar Eriberto a condução das demais tarefas ligadas aos outros médiuns e dialogadores da noite.

Com o mesmo critério de amor e energia, Germano criara o campo mental próprio para que entidades visitantes lograssem se corresponder através da sensibilidade de Marieta.

Por conhecer as delicadas tessituras da mediunidade, o dirigente do trabalho, em harmonia com o administrador da faculdade mediúnica de Marieta, decidiram utilizar-se, inicialmente, do mecanismo da vidência consciente, induzindo o perispírito da médium a um leve afastamento do próprio corpo, facilitando captações das vibrações do plano menos denso. Então, como uma sonâmbula em transe superficial, Marieta poderia ver as entidades visitantes, ouvir suas explicações, usando seu aparelho fonador para descrever o que fosse importante, ao mesmo tempo em que recolheria as perguntas de Jandira pelos canais auditivos, respondendo-as para que a amiga anotasse.

Restava, agora, envolver Jandira na atmosfera adequada para que não tolhesse a espontânea manifestação das entidades visitantes nem se permitisse perguntas incompatíveis com os elevados objetivos.

Se tudo corresse bem, essa seria a primeira de muitas outras experiências capazes de produzir bons frutos para ambos os lados da vida.

Diretamente ligado à mente de Jandira, Germano passou a influenciar o centro do pensamento e da fala por meio de cordões fluídicos robustos, infundindo serenidade e confiança àquela que faria o papel de conduzir a entrevista.

E quando a reunião mediúnica se iniciou, Germano trazia delineados os principais temas para semeá-los na mente da dialogadora, usando-a como ferramenta de investigação.

A entrevista

24

COM O AMPARO DOS ESPÍRITOS RESPONSÁVEIS PELO trabalho que se programara para aquela noite, Marieta e Jandira passaram à atividade que, aos olhares de todos, se destinava aos treinos da psicografia, mas que, em realidade, propiciaria o recolhimento das primeiras informações sobre aquelas entidades diferentes.

Como haviam combinado, Marieta, através de suas faculdades mediúnicas observaria a melhor maneira de proceder, aquela que lhe parecesse mais natural. Para tanto, Germano facilitou-lhe a percepção espiritual através da vidência, intuindo-a para que começasse a relatar o ambiente enquanto Jandira anotaria as informações. Com a sintonia harmonizada pelo exercício da vidência, certamente a médium se soltaria de forma mais fácil, aquecendo-se para a obtenção das informações mais detalhadas pelo apertar dos laços mediúnicos graças à aproximação entre o comunicante e os encarnados.

Assim, começou a relatar o que estava visualizando, dados que iam sendo colocados no papel pela amiga atenta:

— Ao nosso redor, vejo um campo de energias diferentes, como se fosse um globo plástico de grandes proporções, dentro do qual se encontram nossos mentores costumeiros e alguns seres diferentes. Sim, são vários. Parece que resolveram apresentar-se mais claramente, como se desejassem que soubéssemos como são. São de diversas estaturas e tipos. Alguns são bem altos e magros, com membros alongados e cabeça em forma de pera ou "gota d'água" invertida. Outros são bem mais baixinhos, mais ou menos da altura da maçaneta da porta. Estes possuem o corpo mais robusto e a cabeça é mais volumosa, lembrando um pouco uma cebola grande. No entanto, apesar de parecerem estranhos, ambos possuem tronco e membros que lhes dão um todo harmônico, apesar de diferente dos humanos. Em ambos, as linhas do rosto são marcadas pela quase ausência de boca e de nariz, existindo, apenas, pequenas aberturas no que seriam as nossas narinas e uma fenda delicada e discreta, sem lábios, na altura de nossa boca. Aquilo que em nós chamamos de pele, nestes dois é algo que se parece com uma película de filme plástico maleável e que lhe dá certa transparência e leveza. Essa transparência não é desagradável porque, em vez de me permitir ver-lhe as entranhas (como seria no caso de um corpo humano), deixa sair de dentro deles uma luminosidade agradável, como se na altura do coração houvesse um tipo de radiação prata-azulada que ajuda a delimitar-lhes o contorno externo. Às vezes, o alto e o baixo trocam algum tipo de informação porque, sem que precisem falar, olham um para o outro e fazem pequenos gestos. Creio que falam através do pensamento.

Parece-me que o responsável por trazer as informações nesta noite é o mais alto.

Está indicando que dentro desta bolha, mais ao longe de nós, outros tipos de seres estão postados para minha visualização. Esses são bem diferentes e, segundo suas instruções, foram plasmados para que pudesse vê-los em detalhes. Seriam criações mentais modeladas por sua vontade para que conhecesse outros tipos de seres, em outros níveis evolutivos.

Um deles possui a forma humana, mas tem cabeça parecida com um dinossauro, desses de filme. Talvez a palavra mais adequada fosse um tipo de cabeça de lagarto. Para você entender melhor, Jandira, imagine um homem que colocasse na cabeça uma máscara de lagarto, com aquela pele mais grossa parecendo escamas. Então, é mais ou menos parecido com isso. Segundo me informa nosso irmão mais magro, trata-se de outras espécies de seres que são menos avançadas. Realmente, eles não emitem nenhuma luminosidade, apresentando uma aparência mais rústica sem, no entanto, parecer agressivos. O que está ao lado do cabeça de lagarto, aos meus olhos, tem a cabeça parecida com um dos nossos insetos, com aqueles olhões saltados para as laterais.

Segundo me explica o "magro", existem seres extraterrestres em todas os sistemas e galáxias, cada qual em um estágio de evolução. Por algum mecanismo que desconheço, me faz visualizar um ambiente muito lindo, com vastas áreas verdes, árvores altas e com grossas cascas, mulheres com longos cabelos, olhos grandes, manipulando a água em uma harmoniosa convivência com o local. Diferentes dos humanos da Terra, cuja ideia de vida material lhes dá a impressão de estar apartados da natureza, tais seres se integram completamente nela, de onde retiram as próprias forças e são capazes de atuar como condensadores de vida, auxiliando na modificação do próprio ambiente. Para que a gente entenda, ele está dizendo que essas pessoas detêm conhecimentos muito avançados que as capacitam para edificar, naquele ambiente, verdadeiros palácios. No entanto, integrados aos seres daquele orbe, preferem edificar suas casas junto à própria natureza e o fazem de maneira muito bonita. Quando desejam fixar-se em alguma moradia, trazem algumas sementes de plantas que não existem na Terra e as semeiam no local, em pontos estratégicos. Depois, à medida que vão germinando, usando as próprias mãos e o poder de que desfrutam pela integração completa com a vida natural, aceleram o crescimento das plantas enquanto vão modelando o conjunto, fazendo surgir paredes de troncos e galhos, claraboias para iluminação, passagens apropriadas para o trânsito e a ventilação, lugares para a convivência e repouso, tudo dentro das necessidades daquele orbe e de seus habitantes. A característica mais impressionante é a de que as plantas, sentindo o desejo dos que as manipulam, crescem com as folhas mais robustas e escuras do lado de fora, protegendo e acumulando calor, enquanto que deixam para o revestimento interno aquelas folhinhas mais tenras e novas, cujo verde mais claro auxilia na iluminação natural. Em harmonia com os seres viventes naquele ambiente, o teto das casas floresce sempre que os seus moradores estejam felizes (segundo nossa linguagem, vamos dizer assim – fala o magro). A natureza, pois, é um termômetro das emoções desses seres, de forma que a "vizinhança" identifica quando alguém não está tão bem e, assim, todos se preocupam em ir em seu auxílio para restabelecer-lhe o ânimo.

O "magro" está dizendo as coisas desse jeito por falta de melhores elementos de comparação com a nossa vida na Terra. Naturalmente que a vida dessas comunidades tem outras dinâmicas, e os relacionamentos entre as pessoas têm peculiaridades bem distintas das dos humanos. No entanto, é para que a gente possa entender um pouco como são as coisas nesse mundo que ele as está descrevendo dessa maneira. É como se a gente fosse para uma aldeia na floresta cujos moradores nunca houvessem visto uma televisão. Então, para lhes explicar o que é, disséssemos que existe em nosso mundo uma caixa de madeira onde homenzinhos ficam falando, conversando, vivendo lá dentro para a gente ver.

Demonstrando entender que os objetivos da noite estavam ligados a um primeiro entendimento, a entidade visitante interrompeu sua explanação genérica, deixando Marieta intrigada com seu silêncio.

— Jandira, ele parou de falar.

Nosso mentor se aproximou dele e, agora, ambos estão se aproximando de mim para conectar-se através da mediunidade e responder às suas perguntas – falou a médium, confiante e serena.

— Ai, meu Jesus, me ajude agora, Senhor – exclamou Jandira.

— Germano vai auxiliá-la, não se preocupe – respondeu a amiga.

Marieta sentiu o contato vibratório diferente a envolvê-la, sabendo que Germano controlava o processo mediúnico em curso. Exteriorizado parcialmente em relação ao próprio corpo, seu Espírito cedeu o ambiente físico à ação mental da entidade visitante que, assessorada pelo amigo espiritual responsável, estabeleceu sintonia com o campo ativo do cérebro da médium, o qual passaria a utilizar para a resposta as perguntas que lhe fossem dirigidas.

— Boa noite, minha irmã – falou através da voz de Marieta.

— Bo... boa noite, meu senhor – respondeu Jandira, ainda um pouco inibida.

— Sou seu irmão também, e aqui estou para corresponder ao seu desejo de saber.

— Bem, posso fazer algumas perguntas que preparei para hoje?

— Sim, nosso irmão dirigente já me havia informado sobre elas e estamos abertos para o entendimento.

— Então, disse Jandira, o irmão me desculpe a ignorância mas, como é a primeira vez que a gente conversa com gente de outro mundo... bem... de outro mundo a gente conversa sempre aqui nos trabalhos do centro, explicou, meio confusa – digo que é a primeira vez que a gente conversa com um ser de outro planeta, então, queria saber se o irmão poderia informar a sua natureza física? Faz parte dos que não possuem corpo material ou está entre nós como alguém que tem corpo físico e se mantém invisível aos nossos olhos?

— Estamos aqui na condição de seres encarnados, dotados de um corpo físico muito mais sutil do que o corpo humano. Nossa constituição física é bem mais simples do que o corpo de vocês. Não precisamos de tantos órgãos ou sistemas, como aqueles que vocês têm para absorção de alimentos e sua distribuição. Como não nos alimentamos nem de substâncias sólidas nem de líquidos, não necessitamos do conjunto de estruturas biológicas que os transformem e direcionem às unidades celulares, como é o caso de vocês. Alimentamo-nos de energias, vibrações, o que também transforma nosso "organismo físico" em um corpo mais tênue. Quanto mais os mundos evoluem, mais delicado vai-se tornando o corpo físico. Com relação à invisibilidade, nosso corpo tem características que podem ser visíveis a todos. O que acontece, é que nem todos os aparelhos de visualização estão preparados para identificá-lo já que a capacidade de captação dos instrumentos óticos dos seres vivos na Terra é diferente. Os seres humanos captam apenas estreita faixa do espectro luminoso. Já alguns dos seres dos reinos inferiores ao humano possuem sensibilidade mais acurada na identificação de outros campos de vibração física, fazendo com que certos animais consigam nos identificar visualmente a presença.

Aproveitando a resposta e intuída por Germano, Jandira argumentou:

— Sim, mas tem gente que diz que já viu vocês com os olhos do corpo físico mesmo...

— É verdade. Apesar de nossos corpos serem bem mais sutis, compostos de matéria muito semelhante ao do que vocês chamam de perispírito, podemos usar energia do ambiente e dos próprios humanos e adensar a nossa forma física. Nosso corpo, que é feito dessa matéria mais depurada, possui em sua constituição algumas moléculas de carbono que, nas circunstâncias adequadas e com a combinação com outros tipos de energias, torna-se mais densa e passa ao nível de percepção do aparelho visual dos seres terrenos. Já as nossas naves são feitas de matéria mais densa e podem ser visíveis aos olhos físicos. Para diminuir a possibilidade de identificação, navegam em uma altitude muito elevada para se camuflar na própria atmosfera luminosa, ao mesmo tempo em que podem, usando mecanismos próprios, passar a um estágio que vocês chamariam de invisibilidade.

— Se o corpo de vocês é assim, modelável, vocês podem plasmar-se aos nossos olhos como se fossem seres humanos?

— Sim. Atendendo ao mesmo mecanismo de controle da forma, podemos adotar nossa aparência como o desejarmos. Não o fazemos com muita constância no plano físico, uma vez que isso consumiria quantidade maior de energia, o que seria difícil sustentar. Preferimos usar esse mecanismo metamórfico quando os homens se acercam de nós durante o repouso do corpo. O ambiente onde nos encontramos permite, então, que nos modifiquemos na aparência para que nos entendamos com os homens durante o sono, isso quando há permissão daqueles que nos dirigem. Algumas vezes, usamos essa técnica para auxiliar pesquisadores e cientistas no desenvolvimento de suas pesquisas. Quando estão receptivos à nossa influência, algumas vezes nos apresentamos a eles durante o sono, na forma de cientistas já falecidos, nas áreas específicas dos assuntos que estejam pesquisando, a fim de que nossas sugestões sejam acolhidas sem sustos ou surpresas, passando a ter um valor maior na lembrança que arquivam depois que acordam. Isso os estimula a continuar por aquele caminho ou os alerta a mudar o rumo de suas pesquisas, embasados na certeza de que alguém que admiram os está auxiliando e inspirando. Nada impede que o Espírito do próprio cientista já morto o faça, acercando-se também e produzindo a mesma sensação. No entanto, o campo de trabalho é tão vasto que, ligados aos mesmos objetivos, algumas vezes nos é permitido usar essa técnica de influenciação positiva.

O silêncio indicou que o visitante já havia dito o suficiente.

Jandira, então, intuída por Germano, passou à próxima dúvida:

— Você disse que não se alimenta nem de sólidos nem de líquidos. Há, porém, algum tipo de alimentação que vocês usam?

— Quando estamos fora de nosso ambiente, em visita de trabalho a outros orbes como agora na Terra, obedecendo aos nossos superiores, deslocamo-nos aos vales ou a ambientes da natureza terrestre que não tenham sofrido a modificação humana, para ali nos abastecermos das forças da própria natureza, em sua forma pura. Quando os homens modificam o ambiente pela construção de cidades, vilarejos, rodovias ou obras de engenharia, inserem no campo da natureza uma atmosfera vibratória diferenciada, carregada de pensamentos e sentimentos conflituosos, desnaturando a harmonia original. Como ainda não se equilibraram, espiritualmente falando, e nem são capazes de viver integrados no seio de onde sugam o leite da vida, as interferências humanas no meio ambiente costumam poluir as energias circunvizinhas, ainda que, segundo o questionável ponto de vista da estética humana, embelezem o panorama.

Para que entenda, imagine o ser humano destituído de audição. Se construísse uma grande cachoeira, de um primor visual imaculado e inspirador, certamente acharia que fez uma obra maravilhosa para o seu nível de percepção. No entanto, como não escuta o seu rugir infindável, não faz ideia da tragédia auditiva que criou para todos os seres que desfrutavam da beleza do silêncio daquele ambiente paradisíaco, transformado, agora, num inferno barulhento, graças à "grande obra de arte" inventada pelos humanos. Para reencontrarem o precioso silêncio, os incomodados pelo rugir incessante das águas violentas precisarão procurar afastar-se dali, por causa da "obra prima de engenharia" dos surdos.

É por isso que precisamos de um lugar que guarde a virgindade vibratória, onde nos sintonizamos com essas forças e nos abastecemos por um período. Observamos nesse processo o sistema de rodízio, garantindo a todos os que precisam desse alimento a possibilidade de encontrá-lo.

— Meu irmão, segundo a médium nos revelou há pouco pelo processo da vidência, alguns de vocês são altos e esguios, outros são pequeninos e um pouco mais robustos, parecendo existir diferentes espécies entre vocês. Todos vêm do mesmo lugar?

— Do mesmo modo que aconteceu com o ser humano em seus primórdios, quando começou a andar, existem diferenças físicas entre nós que lembram a mesma raça, mas mostram a sua evolução no tempo. Alguns de nós somos a evolução do que vocês são hoje e vocês são, agora, o que nós já fomos um dia. Essas diferenças acontecem pela evolução do Espírito, pelo desprendimento que, pouco a pouco, vai acontecendo com relação ao físico, chegando ao ponto de não precisarmos mais nos diferenciar um do outro pelo aspecto exterior. Somente nos diferencia e nos marca a personalidade aquilo que carregamos em nosso interior. Algum de vocês poderia poetizar dizendo que só nos distinguimos pelas qualidades do coração. Conforme a Terra evolui, os que a habitam também se transformarão. No passado, os homens possuíam dentes robustos, arcadas proeminentes, cabeça pequena, corpo peludo, adequados às suas necessidades básicas de sobrevivência. Hoje, tais características já não existem mais. Se você, minha irmã, com a aparência que tem hoje, fosse transportada para aqueles tempos e chegasse à porta de uma caverna desse Neandertal, certamente seria considerada extraterrestre. Entretanto, hoje você é o resultado da transformação deles mesmos.

Assim, pouco a pouco, os corpos vão perdendo os órgãos de que não precisam, pela evolução que vão conquistando. Diminuirão a ingestão de carnes e, por isso, a dentição, não precisando ser tão robusta, gradualmente, irá se reduzindo. Se não há tanta necessidade de força para a mordida, os dentes vão perdendo a função e o maxilar que os sustenta vai deixando de ser uma ferramenta útil para triturar alimentos, começando a perder dimensão. Isso vai remodelar o formato do rosto e da cabeça dos seres do futuro, e assim por diante. À medida que o homem desenvolve o conhecimento sobre o pensamento e avança em tecnologias, seu cérebro passa a ser mais exigido e a caixa craniana precisa comportar um volume maior para um "computador cerebral" mais potente. Isso acontece na tecnologia moderna que desenvolveram, nos chamados gabinetes das unidades de computador.

Quanto mais placas e circuitos se façam necessários para ampliar a capacidade de armazenamento e as funções da máquina, maior precisa ser o gabinete no qual tudo estará encerrado. Então, será natural o crescimento craniano, coisa que já é observada pelos antropólogos ao avaliar os diversos crânios humanos encontrados na Terra, ao longo dos milhões de anos. O homem de hoje seria considerado pelos homens primitivos como um "ET cabeçudo", em discrepância com os primatas cujo corpo, então, mais se parecia com o do selvagem gorila do que com o do homem da cidade. E assim se dá com todos os seres em evolução nos diversos orbes habitados. Cada qual tem seu processo e isso faz com que existam algumas diferenças dentre nossas aparências, indicando pertencermos a humanidades que evoluíram por linhas diferentes.

— Como vocês, sendo encarnados, veem o mundo espiritual, ou seja, como é o relacionamento entre vocês e os Espíritos que também são invisíveis para nossos olhos físicos? Vocês se veem, estão na mesma dimensão vibratória ou não?

— Bem, a esse respeito, posso dizer que os Espíritos – como vocês os chamam – nos veem sempre, mas nós só podemos enxergá-los quando eles nos permitem. Por exemplo: aqui nesta casa espírita, quando chegamos, estacionamos do lado de fora, aguardando que sejamos identificados pelos dirigentes e entidades espirituais que se acham em dimensão diferente da nossa. Assim, quando aceitam a nossa visita, tornam-se visíveis e nos convidam para ingressar. Nos trabalhos dessa instituição, só vemos os encarnados e os Espíritos que se permitem ver. Naturalmente somos invisíveis a vocês, mas não a eles, que nos veem sempre. A esse respeito, o dirigente espiritual deste encontro me informa que estamos chegando ao final de nosso entendimento de hoje. Por isso, atendendo à orientação que nos envia, aguardaremos outra oportunidade para a continuação do tema.

— Puxa vida! mas que pena... - afirmou Jandira - agora que eu estava esquentando nas perguntas!

A entidade não pronunciou mais nenhuma palavra, eis que, com o auxílio de Germano, desligara-se da médium Marieta, de regresso ao corpo físico.

Na outra mesa, os trabalhos mediúnicos se encaminhavam para o final, aguardando-se, apenas, a comunicação do próprio Germano, que encerraria os trabalhos como de costume.

Assim que se deu a comunicação do mentor do grupo, Gertrudes fez a oração de agradecimento e liberou a todos para os rápidos comentários que antecipavam as despedidas.

Como haviam combinado, Marieta e Jandira nada disseram, limitando-se a escutar as notícias sobre os diversos atendimentos da noite. Por fim, encerrada a jornada semanal, o grupo dispersou-se, cada um voltando às rotinas pessoais, não sem antes proceder às naturais despedidas e ajustes para a reunião da próxima semana. Enquanto todos saíam, Laura e Neide observaram de relance os papéis sobre a mesa lateral, procurando indícios de terem sido realmente manipulados, numa confirmação ou não das palavras iniciais da dirigente

Gertrudes. Não tiveram a coragem de perguntar algo sobre o sucesso da empreitada, limitando-se a sair da sala, cada uma carregando um inseto diferente atrás da orelha, mas ambos pertencentes ao mesmo gênero da "pulga da bisbilhotice".

25

Muita gente e nenhuma gente

ENQUANTO ISSO IA ACONTECENDO POR UM LADO, JERÔNImo e Adelino continuavam a tarefa de visitar outras instituições espíritas com o intuito de auxiliar seus membros a despertarem para as importantes questões transformadoras.

Quando chegaram ao destino, perto do horário marcado para o início da reunião dos encarnados, o mundo espiritual se achava em polvorosa. Diferente de outros períodos do ano quando as necessidades eram grandes, mas contornáveis, aqueles dias especiais retratavam um verdadeiro dilúvio de almas.

Já à entrada da instituição, imenso aglomerado de Espíritos queria invadir o local, alegando direitos de penetrarem. Outros lançavam impropérios contra a instituição espírita que, no plano vibratório, achava-se envolvida por um halo de intensas luzes cuja finalidade era a de servir de farol de esperanças para os perdidos e, ao mesmo tempo, de proteção contra os ataques dos mais empedernidos.

Ali estavam seres espirituais confundidos pela ignorância ao lado de devotadas criaturas desejando amparar-lhes as dores, sendo que nem todos os aflitos poderiam ser recolhidos nem as entidades amigas poderiam atender à integralidade dos necessitados, por lhes faltarem recursos magnético-fluídicos.

Então, os responsáveis pela vigilância espiritual se antecipavam, estabelecendo barreiras de contenção a uma grande distância, pelas quais só poderiam passar aquelas almas que já vibrassem de maneira sincera no sentido da própria renovação.

Só as criaturas sinceramente arrependidas e efetivamente cansadas do sofrimento demonstravam o tônus adequado que lhes permitia vencer as linhas defensivas, as quais, ao contrário, barravam todos os que em seu íntimo agasalhassem a menor inclinação para a revolta ou insensatez.

Mesmo com essa medida, a instituição se via assoberbada por multidão que lhe chegara em busca dos recursos celestes

A equipe dos trabalhadores invisíveis lutava, atuando no sentido de atender a todos.

Improvisavam socorros espirituais, separando em grupos os que chegavam, segundo seus problemas específicos, para setorizar os esforços e torná-los mais eficientes, na falta de melhores possibilidades naquele período.

Adelino e Jerônimo, assim que ali aportaram, viram a correria organizada e, como singelos visitantes que eram, procuraram o dirigente espiritual da instituição, alma valorosa que há algumas décadas tomara a seu cargo a orientação dos encarnados e a coordenação as atividades.

Encontraram Leonardo entretido com a solução de inumeráveis questões que lhe requisitavam encaminhamento imediato e, assim, esperaram um intervalo para o entendimento fraterno iniciado através de cordial abraço.

— Obrigado por terem aguardado e desculpem-me não tê-los atendido de imediato. É que, como vocês estão vendo, somos poucos servidores em noite de muito serviço.

— Sim, não temos nada a desculpar – respondeu Jerônimo, sincero. Viemos esta noite para o cumprimento de mandato recebido de Bezerra, que nos incumbiu da visita às instituições espíritas para realçar a necessidade da união de esforços para que se preparem e mantenham equilíbrio e discernimento nas horas tormentosas que se aproximam, com vistas à transformação moral inadiável.

— Medida das mais importantes, caros amigos. Sem dúvida, o amor de Deus se desdobra para que nenhum de seus filhos esteja desavisado – ponderou Leonardo.

— Esperávamos cooperar hoje na reunião mediúnica dos irmãos encarnados mas, vendo o montante das lutas presentes, eu e Adelino o procuramos como cooperadores da obra, oferecendo nossos préstimos para ajudá-lo no atendimento.

— Deus ouviu as minhas orações mais secretas, queridos irmãos. Nunca perdemos por ter fé e pedir auxílio. Vocês, literalmente, caíram do céu.

— Não pense assim, querido Leonardo. Estamos para ajudar no que se fizer necessário. Conte conosco. Como não conhecemos suas maiores necessidades, esperamos que nos indique onde poderemos ser úteis.

— Se não lhes for pedir demais, gostaria que um de vocês nos ajudasse na organização dos atendimentos aos mais doentes que precisam de tratamentos profundos enquanto que o outro seria muito precioso na explanação de tema evangélico no grande salão, já que para lá estamos enviando milhares de almas que não dispõem do farol do raciocínio claro em questões da fé.

Surpreso com a informação, Jerônimo encaminhou Adelino para atender nas aplicações magnéticas específicas enquanto que, com a concordância do amigo, disponibilizou-se para ser útil na palavra de esperança aos aflitos.

— Pensei que vocês se utilizassem da cooperação do palestrante encarnado. Pelo menos é o que nos disseram quando nos informamos sobre as atividades desta instituição. As rotinas de atendimento nos foram apresentadas e foi com base nelas que resolvemos vir aqui hoje, procurando o abrigo de seu coração, Leonardo.

— Sim, Jerônimo, esta é nossa planificação normal. No entanto, como você pôde ver, estamos em um período anormal, quando o atendimento se multiplica e não podemos perder a oportunidade de ser úteis aos muitos Espíritos tão desesperados que nos procuram neste período.

— É... o carnaval é a grande data para nossos esforços no bem.

— Sim, é difícil encontrarmos outra na qual consigamos auxiliar a tantos aflitos como agora. Mas nem todos apreciam as horas generosas em que o trabalho se multiplica.

— Como assim?

— Ora! meu irmão, você não percebeu que, apesar dos milhares de amigos do sofrimento que temos sob nossa acolhida, preciso recorrer aos seus préstimos para a semeadura do evangelho da noite?

— Sim, pensava encontrar o tema sendo tratado pelo orador designado para a abordagem.

— Mas, como pode ver, ele não veio ao trabalho.

— Será verdade o que me diz? Talvez estivesse atrasado para os compromissos da noite, Leonardo. Algum outro trabalhador talvez pudesse substituí-lo na preleção.

— Sim, Jerônimo, consideramos esta hipótese, mas com pesar em nosso coração, não temos quem colocar em seu lugar. Na verdade, meu amigo, o atraso para o cumprimento dos compromissos é, na verdade, uma escolha de todos os dirigentes e trabalhadores da instituição. Observamos que eles não estão atrasados para os compromissos desta noite apenas. Estão atrasados para os compromissos desta *vida*. Acreditam que também podem desfrutar os prazeres do descanso, desculpando-se com a ideia de que não haverá nenhum encarnado para ser atendido nos dias de festas momescas.

Ainda que isso pudesse ser real – e não o é – se esquecem de que a tarefa se estende aos dois lados da vida, olvidando a multidão dos Espíritos aflitos que se aglomeram por aqui, sobretudo em um período tão especial como este.

A palavra do dirigente espiritual não apresentava nenhuma tonalidade de revolta ou recriminação. Vinha plasmada na mais pura fraternidade, que lastimava o desperdício dos encarnados a respeito do trabalho salvador, como o pai generoso que lamentava as omissões, sandices e desperdícios do filho irresponsável.

Jerônimo não estava informado dessa quebra de responsabilidades por parte do grupo como um todo.

No mesmo instante, sentiu a dor moral do dirigente esforçado que, sem nenhum azedume, tentava amparar como podia.

— É verdade, Jerônimo, que esse maior contingente de Espíritos nos procuraria de qualquer maneira, dadas as circunstâncias do momento no mundo das fantasias físicas. No entanto, se os encarnados aqui estivessem fazendo a parte que lhes foi atribuída, teríamos menos dificuldades no atendimento de tantas necessidades. Isto porque forneceriam fluidos vitais abundantes para atuarmos de maneira mais completa em favor de muitos irmãos de nosso plano que estão necessitando receber dose de tal abastecimento vibratório. Além disso, as possibilidades mediúnicas facilitariam o direcionamento dos grupos de aflitos para o contato do esclarecimento na hora adequada, multiplicando o amparo. O palestrante falaria aos encarnados aflitos e a desencarnados cuja lucidez permitisse entender o chamamento, já que a palavra é o grande remédio para a consciência, economizando o esforço de nossos médicos e enfermeiros, que tão somente encaminhariam as energias seguindo a força do verbo iluminado na medicação emocional que iria sendo plasmada por cada um ao escutar a mensagem de amor e esperança. Uma só boca economizaria centenas de mãos. Teríamos mais braços disponíveis para prosseguir atendendo em outras áreas. No entanto, como acharam desnecessário comparecer ao trabalho, suspendendo nossas atividades, repetindo hábitos já enraizados no Espírito preguiçoso que não quer serviço, os dirigentes materiais desta instituição têm desconsiderado nossas reiteradas orientações acerca das responsabilidades perante a obra de Deus.

E não é só nesses dias de feriados prolongados. Fazem das festas do calendário dos homens desculpas para interromper as atividades do centro espírita, além de garantir para si mesmos 15 a 20 dias de férias ao final de cada ano, como se trabalhassem em uma repartição pública das mais relaxadas.

Então, meu amigo, temos que nos bastar com a fé em Deus e o amparo de mãos generosas como as de vocês.

Depois de efetuarmos consulta a nossos superiores, estamos no aguardo de importante decisão que, ao que tudo indica, alterará as condições físicas de alguns de seus dirigentes a fim de que, assoberbados por dores e dificuldades que lhes parecerão intransponíveis, considerarão a hipótese de se afastar da direção do centro, abrindo espaço para que outros membros se disponham a compreender as necessidades espirituais e sigam nossas orientações a respeito. Caso também esses novos integrantes não se disponham a modificar o hábito do menor esforço, o próximo passo será deixá-los entregues a eles mesmos, para que o sofrimento coletivo os faça meditar com mais sabedoria, até que estejam decididos a assumir a condução de uma casa que não lhes pertence. Aguardamos, assim, para os próximos dias, a chegada da resposta solicitada aos nossos maiores.

Quanto a nós, Jerônimo, façamos o que nos é possível, porquanto a dimensão das dores reais não nos permite o descanso a que os vivos se entregam, apesar de dizer que precisam de trabalho. Temos muita gente invisível e nenhuma gente encarnada para atendê-los.

— Sim, Leonardo, vamos à obra do bem, fazendo de nossos esforços o algodão com o qual Jesus possa tratar das feridas abertas.

Encaminharam-se para o salão espiritual da instituição que, naquele instante, estava abarrotado de almas inquietas e esperançosas. Enquanto isso, o salão físico da casa de Deus estava entregue à poeira e aos insetos que se aproveitavam da ausência dos vivos para perambular despreocupados de um lado para o outro.

26

Um de cada vez

NO DIA IMEDIATO, JERÔNIMO E ADELINO, APÓS AS DESpedidas agradecidas de Leonardo, tinham acertada a participação em reunião espiritual de outra casa de oração localizada na mesma cidade.

Depois das decepções da noite anterior, quando não puderam cumprir o programa de orientações por ausência dos encarnados que os escutassem, Adelino perguntou ao amigo, sorrindo com simpatia:

— E hoje, Jerônimo, vamos encontrar algum centro espírita funcionando para que possamos pôr o nosso bloco na rua?

— Espero que sim, Adelino. Depois de ontem, além de consultar nossos registros, entrei em contato com o Espírito responsável pela obra desta noite para que não ocorresse coisa parecida.

— Não que não tenha gostado de ser útil, você sabe – disse Adelino. Mas é que nossa tarefa está ligada ao objetivo de inspirar os trabalhadores espíritas para a necessidade de despertarem mais rápido para a verdade.

— Sim, concordo plenamente com você. Já me comuniquei com Helena, nossa irmã dirigente, de quem recebi a confirmação de que o grupo mediúnico da instituição estará reunido nesta noite, apesar dos feriados do mundo.

— Oba, vamos ter serviço então...

— Também o espero.

A noite chegou rápida para os que têm compromissos a cumprir e não têm tempo a perder.

À hora combinada, lá estavam os dois diante de Helena, a orientadora daquele grupo que, fiéis ao trabalho, mantinham a casa do Pai em funcionamento.

— É uma alegria tê-los conosco, queridos irmãos. Sobretudo quando estão cumprindo tarefa atribuída por nosso Bezerra, tão enfaticamente recomendada. Também eu pude estar em alguns encontros espirituais nos quais a preocupação com o momento da humanidade terrena iria manifestar-se no coração dos presentes, não como receio da tragédia, mas como aproveitamento das lições dolorosas pelas quais muitos passarão.

— Que bom, Helena. Isso vai tornar mais fácil o serviço. Cremos que seus esforços já amaciaram o caminho.

Fazendo uma expressão de melancolia e pesar, Helena acrescentou:

— Infelizmente, meus amigos, conto mais com vocês nesta noite do que comigo mesma, porque já tentei de tudo para que nos escutem, em vão.

— Como assim? – perguntou Adelino, surpreso.

— Nossos irmãos são muito bons e responsáveis. Trabalham com desinteresse aceitável e não solicitam favores além dos que naturalmente esperamos, considerando o estágio material em que estão inseridos.

No entanto, parecemos estar engessados no tempo, com conceitos arcaicos e defasados, bloqueando o raciocínio para tudo o que já se possa considerar mais apropriado em termos da prática mediúnica e das atividades espirituais.

Não conseguimos vencer alguns "dogmas" que certos dirigentes espíritas criaram, baseados em textos adequados para o tempo e para o mundo em que foram transmitidos, mas que não levam em conta as exigências da atualidade.

— Poderia nos explicar melhor?

— Será mais fácil que vocês mesmos observem.

E indicando o dirigente da instituição que se sentava à ponta da mesa principal, ladeado por oito médiuns que se mantinham em silêncio e prece, como se aconselha a qualquer trabalhador sério, acrescentou:

— Este é Domício, devotado irmão que está à frente do grupo há alguns anos, observador rigoroso e, porque não dizer, rígido das disciplinas mediúnicas que julga serem adequadas. Por manter-se desatualizado dos ensinos espirituais, encarquilhou o raciocínio e, na desculpa de ser fiel aos ditames antigos, mantém a tarefa enrijecida, regida por padrões de décadas atrás.

Antigamente, quando não havia literatura orientando a conduta dos médiuns e dirigentes, os trabalhadores se formavam por conta própria, imitando os cacoetes e vícios uns dos outros. Isso produzia problemas variados que interferiam no bom andamento das tarefas.

No entanto, era com eles que o mundo dos Espíritos podia contar para a realização do atendimento do mundo invisível. Então, criando um procedimento padrão para orientar-se os trabalhos mediúnicos, evitando-se os tradicionais modismos místicos e, para mais bem controlar as manifestações, promoveu-se, através da literatura espírita, a metodização da reunião desobsessiva de maneira a criar-se um modelo mais bem adaptado a uma reunião equilibrada e séria, nos grupos distintos que começavam a se formar. Isso se observou com mais rigor a partir das obras literárias produzidas nos idos da década de 40 do século passado, nas quais se fincaram alguns parâmetros para as chamadas reuniões espíritas de desobsessão. Um número específico de trabalhadores, com a equipe mediúnica possibilitando a recepção de um Espírito de cada vez, com o diálogo sendo conduzido pelo dirigente encarnado da reunião.

Se isso foi um avanço em termos de ordem de trabalho naqueles tempos, vejamos como isso funciona nos dias de hoje.

Estamos diante de um grupo pequeno, revezando-se aqui, em média, oito médiuns por semana, reunidos uma única vez para este tipo de tarefa. Os demais aqui presentes são companheiros cuja atividade se liga à sustentação magnética, naquilo que, desde muito tempo, costumaram chamar de corrente. E, se me desculpam o trocadilho, esse modelo acorrentou todo mundo no passado. Domício aprendeu com os antigos que cada médium só pode receber, no máximo, dois Espíritos por reunião, porque corre o risco de estafar-se fluidicamente. Também ouviu dizer que era importante que se evitassem atendimentos simultâneos a fim de se preservar a ordem e também para que os outros presentes escutassem as manifestações para que lhes servissem de aprendizado. Com base nesses conceitos, Domício impôs à rotina dos trabalhos que se fizesse um esclarecimento de cada vez, sempre realizado pelo dirigente dos trabalhos que, segundo as antigas noções, desempenharia essa função como máxima autoridade de decisão sobre como conduzir os Espíritos.

Apesar de generoso e sincero, não admite ele nenhuma modificação no desenrolar da reunião mediúnica, mantendo-se uma rotina vigente há quase setenta anos. Por não achar importante o estudo doutrinário, mantém-se endurecido nos procedimentos ancestrais, sem nenhum questionamento ou abertura.

Não que se deva proceder a uma reforma das bases doutrinárias que, à toda evidência, estão muito sólidas nos princípios em que foram assentadas nem desejamos, com isso, invalidar o conteúdo de informações e conselhos que nos chegaram através de obras que complementaram o entendimento através de vários médiuns dedicados ao bem. O que estamos defendendo é o exercício mediúnico dentro dos parâmetros atuais, com os grupos de estudo adequando-se às novas etapas de desenvolvimento da população de encarnados e desencarnados.

Não desejamos mudar o fundo. Apenas adequar a forma do procedimento.

Para que possam avaliar o problema, observem os seguintes parâmetros: um ano tem 52 semanas. Se dependêssemos somente dos encarnados para o esclarecimento das almas necessitadas e, considerando este grupo funcionando com todos os seus membros sem nenhuma falta, atendendo a oito Espíritos por semana, teríamos auxiliado apenas 416 Espíritos. Podem imaginar quanta necessidade se avoluma em nosso plano de ação e quão insignificante é esse montante? Isso parece, entretanto, não sensibilizar o raciocínio de Domício e dos demais membros do grupo que, felizes e contentes, a cada semana se consideram mais perto do paraíso porque estão fazendo uma hora de esforços, cada um deles recebendo um Espírito.

Como lhes disse, não são maus ou indignos de nossos cuidados. São, entretanto, ingênuos, que não percebem as necessidades imensas de uma população invisível que é quatro a cinco vezes maior do que a dos encarnados no mundo.

A reunião ia começar, o que impediu que Helena continuasse a sua explicação.

Passamos, porém, à observação dos fatos.

Acercando-se do médium mais experiente e sensível que ali se achava em condições de receber-lhe a inspiração, Helena se fez presente, saudando a todos.

— Boa noite, queridos filhos. Que a paz de Jesus esteja entre vocês.

— Que assim seja – responderam os dezoito trabalhadores presentes à reunião.

— Mais uma vez, temos nossa tarefa semanal que espera de cada um o melhor. Temos realçado as necessidades imensas que marcam a vida nos dois planos e, assim, esperamos de cada um a consciência sobre a ampliação de esforços visando a melhorar o atendimento que aqui vem sendo prestado. E se reconhecemos que cada um faz o melhor que pode, exortamos a que procurem meios ou métodos seguros que lhes garantam a ampliação do socorro sem os inconvenientes do desequilíbrio.

Imaginem que, como grupo socorrista que são, contavam vocês apenas com uma maca e poucos equipamentos para o transporte de doentes ou acidentados ao hospital principal da pequena comunidade, onde seriam atendidos.

Agora, passados os anos, a cidade cresceu, avolumou-se em habitantes, multiplicaram-se os problemas e as dores, de forma que o trabalho ganhou complexidade. Mais longe, as pessoas enfermam e em maior número. As vias públicas se encheram de veículos a dificultar a passagem da padiola generosa que, agora, gastaria várias horas no transporte de um único doente, no meio de uma multidão de sofrimento e necessidades.

Não seria, então, de pensar se não seriam mais bem aproveitados se, em vez de continuar dependendo da força dos músculos para o transporte de um doente ou dois em cada dia, conseguissem multiplicar isso por dez, com a adoção de um transporte mecânico que acelerasse a chegada ao local das necessidades e o traslado urgente?

Não seriam mais favoráveis essas circunstâncias aos próprios doentes? Não se conseguiria salvar mais vidas se, aposentando o velho procedimento, começassem a utilizar a ambulância que transportaria a maca e o doente muito mais depressa ao socorro indispensável?

Certamente que vocês podem pensar que, com isso, iriam precisar aprender a dirigir e a manipular aparelhos no interior do veículo para amparar o doente, antes mesmo de sua chegada ao hospital. Esse novo procedimento exigiria uma reciclagem de técnicas que, na velha padiola, não pedia mais do que músculos fortes para a condução do peso.

Claro que mais trabalho pede mais qualificação. No entanto, isso redunda em mais eficácia final no atendimento. Assim, queridos filhos, meditem nessa ideia e, com o amparo de nossos maiores, entendamos a urgência da hora na questão da eficiência no trabalho de socorro aos infelizes que nos batem à porta.

Antes de encerrar sua preleção preparatória dos trabalhos mediúnicos que se seguiriam, Helena completou:

— Especificamente na noite de hoje, o encerramento estará a cargo de um nobre amigo espiritual que nos visita e que falará diretamente aos corações atentos, numa mensagem que nos é trazida por recomendação do amado Bezerra de Menezes e que se destina aos trabalhadores das diversas instituições cristãs espíritas. Abram bem a mente e os ouvidos para tudo o que ele tem a dizer. Trata-se de nosso irmão Jerônimo. Que nosso Jundival se prepare para receber-lhe a influenciação.

Agora, vamos ao trabalho.

Dizendo isso, afastou-se do médium Jundival que, momentaneamente, havia deixado o organismo físico a fim de permitir uma melhor acoplagem ao comunicante sem, contudo, entregar-se à inconsciência.

Junto a Jerônimo e Adelino, Helena administrava com segurança e bondade as atividades previamente estabelecidas para aquela noite.

Sabendo da lentidão do processo de esclarecimento, havia montado uma estratégia que se valia dos trabalhadores mediúnicos da melhor maneira que lhe era possível, além de utilizar-se do mecanismo de agrupamento de necessidades semelhantes já visto em outros locais.

Assim, em que pesasse o fato de cada médium receber apenas um Espírito de cada vez para que Domício com ele conversasse, o ensinamento era ouvido por um grupo de entidades em idêntica situação daquela que se comunicava, para o benefício de todos.

Além disso, Helena lançava mão de um outro mecanismo para acelerar o processo de auxílio dos necessitados invisíveis.

Enquanto Domício gastava os minutos e as palavras na tentativa de amparar o aflito comunicante, os outros sete médiuns eram envolvidos pelos seus respectivos mentores espirituais e, através da leve hipnose mediúnica, sentiam a aproximação de entidades variadas que lhes falavam ao pensamento e com as quais eram estimulados pelos mentores a conversar mentalmente, enquanto não lhes tocava a vez de permitir a manifestação psicofônica direta e completa. Assim, enquanto o dirigente pensava que os demais médiuns estavam prestando atenção às palavras que dirigia aos Espíritos, todos os outros sete estavam envolvidos em conversação de consolo a muitos outros aflitos, já que não podiam ser desperdiçados diante de tantas aflições.

Aliás, esse procedimento também era adotado em relação a todos os demais trabalhadores da sustentação que se localizavam fora da mesa de trabalhos. Os que estivessem em condições, eram usados para o estabelecimento de contato mental com as entidades infelizes que, deles aproximadas com a ajuda dos mentores espirituais, podiam se beneficiar de bons pensamentos e dos fluidos magnéticos que lhes serviam para restituir a lucidez ou melhorar o estado geral. Bem conduzindo a mente, o próprio sustentador se transformava em dialogador silencioso, numa nova oportunidade de diálogo fraterno, aliviando a aflição da entidade pela sintonia no bem que encontrava. Enquanto isso, lá ia Domício de um a um, imaginando que essa era a forma mais fiel de ser fiel à doutrina espírita.

O tempo transcorreu nessa faina lenta e, como de costume, oito entidades puderam ser escutadas e orientadas pelo dirigente encarnado, enquanto que, à sua revelia e com a ajuda dos outros médiuns e sustentadores, haviam sido encaminhadas, ainda que de maneira precária, 95 entidades que, mesmo não totalmente iluminadas, encontraram pequena réstia de luz que as enchia de esperança.

Ao final, Jundival se concentrou para que a reunião terminasse sob as palavras orientadoras daquele Jerônimo que os elucidaria acerca das recomendações do amado Médico dos Pobres.

27

Teimosia pseudodoutrinária

— Boa noite, queridos irmãos. Como já lhes foi informado anteriormente por nossa irmã Helena, exercitamos a singela tarefa de fazer-lhes chegar a solicitação amorosa dos dirigentes superiores, muito bem representados pelo augusto Bezerra de Menezes, a quem servimos como modestos entregadores de correspondência, estafetas que não estão à altura da mensagem que transportam.

Portanto, não nos julguem pela importância ou sublimidade da comunicação que lhes trazemos. Somos, como vocês, alunos da escola da vida, lutando para passarmos nos testes usando as lições do divino mestre para nos corrigir.

Aproveitando o tempo, aqui nos acercamos como o temos feito a todos os lugares destinados ao culto do consolador prometido para lhes dizer da importância do momento que a humanidade está vivendo, verdadeiro instante de ouro no destino de cada um de seus membros. E se nos fosse possível usar algum símbolo evangélico para melhor lhes representar a excelsitude da hora em curso, nos valeríamos da parábola sobre "Os trabalhadores da última hora", contida nos evangelhos canônicos e detalhadamente explicada no capítulo XX da obra *O evangelho segundo o espiritismo*. Isso porque, se lá nos é informado a respeito da remuneração vantajosa que espera pelos que não se recusem a trabalhar, ainda que por apenas uma hora do dia, aqui nos valemos da alocução evangélica para lhes dizer que todos estamos vivendo esta última hora. A última hora é o nosso presente atual, queridos irmãos.

Não se iludam com facilidades e sonhos de consumo, com ambições e cultos exteriores. Nossos tutores invisíveis nos incumbem de avisá-los que todo o sacrifício que hajam feito para, esquecendo-se, superando-se, abstendo-se, vencendo-se, auxiliarem seus semelhantes corresponderá aos ofícios do fiel operário na obra da criação.

Suas tarefas não podem ser resumidas às reuniões mediúnicas ou às da casa espírita. Vocês não estarão sendo julgados por aquilo que fazem no interior dos templos religiosos, não importa a que denominação se filiem.

Estarão demonstrando vigilância e boa vontade em todos os momentos de cada dia, aproveitando a hora que passa para se reformar de maneira decisiva. Não será um gesto improvisado, adotado no meio da tempestade pelo medo do desconhecido, que será suficiente para modificar o julgamento da lei a seu respeito. Cada qual precisa demonstrar aptidão para a renúncia real, para o desprendimento verdadeiro, sobre o qual não paire nenhuma dúvida quanto às suas escolhas.

As horas que vêm são de amarguras e dores para quem não possuir fé robusta e controle sobre as próprias emoções, de maneira a ser útil nas lutas da vida, servindo de base, com seus exemplos de equilíbrio, a outras almas mais débeis. Se é verdade que cada qual se responsabilizará por si mesmo, também é certo que a conduta serena e harmoniosa poderá contagiar corações não acostumados à disciplinas do bem, com o fito de direcionar-lhes os passos e as escolhas firmes.

A prova a que está submetida toda a humanidade terrena vai avaliá-la visando a habilitar os respectivos alunos para um novo destino de futuras reencarnações.

Não serão aprovados apenas os que tenham conquistado a nota máxima, aquela que deve ser buscada por qualquer aluno honestamente dedicado ao próprio aperfeiçoamento. Poderão encontrar a aprovação mesmo aqueles que, sem conseguirem cem por cento no aproveitamento, tenham demonstrado suficiente esforço para que se lhes garanta a oportunidade de continuarem na mesma escola.

Então, queridos irmãos, esta casa espírita é pequeno foco de esclarecimentos aos muitos que a procuram e os exemplos que aqui conseguem, as palavras que aqui escutam, os conceitos espirituais que lhes sejam direcionados, precisam espelhar os alertas da urgência de que não podem ser perdidas tais oportunidades, caso estejam se ocupando consigo mesmos, visando a um destino melhor.

Muitos estão adormecidos, muitos brincam de viver, muitos adiam as decisões, baseados em um equivocado código de valores, todos privilegiando as coisas materiais em detrimento das realizações perenes.

Entretanto, não pensem que, com isso, devamos inaugurar o período apocalíptico na casa espírita, amedrontando as pessoas para explorá-las em seus medos ou culpas.

Desejamos dizer-lhes que há um grande plano superior que se ocupa de avisar aos que tenham ouvidos de ouvir e olhos de ver para lhes relembrar que estamos nos minutos finais da *última hora* a que se refere a parábola.

Muitas criaturas se desencantaram ao longo dos séculos com os anúncios do fim dos tempos, de tal maneira que relaxaram a vigilância.

Conforme o próprio Jesus nos houvera ensinado, o ladrão haveria de vir e só os que não se distraíssem estariam prontos para encará-lo quando chegasse. E a maioria, hoje, está distraída.

Já se escutam por toda parte os rugidos da tormenta. Muitos se fazem de surdos, outros temem encarar a verdade. Não obstante, conquanto muitos se acerquem das religiões, nelas não encontram a não ser as antigas fórmulas surradas e rotas, ameaças e advertências secularmente utilizadas para tanger um rebanho de irracionais e medrosos. Encontrarão as diatribes de satanás, as forças da treva ameaçadora e a cantilena do "Deem dinheiro para serem salvos ou se protegerem do mal".

Somente o caminho espírita-cristão possui o conjunto de orientações lúcidas que, acionadas em tempo, podem auxiliar as pessoas na superação dos obstáculos que persistem em si mesmas e nas conquistas dos verdadeiros bens, únicos úteis para a questão da salvação.

Todos vocês são, mais do que trabalhadores da instituição espírita, médiuns, aplicadores de fluidos, oradores ou predicadores da palavra, dirigentes ou coordenadores de atividades, todos vocês são – repito – enviados de Deus para transformar esta hora dolorosa em oportunidade de despertamento a muitos secularmente adormecidos. Não se importem com a indiferença ou com o julgamento irônico que se lhes lancem os pseudossábios, aqueles que estando mortos pensam que estão vivos graças aos bens que acumularam.

Esta é a hora da verdade. Sejam seus defensores em cada instante de suas vidas.

Consideramos que a mensagem possui a clareza necessária para fazer cada um pensar, a fim de que assumam as próprias responsabilidades e se disponham a auxiliar Jesus na administração da casa do Pai, através das tarefas de iluminação das massas que aqui compareçam.

Alguém tem alguma indagação?

Jerônimo indicava, assim, que havia terminado o dever de entregar a mensagem aos destinatários.

Os ouvintes estavam aturdidos e surpresos.

Jamais haviam presenciado tão direta orientação acerca das horas vividas, ainda que soubessem dos alertas genéricos contidos nas diversas obras de cunho evangelizador.

Ninguém ousava abrir a boca. Mentalmente, porém, se podiam identificar as diversas reações individuais, realçando-se a do dirigente cuja mente, desacostumada a raciocínios mais profundos, se achava confundida pelas palavras claras do Espírito comunicante.

Domício não se preparara para pensar mais amplamente.

Analisando suas atitudes na rotina diária, esta não lhe parecia má. Seus trabalhos profissionais no ganha pão e na procura de conforto jamais lhe pareceram pecaminosos. A casa espírita não podia ser o centro de suas ocupações. Da mesma maneira, não se dispunha a permitir que outro o substituísse nas tarefas uma vez que se julgava o mais capacitado e o mais antigo na instituição, credenciais que justificavam a sua manutenção à frente do grupo e a imposição da "sua" velocidade lenta aos trabalhos lá realizados.

Outros ouvintes, mais abertos e conscientes, recebiam as ideias de Jerônimo com boa disposição, sinceros e quase felizes diante de anúncios com os quais muitos já concordavam em espírito, identificando a chegada do momento crucial em suas existências.

Helena envolvia Domício para que não se deixasse levar por mesquinharias pessoais, empobrecendo os conceitos escutados, minimizando-lhe as consequências.

O dirigente, entretanto, preferia fiar-se nos velhos pareceres, fechando o pensamento a qualquer modificação positiva, alegando que não poderia aceitar a palavra de nenhum Espírito sem ajuizar o seu efetivo valor.

Em verdade, esse cuidado era e é louvável da parte de qualquer dirigente responsável, ao avaliar os conselhos que lhe chegam provenientes do mundo invisível. No entanto, na boca de Domício era a desculpa que usava para, a priori, colocar água fria na fogueira da verdade.

Encerrada a reunião, permaneceram os Espíritos junto ao grupo para avaliar a reação.

O diálogo que se seguiu demonstrou-lhes a maneira pouco responsável com que Domício tratava das coisas sérias de Deus, ainda que fosse o administrador da casa do Pai.

— Bem, prezados irmãos – disse ele, dirigindo-se aos médiuns da noite –, ouvimos hoje muitas coisas importantes de nossos amigos dirigentes invisíveis. Desde a comunicação de nossa orientadora, recebemos exortações que, de uma forma ou de outra, interferem no nosso modo de proceder. No entanto, como dirigente e responsável pela administração doutrinária, creio que precisamos nos acautelar contra euforias e novidades, ainda que nos cheguem atribuídas a nobres almas como Bezerra de Menezes.

Certamente já ouvimos o próprio Codificador nos ensinar sobre as necessidades de atenção, preferindo recusar noventa e nove verdades a aceitar uma única mentira.

Então, ainda que nosso querido Jundival nos mereça toda credibilidade, não podemos acatar tudo o que nos chega sem, antes, passar pelo crivo de nossa razão para que não nos vejamos presos de uma "ditadura dos Espíritos". Com base nas palavras que escutamos, considero que, se as aceitarmos de maneira integral, todas as nossas rotinas se modificarão. Helena nos fala da ampliação dos atendimentos. Para isso, teremos que nos encontrar mais vezes durante a semana, multiplicando a reunião e abrindo mais horários de tarefa mediúnica perante a espiritualidade. Pessoalmente estaria disposto a fazer tal sacrifício em meus compromissos pessoais, vindo aqui mais uma noite. No entanto, não posso impor isso aos demais membros do grupo mediúnico.

De outra parte, nossas rotinas nos têm parecido seguras para o nosso tamanho. Não temos a pretensão de nos tornarmos a maior casa espírita de nossa cidade. Nem temos tantos trabalhadores assim que deem conta de mais atividades. Vocês podem vir mais um ou dois dias, no período noturno?

Ouvindo-lhe o encaminhamento da discussão segundo conceitos muito diferentes daqueles que, em verdade, haviam sido objeto da orientação de Helena, notava-se-lhe o desejo de manipular as decisões e o raciocínio dos presentes:

— Você, Osvaldo, pode vir em que horário?

Surpreendido pela menção pessoal, Osvaldo pigarreou e disse:

— Bem, seu Domício, eu... pessoalmente... bem... já tenho dificuldades em vir uma noite na semana. Que dizer, então, duas. Muitas coisas em casa dependem de mim, e minha esposa, não sendo espírita, certamente tornaria minha vida um inferno ainda maior.

— E você, Áurea – disparou Domício na direção de outra pobre trabalhadora, dependente do transporte público.

— Eeeeu?

— Sim, Áurea, você mesma, ora! Afinal, você está presente ou é só o perispírito que veio? – disse, procurando fazer graça.

— Bem, seu Domício. O senhor sabe que eu dependo de ônibus ou de carona de alguém. Com relação ao transporte coletivo, não poderia arcar com mais um gasto com quatro passagens a cada semana. Minhas condições financeiras não o permitiriam sem sacrifícios insuportáveis. Tenho contas na farmácia, na padaria, no mercado, além dos filhos que precisam de mim.

E, então, indo um por um, cada qual tinha uma dificuldade em assumir mais um trabalho na semana e, quando o podiam, não havia como conciliar a data entre eles.

— Estão vendo. Não creio que, por enquanto, seja possível atender da melhor maneira ao conselho de nossa irmã Helena. No entanto, vamos estudar o caso para ver como faremos. Talvez pudéssemos antecipar o início do trabalho ou irmos até mais tarde.

Alguém, então, intuído pela mente poderosa da orientadora do grupo, aventou a hipótese de se colocar mais alguém para o diálogo durante o trabalho de cada noite.

Contrariadíssimo com a sugestão, Domício precisou segurar-se para não abandonar a pose de equilibrado e, com um certo tom de irritação nas palavras, respondeu:

— Bem, acho que essa solução encontra obstáculos de ordem material e de ordem doutrinária.

A dificuldade material é a de escolhermos quem poderia fazer a doutrinação. Todos aqui têm atividades específicas, na mediunidade e na sustentação. Além do mais, para as tarefas da doutrinação se faz necessário vasto cabedal de conhecimento doutrinário, porque não é empreitada para qualquer um. Estaremos falando com outras pessoas, podendo ajudar ou atrapalhar com nossas palavras. Necessário, portanto, grande experiência e muitos anos de trabalho espírita para estar categorizado ao referido exercício.

A dificuldade doutrinária é a de que, vocês sabem, aprendemos em muitas obras espíritas que o médium não pode receber, em uma mesma atividade, mais do que duas entidades porque, caso contrário, isso minaria suas energias físicas, podendo conduzi-lo ao desgaste orgânico de trágicas consequências.

Então, caso ousássemos arriscar no sentido contrário, estaríamos infringindo certas orientações doutrinárias, coisa que não posso permitir na condição de dirigente desta instituição, dando, eu mesmo, o mau exemplo aos que estão sob minha responsabilidade.

A única saída, seria a de aumentarmos um ou dois dias de trabalho, mas como ficou bem claro na posição da maioria, isso parece impossível neste momento.

Parecia que Domício conseguira desvencilhar-se bem da primeira solicitação da noite, usando de sua pseudossapiência doutrinária, misturando conceitos e recusando-se a qualquer contemporização que, no fundo, permitisse a uma outra pessoa realizar alguma tarefa para a qual, segundo julgava a própria vaidade, somente ele estaria preparado.

Depois, cabia comentar a mensagem de Jerônimo, através de Jundival.

Seguiu pela mesma seara, confundindo falso zelo doutrinário com cuidados além da conta, passando pelo preconceituoso pré-julgamento do pobre médium.

— Bem, com relação ao comunicante final, suas palavras espelham uma grande verdade. A de que temos que realizar a nossa reforma íntima. Isso vem sendo dito desde que me conheço como espírita. Não parece ser nenhuma inovação em termos doutrinários. Hora derradeira, momentos difíceis...

Se vocês forem aos *Evangelhos*, já no tempo de Jesus encontrarão estes mesmos adjetivos e, obviamente, não foi por causa deles que tudo se tenha consumado. Passaram-se quase dois mil anos das exortações cristãs que, diante disso, mais nos parecem metáforas para a urgência de nossas mudanças do que, realmente, sinais reais de que as transformações arruinarão nossas vidas. Terremotos sempre existiram, mortes coletivas também. E se hoje morre mais gente é porque também, obviamente, existe mais gente viva do que jamais existiu no mundo.

Antigamente, uma chuva forte arrastava um casebre ou afogava dois ou três moradores. Hoje, a mesma chuva forte destrói bairros e mata centenas porque, claro, há mais casas e mais moradores, numa população muito maior. O que aumentou não foi a violência das catástrofes, foi o montante de pessoas. Agora, existem alguns detalhes que precisamos nos acautelar para não sermos os que, invigilantes, caíamos nas artimanhas da treva. Esse negócio de vir dizer que é portador de uma mensagem do amorável Bezerra de Menezes é de suspeitar. Quantas entidades – e é o próprio Codificador quem o alerta – se fazem passar por nobres personalidades, pretendendo, com isso, que seus disparates sejam ouvidos e acatados?

Quantos Espíritos inferiores querem que se mudem rotinas perfeitamente corretas e que estorvam seus projetos, valendo-se de mensagens parecidas com essas, invocando nomes veneráveis? Como saber se não se trata de uma medida infeliz que querem que adotemos? Já pensaram no número dos desesperados? Uma casa espírita é fonte de esperança. Não pode ser palco de um filme de terror. A quem interessaria mudar seus rumos a fim de prejudicar os frequentadores com alvíssaras tão negras? Fim do mundo, última hora, dor a nos esperar, tudo isso é discurso do apocalipse, sim, fazendo tremer os que já estão aflitos e nos procuram para encontrar pousada serena.

Por isso, peço a todos que se mantenham vigilantes, principalmente aos médiuns, pois as ações inferiores podem nos enganar, apesar de toda a nossa boa vontade em ser úteis.

Não digo, com isso, que Jurandir esteve a nos iludir. Mas, sim, que existe a figura da mistificação inconsciente, do animismo do médium, coisas que podem enganar ao mais bem intencionado dos trabalhadores.

E como não temos entre nós nenhum médium vidente, não há como enxergar a natureza dos Espíritos que nos chegam para suas exortações.

Pobre Domício, dirigente espírita de bons sentimentos, mas de tão precárias avaliações doutrinárias. Confundindo propositadamente conceitos reais, sempre que se via contrariado em suas intenções lançava a coisa à hipótese de mistificação inconsciente ou de animismo mediúnico, com cuja rotulação considerava encerrada a análise do fato.

Sua alma imatura não desejava mudar nada nos hábitos estabelecidos e, confundindo seus interesses com os interesses de todos, manipulava as coisas para o prevalecimento de sua vontade.

Como a maioria dos trabalhadores que se submetia à sua diretriz era igualmente constituída dos acomodados no estudo e omissos no trabalho do bem, achavam que bastava exercer suas tarefas da maneira que agradassem a Domício, sem lhe questionarem as decisões ou análises, já que todos o consideravam muito inteligente, preparado e dedicado, além de respeitarem-lhe a antiguidade no grupo.

Era o típico cego, conduzindo outros que também não queriam enxergar.

Felizmente, nem todas as instituições espíritas são dirigidas por criaturas com tal subserviência à vaidade e ao orgulho, disfarçada de dedicação e zelo à causa espírita.

Na semana que se passou, Gertrudes leu com atenção o resultado da primeira experiência junto às entidades visitantes que haviam se manifestado através das faculdades de Marieta, com o apoio de Jandira. Suas avaliações a encheram de expectativa pelo encontro vindouro. Não pretendia dar publicidade às informações obtidas no primeiro contato até que houvesse conseguido maior número de informações, circunstância indispensável para reforçar sua análise e auxiliá-la nas conclusões pela comparação da coerência, da profundidade e solidez entre elas, fazendo, assim, uma avaliação da seriedade e consistência das inteligências que as estavam produzindo.

Assim foi que Gertrudes aguardou com ansiedade a chegada da nova reunião, quando se repetiria a experiência da semana anterior.

28

Chegara o dia da nova reunião mediúnica do grupo coordenado por Gertrudes.

Novamente os trabalhadores se achavam em seus lugares, incluindo Marieta e Jandira que, seguindo orientações da dirigente, haviam chegado bem mais cedo do que os demais, posicionadas em seus respectivos lugares, na mesma disposição da semana anterior.

No entanto, assim que chegaram ao centro, receberam de Gertrudes uma relação com algumas perguntas que ela pretendia fossem encaminhadas aos visitantes, auxiliando Jandira na abordagem dos temas, sem pretender substituí-la em suas tarefas.

Bem entendidas através da sinceridade fraterna, que não se oculta por detrás de falsas considerações, além das médiuns em foco, lá estavam os demais trabalhadores, sem exceção.

Durante o preparativo para a reunião, novamente foi relembrado o motivo do isolamento temporário das duas operárias do bem, informação esta que não impediu os olhares de suspeição renovada entre Laura e Neide.

Enquanto isso, Espíritos envolviam os médiuns, os dialogadores e os sustentadores para as diversas atividades da noite.

Da mesma maneira que houvera acontecido na instituição de Domício, naquela noite o grupo mediúnico seria visitado por dedicada serva do bem, encarregada da mesma missão de despertamento que ia sendo cumprida por vários Espíritos.

Desta vez, a tarefa seria realizada pela generosa alma de Joana, que já se havia entendido com Germano acerca da medida em curso, solicitando-lhe não só a autorização para o cumprimento do encargo como, igualmente, o concurso fluídico dos membros encarnados e desencarnados da reunião.

Em virtude desse programa específico, ao assumir a mediunidade de um dos trabalhadores na abertura das tarefas noturnas, Germano recomendou que se preparassem para a recepção de nobre Espírito, portador de importantes comunicados. Preferiu não mencionar-lhe o nome nem referir-se ao conteúdo do informe que seria transmitido, exatamente por conhecer o caráter frágil de vários de seus tutelados, além do fato de que o mais importante é que estivessem abertos para o teor da mensagem.

Ressaltou que isso se daria após a tarefa normal do atendimento das entidades aflitas e das vibrações solicitadas por pessoas que recorriam ao núcleo solicitando vibrações específicas.

Como Marieta e Jandira encontravam-se vinculadas a atividade específica, dispensou-as da oitiva da mensagem que ocorreria junto dos demais trabalhadores para que não interrompessem a sintonia necessária para o bom termo de suas atividades.

Tudo ajustado, a tarefa noturna teve seu início.

Repetiu-se o isolamento entre os dois grupos de trabalho, com a atmosfera espiritual da área onde estavam as duas totalmente distinta do restante do ambiente, propiciando envolvimento maior e aumento da sensibilidade.

Marieta voltou à visualização dos quadros do plano espiritual ao seu redor.

— Bem, Jandira, estou vendo os mesmos amigos visitantes, o "magro" e o "baixinho". Não tenho, em meu campo visual, a identificação das outras formas diferenciadas, como aconteceu na outra semana, coisa que, segundo me dizem, não o fizeram porque já é desnecessário.

O magro, mais alto, está informando que nossas relações magnéticas hoje estão mais fáceis em decorrência de nossos entendimentos anteriores e por nos havermos conectado durante o repouso orgânico. Diz ele que nos encontramos duas vezes nesta semana, para uma maior sintonia, o que produziu um campo mental favorável para esta segunda palestra.

Acredito que isso vai tornar mais clara a captação das ideias que quer nos passar pela preparação do cérebro incumbido de receber as impressões.

Diz que você pode começar a fazer as perguntas que desejar, Jandira.

— Muito bem, Mari. Então, vamos à primeira de hoje: você acaba de dizer que, nesta semana, acercou-se da médium por duas vezes enquanto seu corpo físico dormia. Qual o objetivo desse encontro?

— Como já dissemos, pretendemos com isso melhorar os processos de entendimento pela diminuição da estranheza que pode bloquear a mente de vocês, criando barreiras naturais à compreensão de alguns conceitos. Explicar coisas muito diferentes demanda a utilização de símbolos compreensíveis e, para que isso seja eficaz, o intermediário precisa conhecer algo daquilo que precisa traduzir. Se o tradutor não tem um pouco de domínio do tema que lhe espera a tradução, certamente que terá dificuldade de entender aquilo que, depois, precisará traduzir, prejudicando-se o trabalho final.

Assim, durante o repouso do corpo de nossa companheira, com a autorização dos seus orientadores aqui presentes, aproximamo-nos para a harmonização favorável aos objetivos de nosso diálogo. E o fizemos não somente pelo entendimento espírito-espírito. Também auxiliamos o cérebro físico com a implementação de recursos sutis no campo de suas lembranças, inserindo-lhe um programa temporário, visando a familiarizá-la com a tradução de conceitos em base simbólica. Dessa maneira, tanto a alma da médium quanto o ferramental que utiliza para a transmissão básica das ideias principais estará mais maleável para a compreensão das ideias centrais.

Não foi necessário – como você está pensando – realizar qualquer tipo de implante físico. Estamos nos referindo a operações magnéticas no campo cerebral, liberando determinados departamentos ainda pouco explorados para que, passando a funcionar de maneira acelerada, sejam capazes de processar as informações sem tantos equívocos. Seria algo parecido com um programa de tradução mais avançado. Muitos de vocês podem recorrer a tais programas de computador em suas atividades regulares aí no mundo de hoje. No entanto, qualquer um sabe que, a simples escolha de um texto estrangeiro e a sua automática tradução por meio de tais mecanismos, não garante um completo e perfeito encadeamento de ideias, uma vez que os tradutores atuais, não dispondo de vivência criadora e integrada junto às línguas que tentam correlacionar, se limitam à interpretação literal das palavras, desconsiderando simbolismos, figuras literárias, expressões regionais. São traduções feitas ao pé da letra, em muitos casos criando mais confusão do que esclarecendo. Com a atividade que desenvolvemos no campo cerebral e mental de nossa irmã, implantamos um programa mais avançado, que a nutrirá desses símbolos adequados ao entendimento das ideias que lhe passamos.

Não interferimos em sua personalidade própria, nem alteramos a natureza de suas emoções, coisa que respeitamos por se tratar, cada um de nós, de uma obra especial e única no universo.

— Ah! vocês, então, têm algum entendimento que se baseia em leis universais? Quero dizer, respeitam leis e não fazem somente o que lhes dê na vontade fazer?

— Tudo no universo, como os homens terrenos um dia constatarão pessoalmente, é estruturado em regras muito claras, que mantêm o funcionamento harmonioso do conjunto. Tais preceitos também se aplicam a todos os mundos e humanidades, respeitando-lhes as peculiaridades evolutivas.

Não se esqueçam de que nem todos os seres que compõem a humanidade se encontram na Terra. Em outros orbes, habitam outras inteligências, cada qual submetida à evolução segundo um modelo específico que lhes é imposto pelo tipo físico de mundo, pela predominância maior ou menor das leis gerais, num sentido ou em outro. Onde a matéria é mais densa, a evolução está atrelada a certas regras. Nos mundos onde a densidade é diversa, outras são as exigências e outras leis, igualmente sábias, se aplicam.

— Aproveitando esse tema – interrompeu Jandira –, na Terra há muitas formas de a humanidade se relacionar com o que chama de Deus. Vocês possuem alguma forma de ligação a uma inteligência superior e como é esse relacionamento na prática?

— Sim. Essa relação tem bases semelhantes às de vocês. Acreditamos em algo muito intenso, forte, dirigindo toda a construção universal, cujo propósito, para nós, ainda é desconhecido no sentido de não conseguirmos penetrar em sua essência ou entender seus objetivos. Pensamos nesse conceito que na Terra recebe essa denominação "Deus" como algo não físico. Sabemos ser muito intenso e preciso, algo que produz um mecanismo – se é que poderíamos chamar assim – que é perfeito, sem falhas em sua integralidade.

— E já que acreditam em algo superior, possuirão também aquilo que nós, humanos da terra, denominamos princípios morais, éticos, de condutas?

— Para nós, o código que chamam de *Evangelho* serve para todos os níveis de evolução espiritual. É verdade que, em nossas condições de entendimento e evolução, várias questões morais já foram superadas. Vaidade, orgulho, egoísmo, por exemplo são emoções que não mais precisam de enquadramento nos códigos de comportamento que nos regem. Isso porque, por exemplo, falando de minha condição pessoal, em minha espécie somos todos idênticos por fora. Não temos vestes exteriores e, por isso, alguns padrões morais ainda importantes para vocês foram deixados de lado por já termos vencido essas barreiras. A beleza exterior, que é tão importante para vocês, para nós não é mais objeto de preocupação, substituída pela beleza real, a do próprio ser, aquela luz interna, aquela que pode brilhar mais ou menos, inclusive indicando nossos problemas interiores pelas alterações luminosas exteriorizadas. É como se pudéssemos ver a essência de cada um. Para vocês, uma mulher linda, bem vestida e penteada costuma ser cobiçada, invejada ou temida pelos humanos. No entanto, à nossa visão, se não há luz alguma em seu interior, não há nenhuma beleza real. É apenas ilusão de ótica, poderíamos assim classificar.

Estamos tão acostumados em sermos iguais que, para nós, vocês são os ETs, cada um com um cabelo diferente, de uma cor diferente, usando roupas diferentes, com modelos variados. Vocês são, para os que os vêm de fora, uma surpresa atrás da outra e, às vezes, surpresa assustadora e primitiva. Alguns se admiram do tamanho de nossa cabeça, mas não estranham o tamanho da própria barriga. Para nós, vocês seriam como que alegorias ambulantes, e a cidade onde vivem, um gigantesco desfile carnavalesco, cada um com sua fantasia individual. Vocês andam em carros alegóricos e vivem constantemente em um carnaval. E dizemos isso de maneira muito respeitosa, sem criticar as escolhas que fazem.

— Bem – respondeu Jandira sorrindo –, por esse prisma, realmente, concordo com sua opinião. Agora, diante dessas constatações, qual a mensagem que vocês gostariam que aprendêssemos?

— Aprender não é a palavra. Seria melhor dizer "vivenciar". Tudo o que vocês aprendem em escola, não é, na verdade, aprender. Ali, segundo nossos conceitos, vocês são adestrados ou programados. O aprendizado só acontece com o vivenciar. Gostaríamos muito de deixar a vocês a ideia de que aproveitassem cada instante desta vida atual, não por medo de que seja a última, pois isso não é real. Haverá muitas outras pela frente. Mas porque cada encarnação tem seus objetivos próprios, seu brilho específico e seu valor real. Cada uma é construída com base diferente das anteriores. Terão encontros e reencontros que surpreenderão vocês quando regressarem à outra dimensão, após a morte. Alguns, ao lá chegarem, quererão notícias de um ser amado que trazem na lembrança de reencarnações longínquas, desejando abraçá-lo no mundo dos Espíritos como alguém que lhe foi mãe, pai ou filho outrora. E, para sua surpresa, constatarão que referida alma estava encarnada ao seu lado, na mesma família na Terra, alguém a quem essa pessoa nunca atribuiu muita importância. Isso representará um amargo choque nas recordações dos indiferentes.

Amar a todas as pessoas é algo que vai ocorrer pouco a pouco. Por isso, seria hipocrisia esperar esse amor imediato das pessoas no agora. Então, desejamos muito que vocês aprendam a *respeitar* a *tudo* e a *todos*. Isto é muito mais fácil do que amar, que envolve afinidade, sentimento. Respeitar envolve apenas a nossa vontade. Respeitar a todos em suas opções pessoais e, ainda que discordem de suas escolhas, o respeito deve prevalecer. Não me refiro aqui a cancelarem as correções das inclinações inferiores. Seja em grande sociedade ou na família – que é a mesma sociedade em ponto reduzido –, é necessário que o sentido do respeito corresponda ao horizonte que deve direcionar a vida coletiva. Daí não ser adequado deixar de corrigir o mal com a desculpa de respeitar o maldoso. Na verdade, é indispensável retificar o ato inadequado, mostrando ao seu agente que infringiu as regras do respeito comum, devido por todos a todos. Mesmo quando se vai punir um criminoso, a sociedade evoluída o faz dentro dos limites do respeito à sua dignidade, ainda que o infrator tenha desrespeitado a todas as convenções. É como se fosse um doente ou um animal raivoso que agride até os que cuidam dele. Se o tutor irar-se contra seu tutelado e atacá-lo com as mesma virulência, demonstrará que se encontra no mesmo nível da fera ou que é ainda pior do que ela.

O respeito a que me refiro está vinculado às escolhas lícitas que as pessoas façam e que não representem infração do direito dos outros.

Respeitem a todos os seres que conheçam, mesmo que isso se refira aos Espíritos perturbadores que lhes produzam problemas. Quando os homens descobrirem que o respeito a outra nação ou a outra pessoa é o fundamento da civilidade, encontrarão o caminho da paz que possibilitará a harmonia possível neste momento evolutivo. Tudo o que acontece hoje na humanidade foi culpa do próprio homem, nos desajustes gerados pelo seu egoísmo, que levam à competição e é um passo para a destruição.

Respeitem a Terra, utilizando-se dela da melhor maneira possível, tratando-a como o berço de que precisarão e onde se aconchegarão nas reencarnações futuras.

Respeitem a tudo e a todos agora, para, mais tarde, amarem como consequência.

— Qual o motivo prático que os traz até este planeta? Estão aqui para fazer alguma coisa a fim de interferirem nesse processo de crescimento evolutivo, suponho?

— Estamos aqui para ajudar – tanto a vocês quanto a nós mesmos. A harmonia dos planetas do sistema solar é importante para nós. Os homens que cultivam o campo começam a descobrir que a prosperidade de seus vizinhos repercutirá, invariavelmente, no sucesso de sua própria colheita, uma vez que tudo está interconectado. Nós já vivemos na Terra quando ela era bem diferente do que é hoje. Quando aqui estive, como membro da família terrena, este mundo era constituído de um único continente. Naquela época, tudo era muito mais difícil, mais denso em todos os sentidos. Tal unidade territorial permitiu o desenvolvimento de muitos conceitos que, hoje, estão tremendamente afastados em decorrência da deriva dos continentes ocorrida ao longo dos milhões de anos. Algumas estruturas arquitetônicas e costumes semelhantes de povos atualmente muito distantes entre si, encontram suas primeiras raízes na convivência de eras remotas como aquelas, repassadas aos povos subsequentes na forma de lendas, tradições orais, cultos religiosos, conceitos sagrados. Naquele período, recebemos auxílio de Espíritos muito avançados que tinham conhecimentos de física, química que nós desconhecíamos. Isso nos permitiu construir muitas coisas que, por óbvios motivos, encontram-se presentemente destruídas pela sucessão das eras geológicas. Ainda assim, estamos atuando diretamente na melhoria do DNA do ser humano, como objetivo principal. Com a melhoria da Terra, os homens não se igualarão à evolução dos seus irmãos extraterrestres de imediato, como por um encanto. Há um longo percurso para isso. Quanto melhor o corpo físico, mais poderão fazer, menos prejuízos suportarão. Os seres humanos pagam muito com o corpo, com doenças e dores correspondentes. Nossa intervenção visa a auxiliar os homens a entenderem os mecanismos da saúde real, além de visar à renovação dos métodos de tratamento das enfermidades, descobrimento de medicamentos mais avançados, retificação dos conceitos filosóficos acerca do desequilíbrio bio-psíquico-energético como a matriz primordial segundo a qual ocorre a repercussão destrutiva dos tecidos naquilo que se conhece pelo nome de doença. Com a permissão superior e o respeito às leis universais da não intervenção abusiva, atuamos para que o próprio DNA evolua no sentido de defender a estrutura orgânica da incidência de certas enfermidades, como se criássemos uma espécie de bloqueio. Em genética agrícola, os cientistas já conseguem alterar o gene de alguns tipos de sementes a fim de que, quando transformadas em plantas, possuam barreiras naturais ao assédio ou à proliferação de determinadas enfermidades bacteriológicas ou ao ataque de pragas devastadoras. Tais intervenções de nossa parte na genética humana respeitarão os limites impostos pela direção superior dos destinos da humanidade terrena. Estamos, pois, falando de medidas que estão sendo implementadas em um nível de pesquisa laboratorial, para beneficiarem os futuros corpos humanos. Aliás, essas mudanças tão importantes e benéficas somente se consolidarão, tornando-se reais e eficazes, quando os homens cultivarem conceitos mais saudáveis no Espírito, pois a melhora genética e a melhora da alma devem caminhar de mãos dadas. Então, para podermos ajudar a melhorar o DNA dos corpos, também precisamos estimular a melhoria interior das criaturas. Todavia, esta mudança de essência não temos como manipular mecanicamente, porquanto depende exclusivamente de cada ser. Estamos com o trabalho de aprimoramento biológico já bem adiantado, aguardando a elevação do Espírito humano para que se beneficie de uma nova roupagem carnal.

— Com essa melhoria de corpos na Terra, isso permitiria que vocês, visitantes, reencarnassem entre nós novamente?

— Importante que saibam que não pretendemos deixar nossas conquistas civilizatórias por ambicionarmos o amontoado de latas e tecidos que a humanidade terrena considere seu maior tesouro. Não é, pois, em função de nossos interesses que cooperamos com essa melhoria genética. No entanto, existe um trabalho paralelo ao já mencionado, cuja finalidade é o do desenvolvimento de corpos compatíveis para o uso nosso e que não sejam assustadores aos olhos terrenos por serem mais parecidos ao que os humanos aceitem como normais a fim de que, dessa maneira, possamos estar em sua sociedade, auxiliando mais de perto nos trabalhos terrenos.

Se pensarem com profundidade, apesar de ser feito de carne semelhante à de qualquer de seus contemporâneos, o corpo de Jesus espelhava esse avanço superior da harmonia biológica. Em uma época onde os surtos arrasavam comunidades, vilarejos e aldeias inteiras, nunca se teve notícia de que Ele houvesse adoecido. Era um corpo de carne, denso, que sucumbiu à crucificação. No entanto, era muito melhor do que o que qualquer homem hoje poderia possuir.

— Por que se fazem visíveis, às vezes, através da mediunidade, e não à visão normal de todas as pessoas?

— Nos fazemos visíveis ou não em razão da permissão que nos é dada. Isto é um planejamento organizado para se permitir ou estimular nos humanos a busca por mais notícias, além de irem sendo preparados para um contato mais direto e sem traumas. Quando o inconsciente trata do assunto como algo normal e inofensivo, o caminho para o entendimento está aberto e pavimentado. Se fosse algo abrupto, o inesperado produziria o medo e o medo estimularia a agressividade, estragando todo o esforço de aproximação sadia e pacífica.

— Nossas alegrias ou tristezas, lutas ou conquistas influem sobre vocês de alguma maneira?

— Suas alegrias ou tristezas não repercutem diretamente sobre o mundo em que habitamos, muito distanciado evolutivamente do de vocês. No entanto, quando estamos aqui, suas alegrias ou dores influenciam sobre nós. Uma vez que viemos auxiliar a evolução do planeta e a de seus habitantes, as vitórias humanas no bem comum são também nossas vitórias. Imagine nossa alegria quando alguém que conseguiu captar nossa influência positiva para a realização de um determinado projeto, consegue realizá-lo. Da mesma maneira, considere nossa tristeza quando, desvirtuando sua finalidade, utiliza-o como arma de destruição de outros povos! Naturalmente isso repercute sobre nós. No entanto, não nos cabe o desfecho ou o controle da utilização desses progressos. Sobre o homem recairá a responsabilidade pelo seu bom ou mau uso.

— Existem boatos dizendo que alguns países avançados de nosso mundo mantêm contato direto com extraterrestres, incluindo bases para naves em seus territórios. Isso já é uma realidade?

— Isso é verdade. Em realidade, estamos dificultando a vida desses encarnados que se pensam poderosos, pois imaginam que estão tendo grandes conhecimentos ou avanços, mas nossa presença junto deles tem a finalidade de contê-los em seus desejos de supremacia racial ou nacional. Estão em seu poder corpos de alienígenas que corresponderiam a uma espécie de bio-robô. Utilizamos tais androides biológicos para missões de pesquisa e reconhecimento, como vocês o fazem com aparelhos mecânicos que enviam a outros planetas. A única diferença é que a tecnologia dos humanos não permite ainda enviar uma sonda com humanoides, equivalente à forma humana, com todos os seus membros perfeitamente adaptados às missões. Então, seus cientistas constroem carrinhos mais ou menos sofisticados, que caem sobre a superfície e duram algum tempo nas pesquisas, lá permanecendo depois como os cadáveres da civilização terrestre e sua tecnologia primitiva.

De modo semelhante, enviamos sondas bio-robóticas em naves menores, que realizam pesquisas para as quais foram programadas como nossos remotos representantes. Como são fruto de nossa indústria, transmitem as informações coletadas, mas têm natureza descartável. Algumas dessas unidades foram capturadas por um desses países mais desenvolvidos da Terra e estão sendo estudadas para que consigam aprender como se dá o seu funcionamento. Tanto eles quanto suas naves são objeto de intensas e dispendiosas pesquisas. Com isso, temos direcionado a liderança desse país muito inclinada para o domínio e a guerra, para realizar grandes gastos pela ambição de dominar nossa tecnologia. Por isso é que essa base está localizada lá – um país que viverá da ilusão do muito possuir.

É como se a nossa presença e a vagarosa pesquisa consumissem tempo e dinheiro, refreando-lhes o impulso de destruição de seus semelhantes, gastando em pesquisas científicas valores que, do contrário, estariam canalizando para mais guerras. Além do mais, ao constatarem o poderio tecnológico de seres que não conseguem igualar, compreendem que existe uma força superior à deles mesmos e que não seria adequada a adoção de condutas incompatíveis com os nossos protocolos, sob o risco de terem que enfrentá-las. Suas armas nucleares não significam absolutamente nada para nossa capacidade de intervenção. Podemos neutralizá-las antes mesmo de serem disparadas, evitando-se, assim, uma catástrofe atômica desnecessária.

Se estivesse em nossos planos a transmissão tecnológica avançada, isso já teria produzido frutos visíveis, uma vez que já há muitas décadas dispõem destes contatos em seu território.

Nossa influência, entretanto, não se ocupa apenas dessa nação. Temos, como finalidade básica, dividirmos com todos os membros da família humana as informações de que dispomos, respeitando os conceitos de universalidade e fraternidade universais. Por isso, nós, os membros da família cósmica que estão vinculados a vocês, temos produzido aparições na atualidade, em diversas partes do planeta e não apenas em uma região específica. Queremos tornar natural e aceitável a ideia da existência de *vida* em outras dimensões, vamos falar dessa maneira. Nossa presença aqui tem finalidade específica de auxiliar, influenciar positivamente, intuir no desenvolvimento da tecnologia a benefício de todos. Não estamos aqui para estimular o domínio de uns sobre os outros nem a agressividade e a exploração dos mais fracos. Por isso, nossa tarefa na contenção dos agressivos líderes dessa nação muito evoluída materialmente, mas muito atrasada na parte do sentimento a respeito da essência do universo e do ser humano.

— Qual é o conceito que fazem das figuras que são importantes para a fé dos humanos, como Jesus, Maria, Buda e tantos outros Espíritos Evoluídos para os nossos padrões?

— Para nós, trata-se de Espíritos evoluídos da mesma maneira que para vocês.

— Mas vocês têm contato direto com tais Espíritos citados?

— Quando esses Espíritos o permitem, podemos nos relacionar com eles mais facilmente do que nossas possibilidades de comunicação com os encarnados humanos. Para nossa vinda até aqui em tarefa de auxílio, houve importante reunião para definição objetiva de nossas funções e da maneira como atuaríamos. Quando nossas primeiras representações aqui aportaram, fizemo-lo sob a proteção deste a quem chamais o Cristo e sua augusta cooperadora direta, Maria, os quais lideraram nossa caravana até as proximidades da atmosfera dos homens.

— Aprendemos que Jesus é o dirigente espiritual deste orbe e de outros que nos são vizinhos. Qual é a relação entre os que nos visitam e que, de alguma forma, interferem na ordem física do mundo, e essas almas superiores? São autorizados por eles?

— Sim, a interferência nossa se dá por designação deles. São Espíritos que, do mesmo modo que vocês os veem com adoração, nós os vemos como Espíritos muito elevados, temos respeito e consciência da grandeza espiritual de cada um.

— Nesse caso, sendo Jesus e Maria mais evoluídos até mesmo em relação a vocês, com que aparência eles se apresentam aos seus olhares?

— Nós os vemos como luz, luz apenas. Jesus com uma luz mais intensa, com um contorno como se fosse um corpo e Maria envolta em uma luz rósea que se torna azul quando se espalha à sua volta. Não os vemos com a forma humana que vocês plasmam para se relacionarem emocionalmente com eles.

— Todos os que nos visitam hoje, na condição de habitantes de outros mundos, já viveram aqui na Terra como aconteceu com você?

— Eu já, como disse anteriormente. Os outros, não necessariamente. Já viveram em outros mundos que não a Terra, passaram pelas evoluções com outras formas. Planetas com o mesmo padrão geológico que este mundo costumam desenvolver biologia semelhante àquela que se encontra aqui. Somos humanos sempre, cada qual para o planeta específico que habita. Para nós, ao considerarmos os mesmos padrões que vocês usam para nos qualificarem, diríamos que vocês são os ETs, só que não saíram de suas acomodações terrestres para nos encontrar no universo. Não existe uma lei que rege tudo? A gênese é a mesma para todos. Quando a mesma escada é galgada por muitos, aquele que está no degrau de cima pode ser considerado mais importante ou superior do que os que estão logo abaixo dele, ao mesmo tempo que se olhar para baixo, pode-se ver outros que estão passando pelos mesmos degraus inferiores que já foram vencidos. Assim, no caso dos humanos da Terra, é comum idolatrarem os que estão acima dele e desprezarem os que estão abaixo na escala da evolução, como vemos no tratamento que os terrícolas dão aos irmãos do reino animal. Mas vocês também são muito importantes para os que estão nos degraus inferiores ao da Terra. Já pensaram nisso? Nunca interpretaram o devotamento de um animal doméstico, que os venera como deuses, como sendo a admiração e o respeito que os seres menos evoluídos têm por seus ídolos? E o que dizer daqueles humanos que vivem em outros orbes inferiores ao mundo físico de vocês? Se pudessem escutar-lhes o pensamento, talvez ouvissem: "Nossa! esse povo da Terra é tão evoluído! Eles têm telefone, água que sai no chuveiro, carro que anda na terra, no céu, na água, debaixo da água, possuem palácios luminosos, são capazes de conversar entre si mesmo estando do outro lado do mundo, enquanto que aqui, onde estamos, nem cama existe para a gente poder descansar."

— Nos eventos de descontrole social ou rebelião de um povo, vocês interferem para evitar confrontos entre irmãos do mesmo sangue?

— Bem, obedecemos a um protocolo muito rígido no sentido da não intervenção em outros destinos. Acontece que há ajuda, tanto nossa quanto dos Espíritos socorristas que trabalham para o bem de todos, mas em muitos casos, essas turbulências são algo que têm que ocorrer, pois se trata de uma rebelião necessária da qual se lograrão muitas mudanças sociais importantes para o crescimento de todos os povos.

EFEITOS DA INSENSATEZ

29

ENQUANTO PROSSEGUIA O TRABALHO COORDENADO POR Gertrudes e sob a direção geral do Espírito Germano, na instituição irmã sob os cuidados de Ribeiro, Jerônimo e Adelino acompanhavam a recuperação espiritual de Leda.

Obviamente que não era somente a ex-esposa de Alberto que ali se achava sob os atentos cuidados dos trabalhadores. O médium que lhe fora o marido na última romagem física prosseguia suas tarefas na casa espírita, fiel às disciplinas de aprimoramento e purificação que devem fazer parte dos cuidados de qualquer médium responsável no aprimoramento de sua sensibilidade mediúnica.

Após o fracasso material da empresa onde trabalhava, seguido pela falência familiar, dedicara sua vida à edificação do "tesouro no céu", atitude aconselhada por Jesus aos que tivessem ouvidos de ouvir.

A decepção diante do comércio de interesses no mundo dos homens, o aprendizado das leis espirituais e as possibilidades de lhe sentir a vibração por meio das percepções mediúnicas eram-lhe precioso alimento, motivador de seu novo estilo de viver. Equilibrara-se materialmente à medida que entendera suas reduzidas necessidades materiais, supridas através de modesta função profissional que lhe rendia o necessário.

Com a decisão acertada a respeito de suas tarefas, melhorara-lhe intensamente a sintonia amorosa na qual poderia captar as intuições e a presença de diversas entidades amigas, que dele se valiam para auxiliar aos miseráveis sem entendimento.

A lição viva de renúncia e devotamento, humildade e superação aproximaram-no do dirigente encarnado Jurandir. Entre ambos, aprofundou-se o laço de confiança e amizade de maneira que, de forma natural, Alberto passara a compartilhar com o presidente diversas atividades que lhe pesavam sobre o ombro por falta de colaboradores espontâneos e responsáveis.

Assim, era Alberto quem se ocupava dos detalhes para a reunião espírita que acontecia ali todas as semanas.

Seu empenho no trabalho permitiu que Ribeiro também se fizesse mais presente junto às suas intuições, dele se valendo eventualmente para a transmissão de comentários ou conselhos.

Alberto granjeara o apoio das entidades veneráveis às quais se ligava espontaneamente, que estenderam a acolhida temporária para o reequilíbrio imediato da antiga companheira, aquela alma devedora e iludida que menosprezava a ligação espiritual que o ex-marido mantinha com a casa de oração. Isso se deu não somente graças à intervenção das orações dele mas, segundo se observa, da aplicação imparcial e iniludível da lei do universo, da consideração do mérito relativo da própria Leda.

Certamente que no tribunal da justiça divina ela não poderia se sentar a não ser na cadeira dos réus. Vivera para o mundo e gozara de suas facilidades, renunciando a aceitar o amargo cálice que lhe cabia por culpa própria e por solidariedade fraterna junto ao marido.

No entanto, apesar de todos os seus crimes, havia sido mãe de dois filhos.

Mesmo tendo exercido imperfeitamente as responsabilidades maternais, soubera preservar as joias de amor que lhe haviam sido emprestadas, havendo permitido que nascessem de seu ventre sem as atrocidades do aborto egoísta e criminoso.

Ao lado disso, mesmo não concordando com as atividades espirituais do marido, Leda tolerou-as sem criar maiores dificuldades a Alberto, nunca tentando barrar-lhe a tarefa mediúnica ou atormentado-lhe a vida nesse sentido, como fazem tantas mulheres e maridos ególatras.

Desde que ninguém a impedisse de realizar seus caprichos, toleraria as práticas religiosas do marido. Isso evitou muitas perturbações que poderiam ter prejudicado o trabalho mediúnico de Alberto no cumprimento de suas obrigações.

Então, dentro das leis de solidariedade, Leda se havia tornado credora do amparo dos Espíritos que usavam Alberto como veículo para suas atividades no centro espírita dirigido por Ribeiro, em cujo complexo hospitalar estava abrigada para seu despertar e refazimento depois da morte física.

Já se haviam passado quase duas semanas desde a data em que fora internada, recebendo assistência constante e dedicada de vários trabalhadores capacitados para a recondução da pessoa à consciência de si mesma.

Como o leitor certamente se recorda, não foi somente Leda que aceitou o convite do bem para o ingresso na casa do Pai.

As entidades que a haviam seguido, cada qual amparada segundo suas necessidades específicas, ali também estavam sob o cuidado de equipes especializadas que atuavam no esforço de recuperar-lhes a lucidez, para que escolhessem outros rumos.

Depois de duas semanas, Leda começava a recuperar a consciência fato esse que preocupava seus benfeitores pelas condições de destempero a que fora acostumada desde os tempos em que, na Terra, atirara-se ao cultivo dos caprichos e prazeres, acreditando-se superior aos demais.

Não tardou muito para que um dos trabalhadores espirituais das câmaras de recuperação procurasse o dirigente responsável, relatando-lhe as condições da doente e solicitando orientações sobre as decisões a tomar em seu caso.

Isso porque a mulher se demonstrava indócil a qualquer auxílio, insatisfeita com tudo, reclamando de dores que, em suas palavras, só pioravam, demonstrando nenhuma inclinação para se auxiliar na assimilação do tratamento recomendado ao seu caso.

O diálogo, pois, seguia interessante:

— Como despertou hoje? – interrogara Ribeiro a um de seus cooperadores.

— Bem, parece que ainda não se identifica nem recorda o que lhe aconteceu. Sofre da síndrome dos desmemoriados.

— Por lhe faltar a importante noção da sobrevivência, não desenvolveu favoravelmente a lucidez. Muitos, como ela, são candidatos ao sanatório terapêutico, único refúgio adequado para o auxílio real, antes da zona umbralina que, de resto, não deixa de ser uma bênção renovadora das consciências.

— Realmente, irmão Ribeiro. Temos tratado de nossa irmã com as mesmas atenções dispensadas aos que se encontram na mesma situação. No entanto, por suas viciações na última vida carnal, não me parece capaz de assimilar a contento os eflúvios vibratórios que lhe são oferecidos. A disposição mental inadequada não o permite.

— Sim, Alencar. Não descartamos o isolamento. Tanto quanto eu, você sabe que nossa irmã não se fez merecedora de créditos especiais. Está aqui graças aos apelos do nosso prezado Alberto, cujo merecimento afiança à irmã que lhe serviu de esposa alguns recursos pelos mecanismos da intercessão, previstos na lei do universo. No entanto, não há violência no bem. Quando o beneficiado não o deseja, passará a administrar seus próprios passos nos caminhos que escolher. Na noite próxima, agora que Leda desperta, traremos Alberto para conversar com ela sobre as questões transcendentes da alma. Quem sabe com a sua proximidade, nossa irmã possa melhorar o estado do pensamento e colabore melhor na própria renovação, sem o que precisará ser encaminhada ao pavilhão dos insanos ou deslocada ao ambiente magnético umbralino, para que o choque a faça acordar de uma vez por todas.

— É uma realidade, irmão Ribeiro. No entanto, não deixa de ser uma tristeza o fato de as pessoas, tantas vezes, preferirem esse mecanismo a se modificarem.

Colocando a mão no ombro do trabalhador dedicado com quem dialogava, Ribeiro respondeu:

— É o efeito de anos de gozo, décadas de inconsequência, séculos de preguiça e milênios de ignorância apesar dos sublimes esforços do Pai, através do divino amigo, para a elevação dos filhos amados. Já imaginou, Alencar, se não houvesse a possibilidade da dor, o que seria dessa gente?

Todos lastimamos tenham que ser marcados pelo selo do sofrimento. No entanto, isso é pedagógico para a alma que não se adaptou ao andamento da vida verdadeira, aprendendo que seus atos têm consequência em todos os sentidos. A maioria dos irmãos que temos em nosso parque hospitalar é composta de entidades oriundas das zonas escuras, em trânsito para o retorno ao mundo pela reencarnação ou para a subida a alguma de nossas colônias espirituais. Trata-se, assim, de casos em andamento na direção da melhora, encaminhados pelos departamentos celestes como processos que vão, de repartição em repartição, caminhando nos trâmites que os levará à felicidade final. Mas o que dizer dos bilhões de processos emperrados na ausência da vontade do próprio interessado? Estaríamos preparados aqui, Alencar, para receber a todos os indiferentes e os gozadores, aqueles mesmos que ridicularizam a ideia de Deus e ironizam a solicitude do Pai? Como lhes possibilitar o acesso a uma realidade que desdenham e da qual não querem fazer parte? Além de se tornarem grande peso sobre os ombros dos que querem ajudá-los, sua presença destruiria a harmonia lentamente conquistada em benefício dos que estão se restabelecendo emocionalmente, piorando todo o conjunto. Por esse motivo é que, também na Terra, o andamento dos processos está submetido à lei da provocação do interessado. Aqueles que demonstram o desejo, que cumprem as determinações e juntam os documentos, têm o seu pleito encaminhado no ritmo previsto. Os que nada fazem, ao contrário, condenam o seu caso ao arquivo onde os processos permanecem dormentes, aguardando que, em algum dia do futuro, o dono do direito se anime em reclamá-lo, adotando as atitudes adequadas. Já imaginou se as repartições públicas e as autoridades já assoberbadas precisassem dar andamento regular a processos desprezados pelos próprios donos do direito? Seria uma calamidade até mesmo pelo espaço físico que esse imenso volume ocuparia. E saiba de uma coisa, meu irmão: há muito mais filhos de Deus que se arquivam na escuridão da inconsequência do que processos judiciais em andamento nos fóruns da Terra.

Meneando a cabeça, afirmativamente, Alencar ponderou, à espera da sábia experiência de Ribeiro:

— Mas irmão Ribeiro, e o que acontece com aqueles que sempre aprenderam as verdades eternas, leram os livros, ouviram as advertências do mundo invisível, e até eram médiuns ou trabalhadores? Por que, em nosso sanatório, estes são mais abundantes em número do que os que ignoraram os chamamentos de Deus?

Entendendo o desejo de aprendizado do companheiro de lutas, Ribeiro fez um gesto de compaixão e disse:

— Espiritismo prático, Alencar. Diferente de espiritismo praticado. Muitas pessoas se encantam com a novidade e sonham com as possibilidades que lhes são abertas pelas vias da sensibilidade, nos diversos estágios de serviço que a solidariedade humana faculta. Entretanto, negligentes consigo mesmos e com as coisas de Deus, se transformam em máquinas, rejeitando a necessidade de se espiritualizarem a si mesmos. Observamos o perigoso processo da auto-obsessão quando o encarnado, orgulhoso, vaidoso e imaturo se crê preparado para o paraíso porque dedicou alguns minutos de sua vida à prática da caridade material, entregando alguns sanduíches ou aplicando alguns passes. Esquecem-se, porém, do que é importante. Quando olham para os irmãos de outras crenças, muitas vezes pensam que aqueles pobres cultivadores de rituais, frequentadores de cerimônias infindáveis e monótonas estão perdidos por não conhecerem as leis do Espírito como a doutrina cristã espírita lhes revela. No entanto, não reconhecem que estão praticando o espiritismo como o católico vai à missa e, às vezes, até com menos unção do que este. Pela secular preguiça que os contamina, imaginam os frequentadores de centros que conseguiram o "passaporte especial", aquele que lhes garante o atendimento prestigioso por parte dos Espíritos desencarnados, enquanto que aos demais, a segunda ou terceira classe, o umbral é o máximo que se lhes possa conceder. Como vê, meu amigo, são crianças mimadas que se pensam adultas e que, ao aqui chegarem, têm que enfrentar uma verdade para a qual não se prepararam: a de que não basta dar coisas. Surpresos pela falta de méritos essenciais, revoltam-se imaginando que a caridade material não lhes foi devidamente computada ou o foi em valor bem menor do que eles próprios supunham. Não entendem que não é pelo valor material que o universo considera seus méritos, mas porque tais comportamentos não nasceram de um coração transformado pelo bem sincero.

Daí podermos dizer, Alencar, que quando este tipo de espírita morre no mundo, deixa gente chorando dos dois lados da vida. Os encarnados que pranteiam a sua partida e os Espíritos que terão que acolhê-los "chorando" por sua chegada deste lado, sempre exigentes e difíceis, a quem teremos que atender, esperando por privilégios que não fizeram por merecer. São crianças arrogantes e temperamentais, insatisfeitas com tudo o que encontram e indispostas a qualquer mudança de pensamento. Vivem no comodismo de se pensarem isentos de deveres por causa do espiritismo que conheceram no mundo, esquecendo-se de que, se o conheceram realmente, mal o praticaram.

A maioria deles não pode dispensar o estágio no sanatório para o tratamento de longo curso, sobretudo depois que percebem o desperdício da preciosa oportunidade que tiveram na existência. Enquanto isso, alguns católicos, evangélicos e de outras vertentes religiosas prosseguem adiante, na direção de novas experiências evolutivas. Se algo pudéssemos aconselhar aos que se dizem espíritas, seria que não se permitam adormecer na esperança de facilidades do lado de cá. Que aproveitem o conhecimento que possuem e se cuidem, porquanto, do mesmo modo que na Terra a doença ataca tanto os que com ela se contagiam quanto os médicos, mais expostos ao contágio porque se esforçam em combatê-la, na vida verdadeira o desequilíbrio se verifica tanto naqueles que não conheciam as leis morais quanto, muitas vezes, é mais intenso naqueles que a recomendavam aos outros, mas não as seguiam.

O assunto se apresentava instrutivo, mas Ribeiro recebeu um importante chamado e precisou despedir-se do companheiro que, seguindo para o atendimento dos aflitos, carregava a lição que precisava, também ele, aplicar a si mesmo antes do que aos outros.

ESCOLHAS INFELIZES

30

Alencar voltou aos cuidados junto aos enfermos da alma que lhe cabia amparar, à espera da oportunidade favorável do encontro entre Alberto e Leda.

No entanto, sua presença junto à irmã aflita parecia agoniá-la ainda mais.

— Eu não te conheço – repetia Leda, entre alucinada e perdida. Você é novo aqui? Nunca vi a sua cara!

— Sim, dona Leda, estou neste emprego há pouco tempo – respondeu-lhe Alencar, usando de psicologia para amparar a mulher perdida em si mesma.

— Acho que este hospital deveria avisar os doentes sobre estas mudanças. Afinal, minha vida está na mão de estranhos que podem, perfeitamente, me induzir à morte com a troca de remédios. Está vendo aí, esse soro pendurado, não vi quem colocou nem sei qual é a sua finalidade.

— Ora! dona Leda, todos aqui queremos a sua melhora. Esteja certa de que é uma substância que a ajudará no reequilíbrio geral.

— Não sei, não. Só acredito em Alberto e no meu médico. Afinal, estou aqui há muitos meses e tenho planos para voltar para a minha vida. Por falar nisso, sabe me dizer se algum amigo meu veio me visitar?

— Creio que não – respondeu o enfermeiro, sorrindo.

Para evitar a decepção da enferma, continuou explicando:

— É que a senhora esteve dormindo por um tempo e ninguém quis interromper seu sono. Além disso, ainda não estamos no horário das visitas.

— Bem, até que isso é verdade. Apaguei e nem sei quanto tempo se passou. Mas continuo com dores fortes. Você não tem nenhum remedinho para me aliviar? Credo, este hospital está cada dia pior. São os doentes que precisam ficar pedindo os remédios...! Quando é que o médico vem me ver?

As palavras se misturavam nas frases, seus raciocínios apontavam para um distúrbio do equilíbrio mental, produto da transição entre os dois mundos mas, também, do estado de despreparo interior que acompanhou a doente do outro lado da vida.

Apesar do amparo de amigos, continuava a ser a mesma Leda de antes, volúvel, ególatra, mesquinha, com suas atitudes e palavras em absoluta dissintonia em relação ao ambiente em que era generosamente acolhida.

— Que tal se nós orássemos pedindo a Deus o seu amparo?

Diante da sugestão inocente e fraterna, Leda moveu-se no leito, empertigando-se para mostrar a própria importância e disse:

— Escuta, meu chapa, você é enfermeiro ou padre disfarçado? Se pensa que as rezas são mais poderosas que os remédios, está no lugar errado, meu caro. Se tem essas ideias, vou pedir que tirem você do meu quarto. Esse negócio de Deus é conversa para boi dormir. Se fosse verdade, essa gente que reza jamais ficava doente nem passava por aflições. No entanto, parece ser justamente o contrário. Quanto mais o povo reza, mais assombração aparece em seu caminho.

Diante do silêncio de Alencar, voltou a disparar a metralhadora:

— E então, sua múmia. Vai ficar parado aí me olhando? Vai logo chamar o médico, seu inútil...

Ele estudou é para curar gente viva que nem eu. Reza é para defunto.

Como se vê, trazia a ideia fixa de que possuía o corpo de carne e, caminhando para a retomada da consciência, sonhava em poder voltar às festas e aos prazeres de antes.

Com a mente presa ao mundo material, pouco lhe valiam os recursos magnéticos que se lhe ofereciam, uma vez que não os assimilava, mantendo o quadro de desajuste orgânico e de dor constante.

Ninguém ainda lhe havia falado em termos de desencarnação, certos de que, no momento adequado, Leda haveria de dar-se conta das mudanças reais. Sua ilusão mantinha suas insanidades, vivendo em um mundo fictício, que se lhe parecia o único real.

As imagens mentais que lhe orbitavam a alma indicavam estado de desequilíbrio total.

Alencar aguardava, dessa forma, a chegada de Alberto que, em Espírito, seria a última maneira de abrir os olhos de Leda.

Assim que o médium pôde ser trazido à presença do enfermeiro, trocaram algumas palavras, ressaltando Alencar a necessidade de que a esposa entendesse o seu novo ambiente e, com isso, reajustasse os pensamentos no rumo da elevação espiritual aos novos horizontes a que sua alma fora chamada.

Alberto compreendera a delicadeza da situação e, agradecendo o amparo de que o Espírito de sua ex-esposa era objeto, foi conduzido até a presença dela, solicitando intimamente aos Espíritos amigos a inspiração superior para levar a tarefa a bom termo.

Vendo a chegada do ex-marido, Leda pareceu despertar, ganhando viço, sobretudo por julgar o ex-marido no contexto dos vivos do corpo, como estava acostumada. Não lhe ocorria a ideia de que o próprio Alberto ali estivesse como uma alma despida do envoltório carnal pelo sono físico.

— Ah! graças a Deus você chegou, Alberto. Só você para me acalmar. Olha, querido, sabe que tem umas pessoas diferentes por aqui, cuidando de mim? Não sei quem são, são muito diferentes dos que trabalham aqui no hospital. Nunca vi esta gente. Até parece que mandaram todos embora e contrataram uma nova equipe de trabalhadores.

Vendo que Leda distorcia os fatos para adequá-los à sua interpretação, Alberto procurou alertá-la de uma forma muito carinhosa, chamando sua atenção para as diversas oportunidades de trabalho no bem.

— Pois olha, Leda, também acho que o hospital está mudado. Você já percebeu que quase não há gritos ou gemidos em parte alguma que lhe atrapalhe o repouso?

Todos os que aqui são internados trazem problemas. No entanto, a bondade de Deus é imensa a permitir que suas angústias se transformem. Você já procurou pensar na misericórdia do Pai?

— Ora! Alberto, lá vem você com a ladainha do centro espírita. Respeito muito suas ideias, mas como já lhe disse, prefiro as nossas reuniões sociais onde, de uma forma ou de outra, nossas afinidades se abastecem das coisas comuns. Eu, Moira e tantas outras, nos felicitamos e aproveitamos as novidades para nos distrairmos das preocupações do mundo. Tem gente pobre por toda parte e, com isso, a gente acaba sentindo uma necessidade de se aproximar dos que são iguais a nós. Pobreza atrai pobreza, e com a doença é a mesma coisa. Espero que você continue a rezar por mim, isso sim. Já que sua fé é maior do que a minha, vai orando e pedindo para que as coisas não se estraguem mais do que já estão. Não posso morrer agora, tenho muita coisa para fazer.

Percebendo a sua insistência na alucinada ideia de que sua vida material estaria preservada, Alberto segurou-lhe as mãos e disse:

— Sabe, Leda, antes que as dificuldades nos levassem ao testemunho da fé através da pobreza, não me esqueço do dia em que nos encontramos no mundo, tecendo as teias brilhantes da esperança para nós e para o nossos. E dessas lembranças me surge a certeza de que, onde estivermos, nossos espíritos poderão sentir o mesmo afeto a nos unir a todos os que guardamos no coração.

— É verdade, Alberto – exclamou Leda, um pouco mais calma diante da palavra amorosa do ex-companheiro.

— Por isso é que não devemos encarar a morte como um evento traumático ou aflitivo que nos afaste de todos os seres importantes. Ao contrário, entendamos a passagem para um outro mundo como a promoção que se confere ao bom aluno ou, pelo menos, ao aluno sinceramente interessado no aprendizado. Já pensou no momento de sua viagem para o outro lado da vida? Afinal, todos nós vamos fazê-lo, sadios ou enfermos.

Leda gelou por dentro, dando a ideia do quanto esta ideia a apavorava.

— Não pensei nem quero pensar, Alberto. As coisas do espiritismo fizeram você só falar na hipótese da morte, como se todos os dias a gente tivesse que morrer um pouco. Em realidade, meu desejo é viver e viver vida material, envolvida pela atmosfera do desfrute, da satisfação, da alegria, que me tocam a alma de verdade. Agora mesmo, um enfermeiro novato me veio com essa conversa de oração. Perguntei a ele se aqui era uma igreja ou um hospital, pois se for o primeiro, não fico aqui nem mais um minuto.

Não que esteja sendo maltratada, mas, em verdade, estas atitudes de santidade não combinam com coisas de hospital, cheio de bactérias e aparelhos. Então, não me venha você também com esse papinho. Se eu descobrir que este negócio aqui é uma igreja com todas as suas rezas, dou um jeito e fujo daqui depressinha. Estou viva como você, Alberto. Por acaso, você é um defunto?

— Não, Leda, sou um Espírito que está num corpo de carne.

— Então, ora bolas! Você me visita neste hospital para me dar ânimo para que eu supere a doença. No entanto, me diz para ficar rezando, Alberto. Se reza salvasse doente, não precisaria existir mais farmácia no mundo, ora! Você é um vivo falando com outra viva. Pronto. Chega de conversa de funerária. Credo. Veio me salvar ou me enterrar?

— Vim para ajudá-la a entender, Leda. Acontece que sua vida de agora não pode mais ser vivida como era anteriormente. Tudo muda em nosso caminho e todos precisamos nos adaptar às novas realidades.

— Lá vem você com esse papinho furado. Olha, me diz uma coisa: tem alguma notícia de Moira? Mandei avisar que estava no hospital, mas acho que ninguém lhe deu o recado, porque não veio ninguém me ver.

— Tenho sim, Leda. Moira foi enterrada faz um ano.

A informação produziu um choque elétrico em Leda.

— O que você está me dizendo? Não é possível...! Não pode ser...! Aquela mulher era especial, cheia de vida, cheia de amigos. Era meu espelho, a pessoa que servia de modelo para mim. Como é que isso foi acontecer e ninguém teve a coragem de me contar nada?

— Acho que não desejavam incomodar você, com os problemas que já possuía, dando notícias como essa. Mas como eu estava dizendo, ela não foi nem rica, nem jovem, nem bonita o suficiente para impedir que se transformasse, agora, numa caveira debaixo da Terra, não é mesmo?

— Ai, Alberto, credo, isso é crueldade. Só de pensar me dá arrepios. E o que será de seu Espírito do outro lado da vida? Vocês, que são espíritas e sabem tudo, poderiam me explicar?

— Não há nenhuma mudança de natureza essencial nos Espíritos que transitam entre os dois lados da vida. Apenas o fato de caírem as máscaras mentirosas e se apagarem as ilusões que as entretinham. Agora, no lado espiritual da vida, Moira deverá estar entendendo como lhe foram inúteis as plásticas cirúrgicas que lhe garantiram um corpo esbelto e atraente. Certamente os obsessores da vaidade e aqueles que lhe foram as vítimas da exploração sexual esperam por ela, de forma que a caçadora, agora, virou a caça.

Preocupada com a sua posição no mundo, agora que a "grande amiga" havia partido, Leda perguntou, aflita:

— Mas Alberto, e agora, o que vai ser deste mundo? A gente sempre se reunia ao lado dela. Era ela quem organizava as festas, as recepções e as nossas diversões. Não tem ninguém que se coloque à sua altura para conseguir as mesmas belezas que ela era capaz de obter. Todos girávamos ao seu redor. Minha vida não terá mais nenhuma graça se não há mais aonde ir.

— Pois então, Leda, não se esqueça de que tanto quanto Moira, você também vai chegar do outro lado da vida com o peso dos erros do passado. Já pensou nisso?

— Claro que não! Não me lembro de erro nenhum, querido. Meus filhos, quer dizer, nossos filhos, foram criados com o bom e o melhor. Agora estão construindo suas vidas com base em tudo o que lhes ensinamos.

— Você tem recebido a visita deles aqui?

— Infelizmente não, Alberto. Isso me angustia um pouco, sabia? Mas me acalmo quando penso no tamanho das conquistas materiais que estão buscando. São lutadores e não querem aparecer na sociedade como derrotados, ainda mais depois de tudo o que você passou e da repercussão da falência sobre eles.

Sentindo que o tempo se lhe esgotava, Alberto precisava dar a Leda o remédio amargo que, de uma forma ou de outra a despertaria.

Com muito amor nas palavras, então, falou-lhe o ex-marido:

— Sabe por que eles não vêm aqui lhe ver?

— Já disse, Alberto, eles estão muito ocupados.

— Não é por isso não, Leda.

— É sim... é sim... eu conheço os filhos que tenho – respondeu, teimosa, querendo impor sua opinião.

— Não, não é por falta de tempo. É porque eles não conseguem mais enxergá-la no mundo, Leda!

— O quê? Como é possível que os dois tenham ficado cegos? Mas o que é isso? Uma epidemia, uma conjuntivite terrível, um problema mais grave que ainda não me contaram?

Meu Deus, Alberto, você está vendo a falta que faz a mãe na vida dos seus filhos? Foi só eu precisar vir para o hospital por algum tempo e os meninos acabam assim, doentes também? Tudo fica confuso e complicado. Meu Deus, será que você não pode ajudá-los com esse negócio aí de não enxergar?

Vendo que Leda continuava a fugir do assunto, Alberto então lhe revelou:

— Não, Leda, quem está precisando acordar é você. Não são capazes de vê-la porque, na realidade, você é que se tornou invisível. Seu corpo morreu e já se passou um bom tempo no qual sua alma não mais está no meio dos vivos da carne.

Leda não considerou a generosidade das palavras que lhe chegavam à alma com a finalidade de produzirem benefícios de lucidez. Imediatamente, gritou:

— Mentiroso... mentiroso... por que você está fazendo isso comigo? Já sei, está querendo se vingar de tudo o que fiz você passar, não é mesmo? Que covardia... Socorro, socorro, enfermeiro, socorro! Tem um homem aqui querendo me matar, por favor, me auxilie, tire este maluco daqui...

— Calma, Leda, não se agite mais. Sua alma está em recuperação. Este é um hospital espiritual e você foi trazida para cá por acréscimo da misericórdia de Deus, que levou em conta algumas das poucas coisas boas que praticou no mundo.

— Poucas? – continuou gritando, descontrolada. Como ousa você dizer que pratiquei pouca caridade? Não sabe quanto tenho doado para os miseráveis? O que sobra de nossas reuniões é doado para os famintos. Como vamos continuar a fazer isso se não temos mais a Moira conosco? Ou isso também é uma mentira sua, seu impostor? Sim, você é um impostor, querendo me impressionar com essas notícias.

— Não importa o quanto você esperneie, Leda. Já passou da hora de você acordar. Sua vinda para este hospital não lhe garante hospedagem para leviandades e sandices. Já bastam as que você cometeu quando estava na Terra. Sua presença aqui é uma concessão precária, que depende de seu desejo em se melhorar. Caso não o faça, não há como empreender recuperação, obrigando-a a se reequilibrar. Goste ou não goste, você não tem mais o corpo de carne.

— E você, como é que está falando comigo? Acabou de dizer que está vivo no mundo? Como pode dizer que eu estou morta?

— Muito simples, Leda. Meu corpo está adormecido e meu espírito foi trazido até você para tentar auxiliar o seu despertamento. Caso não acredite nisso, não haverá como mantê-la aqui.

Leda empalidecera diante de uma energia nunca vista nas atitudes de Alberto. Lágrimas de angústia e dor íntima brotavam-lhe, denunciando seu desajuste moral mais profundo.

— Não é possível, não pode ser verdade! – exclamava, semialucinada.

— Mas é a verdade mais verdadeira que sua alma precisa saber. Esse é o motivo pelo qual não conhece os enfermeiros que a atendem, que ninguém vem visitá-la e que, mesmo eu, não poderei permanecer aqui por mais tempo.

Seus pensamentos precisam ser encaminhados para o alto, através da oração e da humildade, da aceitação e da confiança em Deus pois, se não for assim, sua vibração inferior a conduzirá aos planos inferiores, em sintonia com sua alma.

Leda se agitava na cama sem ouvir-lhe os conselhos.

Não podendo mais permanecer ao seu lado, Alberto encerrou a conversa dizendo, francamente:

— Deus abriu as portas deste hospital para recebê-la com amor, ainda que você não tivesse nenhum merecimento para isso. Agora, está em suas mãos, aceitar a dádiva sublime e ajudar os que estão tentando ajudá-la, cultivando paciência, obediência e resignação. Se assim não for, irá alojar-se em outro tipo de hospital, muito pior do que este. É você quem vai decidir.

As palavras de Alberto lhe caíam na mente como chispas elétricas de alto poder de penetração, carregadas com a sinceridade fraterna. Leda precisava decidir seu caminho para que não se adiassem os compromissos. Até ali, havia recebido as concessões que não correspondiam às sementes. Agora, tinha que decidir se as aceitava ou se pretendia colher a lavoura que havia plantado quando na Terra.

Alberto despediu-se, informando não saber quando poderia regressar novamente.

Leda não lhe deu maior atenção, agora que estava perdida entre sentimentos tão antagônicos.

Não passou muito tempo para que Alencar voltasse ao quarto para dar continuidade ao atendimento.

— Ai, ai... - gemia Leda - maldita a hora em que esse inútil marido... quer dizer... *ex*-marido veio me visitar. Melhor que estivesse enjaulado em alguma penitenciaria. Só veio aqui para me fazer sofrer. Imagine, enfermeiro, tentou a todo custo me convencer de que eu tinha morrido.

— E ele tem razão, sim, dona Leda. A senhora não está mais no rol dos vivos do corpo.

Assustada com aquilo que considerava audácia do atendente, empertigou-se no leito, recusando submeter-se aos cuidados que ele lhe prestava.

Queria falar com o responsável pelo setor. Não aceitava ser feita de tola com essa conversa de morte.

Com a calma dos que sabem lidar com esses surtos psicóticos, Alencar soou uma suave campainha que indicava a convocação do responsável pelo setor hospitalar a que se prendia o caso Leda.

— Boa noite, Leda – falou Alexandre, solícito.

— Boa noite que nada. Estou aqui sendo bombardeada por informações mentirosas por parte destas pessoas que, com a desculpa de cuidarem de mim, vêm me assombrando. Imagine, insistem em dizer que eu estou...

— Morta, não é? – respondeu Alexandre.

— Isso, isso mesmo! Graças a Deus que apareceu alguém que me entende. O senhor acha lógica numa coisa dessas?

— É verdade, dona Leda, não há nenhuma lógica na morte que destrói tudo. Já imaginou quanto trabalho de Deus desperdiçado para alimentar os vermes?

— É mesmo. Por isso é que quero que o senhor mande esse cara aí – disse indicando o enfermeiro Alencar – que pare de me assustar com esse noticiário macabro.

— Acontece, dona Leda, que a senhora está pensando em morte com a ideia de fim de tudo enquanto que, para todos nós, a morte é apenas uma etapa na longa trajetória do crescimento. Realmente, a senhora não morreu, mas seu corpo não existe mais.

— Vixe! – resmungou a pobre – mais um maluco que me quer enganar. Você também está nesse comboio, meu amigo? Pareceu que era mais inteligente do que os outros para entender que eu continuo vivinha como antes.

Com a paciência dos que sabem lidar com esse momento delicado, Alexandre respondeu:

— Entender que a vida continua é o maior sinal de lucidez que podemos ter, considerando a bondade de Deus, minha irmã. Deus não poderia destruir o que diz amar. E se a ama, permitiu que sua alma continuasse a existir para, depois de recuperada, atuar no sentido de corrigir o mal e praticar o bem.

Leda não ousava mais contestar. Parecia inútil.

Preferiu, em sua insanidade, parecer que estava aceitando as ideias que a contrariavam, para não mais parecer desobediente, e, então, procurou contemporizar.

— Aquele que foi o meu marido no mundo me disse que morri e que estou aqui para me melhorar por não ter feito nada de bom no mundo.

— Sim, é verdade.

— Disse também que minha melhor amiga havia morrido antes de mim.

— Sim, também é verdade. A senhora Moira já está no mundo invisível antes de você.

— Então, se é verdade isso que você está me falando, quero ir conversar com ela. Se ela me disser que eu morri, aí eu vou ver o que vou fazer.

Compreendendo que Leda se recusava a aceitar as terapias propostas pelo amor, Alexandre não se espantou com a solicitação e disse:

— Saiba você que não está reclusa em uma prisão. Estamos em um hospital de amor pelos que sofrem. Quando os aflitos não aceitam nossas medidas, têm liberdade para se afastarem quando quiserem. Assim, providenciarei seu encaminhamento até onde se encontra sua amiga Moira, em condições muito piores do que a sua neste momento. Esperamos que isso lhe sirva de aprendizado. No entanto, não se esqueça de que, uma vez escolhido o caminho com a liberdade que lhe cabe, você deverá responder por seus atos. Não temos autorização para recolhê-la novamente, até que esteja profundamente transformada pelas experiências que escolheu viver.

— Tudo bem. Estou ciente das advertências. Onde é que eu assino o documento? Pode me trazer, que não me recusarei a firmá-lo. Quero minha alta, isso sim.

Alexandre acenou positivamente com a cabeça e solicitou de Alencar que providenciasse todas as medidas para a retirada de Leda daquele hospital e o seu encaminhamento aos níveis umbralinos em busca da companhia trevosa cuja falta tanto sentia.

Seria a última vez que Leda teria um pouco de paz e serenidade, até que a dor reconduzisse sua consciência ao seguro porto da lucidez.

Coração do mundo

31

ACOMPANHADO DE OUTROS ESPÍRITOS RESPONSÁVEIS por instituições espíritas em atividade na Pátria do Cruzeiro, Ribeiro havia sido convocado para entendimento urgente em região superior, motivo pelo qual não pudera prosseguir na conversa com Alencar.

À frente dos milhares de Espíritos congregados para o evento, estava Bezerra, ao lado do qual outros mentores e operários do amor com responsabilidades ligadas ao destino da nação brasileira se encontravam.

Sem maiores cerimônias, o Médico dos Pobres assomou à singela tribuna dizendo, depois da prece de abertura e da saudação fraterna:

— Prezados irmãos, fez-se urgente nosso encontro em decorrência da gravidade do tema. Atendendo a instruções de Ismael, a augusta e angelical entidade que governa os destinos de nosso amado Brasil em nome do Cristo de Deus, é indispensável que nossos núcleos espíritas se preparem para exercer a natural destinação atribuída à nossa nação como coração do mundo.

Segundo seus esclarecimentos, a tragédia que se abateu sobre a operosa civilização japonesa, lavrando em suas almas dolorosa página de perda e resgate, produziu dezenas de milhares de desencarnações bruscas, marcando essas almas com o selo do desespero e da agonia. Em questão de alguns minutos, milhares foram trasladados para o mundo invisível, boa parte dos quais sem o entendimento adequado ou o preparo prévio para a nova vida. Milhares de Espíritos estão presos aos destroços ou aos próprios cadáveres num quadro doloroso, que compunge a alma mais preparada.

Não há dúvida de que tudo isso faz parte dos processos renovadores e não há na tragédia coletiva nenhum laivo de ira divina, como muitos haverão de qualificá-la.

Nos ordenamentos superiores não há espaço para os vícios humanos nem para o exercício de emoções inferiorizadas. Temos sido constantemente avisados sobre as transformações que estão a caminho, mas, apesar disso, a maioria adormece nas emoções materiais como se o mundo material fosse o único existente.

Isso não impede que a natureza tenha seu curso. Ao mesmo tempo em que os povos de inúmeras nações africanas gritam por liberdade e renovação, vítimas de governos despóticos e indiferentes, as forças do bem observam o avanço das mudanças previstas há milênios, reconhecendo o descompasso entre as leis do universo e o domínio egoístico que o ser humano tem imposto ao ambiente que ocupa, produzindo desalento e confusão na casa do Pai a que chamamos Terra.

Por toda parte, os elementos naturais continuarão a causar tanto as rupturas da tessitura social quanto das velhas práticas de dominação.

Ismael realça, assim, o momento da solidariedade entre irmãos que vivem em regiões não atingidas pelas catástrofes para com aqueles que, retirados da vida física, estão perdidos entre as ruínas em busca de seus bens ou dos entes queridos igualmente desaparecidos.

Não será menor a dor dos sobreviventes porquanto precisarão conviver com a reconstrução de tudo o que perderam sob o escuro panorama que se seguirá à tragédia material.

O medo, a contaminação, a carência de recursos, tudo isso vai aturdir a nação nipônica como um todo, pesando mais sobre os que se encontravam vivendo diretamente nas áreas atingidas.

Unir-se-ão as duas tragédias, para piorar ainda mais o psiquismo reinante, misturando lágrimas e lamentos dos encarnados e dos desencarnados, ensombrando todo o panorama.

Por isso, nossas casas de amor espiritual estão sendo solicitadas para receberem, na medida das possibilidades espirituais de cada uma, contingentes de desencarnados que, continuando a viver, carecem de paz para recuperarem o equilíbrio. Ao se sentirem acolhidos por corações generosos, mais fácil lhes será o entendimento e a superação, ainda que a plena vitória só se dará pelas determinações pessoais no sentido da conscientização de cada um.

Em nosso caso, a estreita convivência com os imigrantes japoneses que se deslocaram para o Brasil produziu não apenas a colônia nipônica no círculo dos encarnados, mas incorporou à nossa realidade espiritual as entidades desencarnadas desse povo irmão, estabelecendo maior harmonia e identificação entre nossas duas culturas. Não é por outro motivo que, como nos informa Ismael, foi o Brasil abençoado com o intercâmbio inter-racial variado, graças ao qual ocorreu um entrelaçamento também entre os Espíritos das diversas etnias, preparando-o como "berço esplêndido" para o acolhimento das almas aflitas dos diferentes povos do planeta, quando lhes chegar a hora do testemunho.

Não nos faltarão almas abnegadas militando em nossas casas de amor, na dimensão espiritual, para auxiliar decisivamente no amparo daqueles que para cá forem trazidos, que servirão de ponte entre as duas culturas, facilitando a adaptação dos recém-chegados.

Dentre vocês, cada qual que dirija uma dessas instituições, na medida de suas possibilidades, está convidado a realizar todos os esforços necessários para somar às tarefas já existentes, a do acolhimento de tais necessidades, inclusive com a modelagem de ambientes que recordem aos viajantes a atmosfera do país de origem, com o aconchego e a serenidade que lhe caracterizam as tradições.

Sabemos que nutrem profundo respeito pela natureza, o que nos facilitará o trabalho preparatório na atmosfera espiritual de suas instituições, reservando-se algum local específico que espelhe tais peculiaridades benfazejas visando ao reequilíbrio mais rápido.

Além do mais, tendo como intérpretes os Espíritos de japoneses já aclimatados ao psiquismo brasileiro, possibilitaremos o reabastecimento de seus corações lacerados, sentindo-se em lugar familiar, com pessoas familiares e solidárias. Não se trata, pois, de incutir-lhes nova religião ou promover-lhes a conversão a nova fé. Como sabem, o cristianismo se baseia no Respeito aos filhos de Deus, não usando de violência para com nenhum deles, nem para convertê-los nem para intimidá-los. Prepararemos nossas instituições como fazíamos por ocasião do acolhimento de visitas muito queridas, quando ainda vivíamos na carne, dando-lhes o melhor que podíamos por causa do afeto que nutríamos.

Ampliaremos o entendimento da fraternidade, oferecendo em nossas instituições a acolhida da casa materna que se engalana para produzir em quem chega a ideia de que está em sua própria casa.

Com o passar dos dias e semanas, alguns serão conduzidos às reuniões específicas, durante as quais, ainda que não consigam movimentar a ferramenta mental para o intercâmbio por falta de experiência e entendimento, recolherão forças vitais dos presentes, sentindo o renovar das energias pela assimilação das potentes correntes de equilíbrio que envolvem os trabalhos espirituais das casas espíritas sérias.

E quando se fizer possível, usarão do intercâmbio mediúnico para os entendimentos mais íntimos e o despertamento da compreensão da nova vida. Antes, porém, é imprescindível que recuperem o equilíbrio indispensável.

De qualquer forma, Ismael conta com nossa compreensão para que a casa do Pai e o coração do mundo sejam a manjedoura daqueles que a bondade de Deus encaminhar à nossa atmosfera acolhedora.

Saibamos ser os que acolhem com respeito e sinceridade, tudo fazendo para diminuir o tamanho da dor. Ninguém nos garante que, cedo ou tarde, não serão os irmãos brasileiros aqueles que precisem de asilo em algum outro recanto da mãe Terra. Somente ao preço da dor multiplicada é que aprenderemos a verdadeira fraternidade.

Não se esqueçam de elucidar também os encarnados sobre esse programa de resgate e amparo, para que compreendam a importância do momento por que passa a humanidade quanto ao aproveitamento das oportunidades, para serem combatidos nas almas o fantasma do egoísmo e do orgulho.

Cada instituição espírita disporá de um dia para que nos informe quantos necessitados poderá albergar segundo a estrutura de cada grupo, levando em conta os recursos disponíveis, o volume de trabalhadores nos dois planos da vida, detalhando também qual será o nível de socorro em que poderão cooperar, pois sabemos que algumas não dispõem de áreas hospitalares para atendimentos mais amplos e demorados. Toda a boa vontade será importante, não importa em qual tipo de acolhimento. Serão compreendidas as possibilidades de cada um, mas relembramos a urgência de tais serviços, já que a dor não espera.

Se algum dos presentes já nos puder apresentar essa estimativa, assim que encerremos nosso rápido entendimento, devem dirigir-se aos organizadores do traslado para lhes passar as informações, como também aqueles que precisarem de mais detalhes sobre as atividades deverão obtê-las junto aos responsáveis pelos serviços de preparação e adequação, os quais não pouparão esforços para atender naquilo que se fizer possível.

Se muitas nações da Terra definiram suas escolhas pelos caminhos do poder imperial ou da escravização dos mais fracos, a nossa recebeu do Pai a missão de ser a nação salva-vidas. Que isso possa inspirar-nos na cooperação que Jesus necessita de nós, reforçando os programas de serviço e, como os cireneus modernos, auxiliarmos outros aflitos a carregarem suas cruzes.

...

Deu-se por terminada a rápida assembleia que, por óbvios motivos, foi marcada pela alegria coletiva nos corações daqueles que poderiam trabalhar pela melhoria dos decaídos, abatidos ou mortos.

As despedidas foram rápidas porquanto havia muito a providenciar.

Acostumado a ações dessa natureza, Ribeiro já se havia prevenido e, com o apoio de toda uma equipe amorosa e dedicada, havia disponibilizado uma grande ala hospitalar instalada sobre a casa espírita que dirigia, além de acomodações específicas e ambiente acolhedor para os referidos viajantes.

Procurou os responsáveis pela tarefa e informou que sua instituição contava com duas mil vagas hospitalares em sistema coletivo e cerca de oitocentos quartos individuais. Os próprios organizadores se surpreenderam com a rapidez da resposta, manifestando a gratidão dos que podem contar com tal apoio. Em resposta, colocaram à disposição do dirigente dedicado quatrocentos Espíritos voluntários para os serviços extras, sendo uma das primeiras no Brasil a albergar os transferidos do cenário da tragédia.

Já no dia seguinte, começaram a aportar à instituição dirigida por Ribeiro os quatrocentos novos auxiliares, cujas tarefas se somariam às dos muitos trabalhadores.

Devidamente acolhidos e integrados nas tarefas, Ribeiro informou a todos que se fazia imperiosa a superação pessoal, para que se correspondesse ao mandato de amor que haviam recebido de mais alto.

Artistas espirituais se uniram na produção de ambientes acolhedores. Pintores criaram paisagens inspiradoras e calmantes, lembrando o cenário querido ao coração dos abrigados, músicos se ocuparam da melodia, todos trabalhando com empenho naquilo que ficou conhecido como o "Pavilhão Japonês". Em cada canto, um toque delicado se acrescentava, à espera dos novos hóspedes. Escritores orientais lavravam poesias em idioma japonês de forma que em cada quarto existia na parede ideogramas inspiradores, recordando ao hóspede a importância da sobrevivência, do amor fraternal, da proteção divina, da confiança em Deus, todos conceitos universais sob cuja sombra as religiões planetárias se identificam e unem.

Em cada leito da habitação coletiva, foi disposto um arranjo floral ao estilo japonês, visando a transmitir serenidade.

Por toda parte, manso correr de água adicionava o ruído da fonte ao frescor da atmosfera, cercando de verdor o pavilhão, como verdadeira pedra preciosa encantando a todos.

Enquanto isso, aguardavam a chegada dos novos amigos, a maioria dos quais sem entendimento, perdidos como zumbis que não sabem o que fazer, reagindo mecanicamente a qualquer estímulo.

Não tardaria mais de uma semana para que essa instituição, além de mais algumas que já se haviam preparado, recebessem os primeiros hóspedes, naquela que se poderia considerar a segunda imigração japonesa em terras do Brasil.

Confirmava-se, dessa maneira, o plano superior acerca da missão da nação brasileira, cuja mansuetude e benevolência seria o amparo aos sobreviventes, porto seguro a acolher e educar por meio da solidariedade real aos que não tinham mais para onde ir.

Graças à índole pacífica de seu povo e aos conceitos cristãos fecundados ao longo dos séculos de preparação espiritual, as forças espirituais poderiam, agora, contar com o ambiente acolhedor indispensável para a diminuição das aflições coletivas.

Iniciava o Brasil, assim, o cumprimento de seus compromissos superiores como celeiro das nações, acolhendo em sua terra dadivosa membros de todos os povos do mundo, consolidando-se dos dois lados da vida a solidariedade fraterna.

Cada colônia estrangeira que se estabelecera em seu solo generoso em busca de conquistas materiais, em verdade se transformara no embrião invisível dessa aliança profunda entre irmãos de todas as raças, na condição de filhos do mesmo Pai.

Estava sendo dado o primeiro e efetivo passo no sentido da construção da humanidade renovada, consolidando-se os planos de Jesus para as horas difíceis que amoleceriam as fibras mais endurecidas do caráter egoísta e indiferente.

Enquanto muitos países se engalfinhavam em distúrbios variados ou manipulavam os instrumentos econômicos para fazer mais vítimas de suas ambições, o Brasil espiritual iniciava sua trajetória de liderança pela bondade, na nova ordem da evolução a que a Terra era chamada.

As casas espíritas seriam ocupadas pelos aflitos, oferecendo amparo na exemplificação do Cristo verdadeiro, aquele que não se limita a dizer *Senhor*! *Senhor*!

Construído, então, sobre a rocha dos sentimentos espirituais, o Brasil não estaria isento de sua cota de dor no testemunho necessário ao crescimento coletivo. No entanto, pela firmeza de suas bases, não seria riscado do mapa nem pela tormenta, pela ventania ou pela desgraça.

E nas palavras luminosas de dois dos abençoados missionários do bem nas terras brasileiras, foram plasmados os conceitos e os objetivos superiores que delinearam o compromisso do Brasil diante da nova era, retratados a seguir:

> O Brasil não está somente destinado a suprir as necessidades materiais dos povos mais pobres do Planeta, mas, também, a facultar ao mundo inteiro uma expressão consoladora da crença e de fé raciocinada e a ser o maior celeiro de claridades espirituais do Orbe inteiro. (Prefácio do Espírito Emmanuel à obra de autoria espiritual de Humberto de Campos – *Brasil, coração do mundo, pátria do evangelho*)

E o diálogo de Jesus com Helil atesta a convicção superior que conduz os destinos humanos:

> E quando no seio da paisagem repleta de aromas e melodias, contemplavam as almas santificadas dos orbes felizes, na presença do Cordeiro, as maravilhas daquela terra nova, que seria mais tarde o Brasil, desenhou-se no firmamento, formado de estrelas rutilantes, no jardim das constelações de Deus, o mais imponente de todos os símbolos.
>
> Mãos erguidas para o alto, como se invocasse a bênção de seu Pai para todos os elementos daquele solo extraordinário e opulento, exclama então Jesus:
>
> — Para esta terra maravilhosa e bendita será transplantada a árvore do meu evangelho de piedade e de amor. No seu solo dadivoso e fertilíssimo, todos os povos da Terra aprenderão a lei da fraternidade universal. Sob estes céus serão entoados os hosanas mais ternos à misericórdia do Pai Celestial. (...) Aproveitamos o elemento simples de bondade, o coração fraternal dos habitantes destas terras novas, e, mais tarde, ordenarei a reencarnação de muitos Espíritos já purificados no sentimento da humildade e da mansidão, entre as raças sofredoras das regiões africanas, para formarmos o pedestal de solidariedade do povo fraterno que aqui florescerá, no futuro, a fim de exaltar o meu evangelho, nos séculos gloriosos do porvir. Aqui, Helil, sob a luz misericordiosa das estrelas da cruz, ficará localizado o *coração do mundo*!

Foi por isso que o Brasil, onde confraternizam hoje todos os povos da Terra e onde será modelada a obra imortal do evangelho do Cristo, muito antes do Tratado de Tordesilhas, que fincou as balizas das possessões espanholas, trazia já, em seus contornos, a forma geográfica do *coração do mundo*. (Capítulo primeiro do livro *Brasil, coração do mundo, pátria do evangelho*)

Orientação aos trabalhadores encarnados

32

LOGO QUE O GRUPO DE FREQUENTADORES ENCARNADOS reuniu-se para as tarefas mediúnicas regulares, Ribeiro assumiu o controle do médium Alberto e, depois da oração inicial de Jurandir, convocou-os ao serviço de elevação através da multiplicação dos esforços para o bom cumprimento dos deveres cristãos.

— Sabem vocês, filhos queridos, que não estamos no mundo para nos abanarmos em busca de posições cômodas e fáceis. Todos os que se conduzam pelos caminhos da alienação, cedo ou tarde serão obrigados a acordar pela dor, no triste despertamento para a verdade. Quanto aos que já nos candidatamos a servir por amor, não deixemos passar o instante precioso indicado por Jesus para a renovação de nós mesmos. Sei que os presentes demonstram acentuada disposição de servir, mas estamos no período do sacrifício.

Em *O evangelho segundo o espiritismo*, encontramos preciosa página no capítulo XX que nos ensina sobre "A missão dos espíritas". Nela estão profundas advertências que nos devem tocar o senso do dever, se aceitarmos as tarefas de cooperadores sinceros do Cristo de Deus, na obra de regeneração do mundo.

Eis o trecho a que se refere o Espírito Ribeiro ao dirigir-se aos trabalhadores responsáveis:

> Não escutais já o ruído da tempestade que há de arrebatar o velho mundo e abismar no nada o conjunto das iniquidades terrenas? Ah! bendizei o Senhor, vós que haveis posto a vossa fé na sua soberana justiça e que, novos apóstolos da crença revelada pelas proféticas vozes superiores, ides pregar o novo dogma da *reencarnação* e da elevação dos Espíritos, conforme

tenham cumprido, bem ou mal, suas missões e suportado suas provas terrestres.

Não mais vos assusteis! As línguas de fogo estão sobre as vossas cabeças. Os verdadeiros adeptos do espiritismo!... sois os escolhidos de Deus! Ide e pregai a palavra divina. *É chegada a hora em que deveis sacrificar à sua propagação os vossos hábitos, os vossos trabalhos, as vossas ocupações fúteis.* Ide e pregai. Convosco estão os Espíritos elevados. Certamente falareis a criaturas que não quererão escutar a voz de Deus, porque essa voz as exorta incessantemente à abnegação. Pregareis o desinteresse aos avaros, a abstinência aos dissolutos, a mansidão aos tiranos domésticos, como aos déspotas! Palavras perdidas, eu o sei; mas não importa. Faz-se mister regueis com os vossos suores o terreno onde tendes de semear, porquanto ele não frutificará e não produzirá senão sob os reiterados golpes da enxada e da charrua evangélicas. Ide e pregai!

Esta não é a hora de exigir direitos ou esperar facilidades, mas, ao contrário, é a do sacrifício de tudo o que possamos deixar para que o principal se realize. Os hábitos, os trabalhos e as ocupações fúteis são menos importantes na ordem das coisas, sobretudo agora que se aceleram os eventos que trarão o homem à consciência lúcida.

Nesta casa modesta, recebemos parte dos muitos vitimados nos trágicos acontecimentos do outro lado do mundo. Como nós, todas as instituições cristãs-espíritas, por sua natureza mais preparadas na questão do entendimento das leis do universo e na vivência da fraternidade real, serão postos de atendimento emergencial. O coração do divino mestre precisa de auxiliares para servirem de algodão, analgésico, alento e esperança a todos os feridos que puderem ser resgatados, no revolto mar da vida espiritual.

Nosso centro será mais uma unidade socorrista. Certamente que não nos sobram trabalhadores. Todavia, também não nos falta a boa vontade real. Assim, precisaremos mais ainda da cooperação de cada um de vocês.

Acostumados às disciplinas do trabalho, todos são pontos de apoio com os quais contamos para o oferecimento do melhor socorro.

Um hospital necessita de doadores de sangue nas grandes crises, tanto quanto a casa espírita necessita de doadores de energias benéficas e bons exemplos. Contamos com todos para o trabalho noturno, após o adormecimento físico, porquanto de seus fluidos vitais, centenas de benefícios poderão ser espalhados aos desesperados. Não nos limitaremos a esperá-los por aqui duas vezes por semana. Precisamos de mais já que a necessidade é maior. Então, não se desgastem em atividades desnecessárias. Alguns sentirão uma espécie de cansaço durante o dia, indicativo de que suas energias estarão sendo utilizadas. Os que puderem repousar nessas horas, facilitarão o trabalho dos técnicos espirituais. Em muitos casos, não será necessário mais do que quinze minutos a meia hora de descanso, ainda que não aconteça o sono profundo.

Caso tal fragilidade aconteça em hora na qual não lhe seja possível repousar, asserenem o pensamento e liguem-se pelo pensamento ao nosso grupo a fim de que a sintonia se faça mais fácil. Afastem-se para algum local mais tranquilo e façam uma oração silenciosa.

Não se deixem impressionar pelas notícias nem se contaminem com o abatimento das pessoas que, em vez de se tornarem dínamos de otimismo, geralmente se deixam enfraquecer pela desgraça, piorando o próprio estado.

O mundo espiritual não precisa de mais gente atrapalhando o serviço do bem. Temos necessidades de idealistas e corajosos que não meçam suas conveniências ou interesses para fazerem aquilo que temos aprendido juntos: força, coragem, paciência e fé.

Entenderam nossas necessidades?

A pergunta de Ribeiro não dava margem a dúvidas.

Todos os ouvintes responderam afirmativamente.

— Estão dispostos a cooperar um pouco mais nesta hora de dor coletiva?

— Sim – foi a resposta unânime.

— Não esperava outra decisão de cada um. Não se esqueçam de que, se o Senhor espera muito de todos, a generosidade de seu coração é magnânima e pródiga. Quanto mais calarem suas reclamações para se tornarem úteis, mais sentirão a presença de amigos invisíveis que corresponderão a essa sustentação, amparando-os a cada hora. Não deixem, porém, de fazer a parte que lhes cabe na vigilância sobre as más vibrações, os pensamentos abatidos e as conversas inferiores.

Como todos são doadores de fluidos, precisam mantê-los purificados no maior grau possível. Não se abasteçam de substâncias que os corrompam nem os desperdicem em comportamentos inadequados, recordando-se de que todos os momentos de repouso do corpo serão mais úteis do que qualquer programa de televisão, qualquer aventura emocionante ou atividade social. Depois dos enobrecedores deveres profissionais que garantem a conquista do pão diário e das atenções próprias aos compromissos familiares, priorizem sua doação espiritual acima de qualquer outro interesse. E mesmo que não seja pelo sono físico, que o façam pela leitura e meditação, pela oração íntima, pelo pensamento no bem, pela conversação enriquecedora sobre valores elevados, cultivando a qualidade de viver em espírito.

Quanto aos trabalhos mediúnicos, advirto-os de que, enquanto nossos visitantes não se recompuserem minimamente, não conseguirão estabelecer sintonia com os médiuns para a comunicação verbal. No entanto, com o passar dos dias e das semanas, à medida que as atividades de atendimento possam ir ganhando corpo e as condições o permitam, vários deles serão encaminhados ao intercâmbio mediúnico. Enquanto isso não se dá, serão colocados junto aos encarnados que aqui estiverem para se sentirem mais abastecidos das forças biológicas, o que lhes facilitará o entendimento e a recuperação de consciência.

Mantenham o equilíbrio do pensamento e o bom senso que conseguimos desenvolver através do estudo constante. Não imaginem que todos os Espíritos que morrem em tragédias coletivas serão trazidos para se comunicarem aqui ou por intermédio de um de vocês, ainda mais quando se trata de Espírito arraigado a cultura tão diferente da nossa. Não nos importa qual a origem do traumatizado e, sim, que seja aliviado de suas angústias. Por isso, quando não se sentirem seguros em relação ao discernimento da entidade comunicante, permitam-lhe a aproximação, vibrem por ela e deixem a nosso cargo encaminhá-la de volta ao local que lhe está assinalado. Primeiramente, as barreiras mentais, culturais, verbais e emocionais precisam ser vencidas para que o entendimento mais direto aconteça.

Deixem a Deus e aos Espíritos Dirigentes a tarefa de definir a melhor hora de encaminhá-los aos médiuns disponíveis, evitando a autossugestão, sempre perniciosa à autenticidade da manifestação.

Alguma pergunta?

Diante da abertura que Ribeiro concedia, Jurandir – o dirigente encarnado – indagou:

— Querido Ribeiro, entendemos as atividades novas e nos alegramos em podermos ser úteis. No entanto, não julgaria adequado que se fizesse algum tipo de abstenção alimentar para melhor cooperarmos com esse objetivo?

— O irmão se refere a evitarem a ingestão de alimentos de origem animal com a finalidade de melhorar o metabolismo e o grau de vibrações perispirituais, não?

— Sim, isso mesmo.

— Bem, filho, qualquer abstenção que se faça por amor é significativa e importante na esfera da doação. Alimentos e substâncias existem que vão contaminando os centros de força com um espesso depósito de resíduos perniciosos para o bom funcionamento geral. Muitas vezes, mesmo nas pessoas de boa vontade, essas ingestões inadequadas reduzem o potencial aproveitável de suas energias vitais. Entretanto, não é tão importante a dieta carnal quanto a elevação espiritual. Com menos trabalho, os Espíritos depuram as forças vitais contaminadas pelo bife do que aquelas estragadas pelos maus pensamentos, pela calúnia, pela agressividade, pela indiferença ou frieza. Estes estados emocionais adulterados geram mais destruição do que o alimento inadequado.

É uma dieta mental que todos precisam adotar, porque não basta a mudança de alimentação sem a das vibrações íntimas.

Para os que puderem se abster de alimentos tóxicos, isso auxiliará bastante. Mas não se esqueçam de modificar as matrizes do pensamento e do afeto.

Com relação às substâncias tóxicas que permeiam os hábitos sociais inadequados, há muito tempo que os trabalhadores espíritas deveriam se libertar de seu uso. Iludem-se os que pensam que basta algumas horas sem acenderem um cigarro para que os efeitos do tabagismo deixem de existir nas emanações energéticas que produzem. O mesmo com os diversos tipos de alcoólicos e drogas variadas.

Para ser sério diante do trabalho, o trabalhador interessado na contribuição com a obra de Deus não pode se dedicar à salvação de seus semelhantes, enquanto escolhe matar-se a si próprio por gosto.

O verdadeiro espírita não se reconhece pela sua pureza imaculada. Todos estamos no caminho do aprendizado mediante acertos e erros. No entanto, é ensinamento do *Evangelho* que o verdadeiro espírita se reconhece por sua transformação moral e "pelos esforços que faz para domar as suas más inclinações".

Na questão da abstenção, quanto mais quimicamente limpos estiverem, menos trabalho darão a Deus e mais úteis serão aos semelhantes.

— Entendemos, irmão Ribeiro. Saberemos realizar as dietas mais adequadas ao trabalho intensivo, reconhecendo, no entanto, que somos doentes oferecendo-nos para auxiliar outros doentes. Não se esqueçam de nós, em nossas grandes necessidades de reerguimento e contenção.

— Nunca os esquecemos, querido Jurandir. Estamos sempre a visitá-los e aguardá-los para a continuidade das tarefas.

Que Jesus os ilumine sempre.

Boa noite.

Com estas palavras, Jurandir passou ao trabalho mediúnico propriamente dito, deixando os comentários para o final da reunião.

Comentários surpreendentes

33

AO TERMINAR O ATENDIMENTO DA NOITE, JURANDIR abriu a palavra aos membros do grupo de trabalho para que estabelecessem o diálogo construtivo sobre os fatos ali vivenciados, referentes à mensagem de Ribeiro e ao longo dos diversos atendimentos das entidades agoniadas.

Após as primeiras abordagens, observou-se que todos haviam entendido com clareza a solicitação do mentor, inclusive com alguns relatando que já haviam sentido referida indisposição, atribuindo-a a alguma causa física, ao efeito do calor ou de algum problema alimentar. Depois dos esclarecimentos, compreenderam a verdadeira causa das sensações que, desde alguns dias, já vinham identificando.

— Não se iludam achando que vai ficar só nisso aí, diminuindo de intensidade depois que nossos novos hóspedes tiverem sido recuperados – afirmou Jurandir, compreendendo a tarefa vindoura. Estamos sendo convocados a um maior esforço, porque não será só esse o mecanismo de limpeza de que se valerá a lei do universo para empurrar o mundo ladeira acima. Temos que vigiar constantemente, porque a fileira dos agoniados, dos dois lados da vida, não diminuirá. Depois desse tormento em forma de terremoto e inundação, virão outros de outras formas, isso sem contarmos com a euforia das entidades inferiores liberadas das entranhas da Terra durante estes eventos. Perceberão a proliferação de crimes hediondos, de situações violentas, de atos dantescos e duelos em todos os níveis da vida humana, num reflexo direto do desequilíbrio vibratório e do despreparo dos seres encarnados para resistirem ao assédio das trevas espirituais.

A boa sintonia será a melhor defesa.

Mal havia terminado de falar, quando uma das médiuns presentes levantou o braço, pedindo a palavra. Acostumados à sinceridade fraterna que envolvia o grupo, Olívia relatou um pouco sem jeito:

— Sabe, seu Jurandir, desculpe falar sobre isso, mas, já que o senhor está comentando essas coisas, gostaria de perguntar-lhe algo que venho percebendo cada vez com mais intensidade.

— Pode falar, Olívia.

— Olha, eu sei que é estranho o que vou dizer e peço antecipadas desculpas se estiver confundida ou for muito esdrúxulo o que direi, mas a verdade, para mim é que tenho visto gente estranha aqui em nossos trabalhos. Não me refiro a Espíritos doentes, malformados, monstruosos. Refiro-me a seres de outros planetas. Não me parecem maus. Ao contrário, apesar de diferentes de nós, muitas vezes vejo-os iluminados por dentro, passando-me uma sensação de serenidade e confiança.

— E eles lhe dizem alguma coisa nestas ocasiões? – indagou Jurandir, diante do olhar curioso e interessado dos presentes que, conhecendo a honradez da médium, não tinham por que duvidar de suas palavras.

— Bem, seu Jurandir, eu não digo que eles falam comigo com suas bocas, mas de forma mental, fazem-me escutar o que querem e demonstram escutar o que penso sobre eles.

— Sim, Olívia, compreendo. E quais são as coisas que vocês conversam?

— Não são conversas muito longas, porque eu não me deixo envolver totalmente, já que temos trabalho por aqui. No entanto, nas últimas semanas, a presença tem sido tão intensa – e às vezes parece que são dezenas – que tenho prestado mais atenção às suas palavras.

— Então, conte para nós o que você está escutando!

Observando a atenção de todos os presentes, Olívia relatou o que se lembrava do diálogo mantido com esses Espíritos.

— A primeira coisa que me ocorreu quando vi aquele ser diferente foi ter a certeza de que não se tratava de algum Espírito como a gente está acostumada a ver. Imediatamente passei a perguntar a mim mesma de onde seria, imaginando que aquela forma humana não deveria proceder do nosso mundo. Para minha surpresa, como se ele estivesse escutando tudo o que pensava, respondeu-me através do pensamento: Antares.

Quando ouvi estas palavras, logo pensei no polo sul, onde só há gelo. Imaginando que havia vindo de lá, fiquei admirada de vê-lo vestido de maneira tão inadequada para uma região onde faz tanto frio. Em verdade, não usava nada parecido com nossos agasalhos. Vestia algo semelhante a uma roupa de mergulhador, mas bem fininha e flexível.

Bastou que pensasse desse modo para que, no esforço de me esclarecer, esticasse o braço, projetando, bem na minha frente, uma tela onde se via uma grande estrela, muito brilhante e avermelhada, dizendo-me que provinha daquele sistema estelar que os homens haviam denominado Antares. Foi aí que entendi que não tinha nada que ver com o polo sul, pois havia confundido Antares com Antártica. Fiquei envergonhada com minha burrice e logo pensei: "Puxa vida! mas deve ser bem longe esse lugar. Como será que ele veio de lá até aqui?"

Então, ele me respondeu (aliás, eu achei muito legal esse mecanismo de comunicação, rápido e certeiro): "Viemos através de veículos construídos para isso, conhecido por vocês como naves. Para facilitar o seu deslocamento, a maioria delas tem a aparência circular, que é mais adequada à viagem no espaço-tempo, já que estamos aproximadamente a 180 parsecs (aproximadamente 600 anos-luz) deste planeta."

Esta informação não fazia nenhum sentido para mim, em termos de distância física, mas me dava a ideia de ser algum lugar muito longe mesmo. Então, pensei: "Tão longe assim, o que será que está trazendo esse povo até a Terra agora? Por que será que eles estão vindo aqui?"

E olha que o mecanismo continuou funcionando. Lá veio a resposta: "Nossas vindas à Terra sempre existiram. Não é de agora que estamos aqui. Atualmente essa frequência é maior pelo interesse em auxiliar os seres viventes nas importantes transformações a que a Terra será submetida e que afetará todas as coisas e pessoas. Assim, por meio daquilo que chamam de intuição, procuraremos amparar sem interferir em seus destinos, além de prestarmos o auxílio possível aos que vivem fora do corpo – chamados de Espíritos amigos por vocês – no apoio necessário." A informação me fez conectar, imediatamente, com o desastre do Japão, logo me perguntando se eles realizavam alguma tarefa de auxílio nas catástrofes que costumam acontecer e ele acenou com a cabeça ao mesmo tempo em que me disse: "Sim, auxiliamos os amigos responsáveis pelo socorro aos que perecem e aos que sofrem."

Então, pensei comigo, por que vocês estão num centro espírita? Foi quando ele me disse algo que se liga ao que o irmão Ribeiro nos comunicou nesta noite:

— Não estamos somente nos centros espíritas e, sim, em todos os locais onde a tarefa do bem seja a bandeira levantada a benefício dos que sofrem. Como local de amparo ao sofrimento, temos aqui o pronto-socorro para o acolhimento dos que necessitam de paz e refazimento, como é o caso das vítimas dessa modificação estrutural da Terra, recém-ocorrido.

Aproveitei, então, para perguntar se todos eram bons ou se existiam alguns maus, como acontece entre nós.

— Vocês nos chamam de extraterrestres porque vivemos fora da humanidade deste mundo, a Terra. Dentro desse conceito, existem também extraterrestres bons e maus, segundo o grau evolutivo que lhes caracteriza a existência nos diversos mundos que há pelo universo. Os maus são os irmãos menos evoluídos que estão encarnados em planetas iguais a este ou ainda mais inferiores. Quanto a nós, todos os que aqui se encontram para o duplo objetivo de auxílio e evolução, encontramo-nos no mesmo patamar de evolução daqueles que possuem a bondade como o fim maior. Algumas pessoas sensitivas podem visualizar Espíritos terrícolas de pouca elevação assumindo formas estranhas, com aparência de extraterrestres, com a finalidade de assustar e amedrontar, causando confusão e pânico naqueles que os identificam.

Depois disso, seu Jurandir, pensei logo:

— Mas se você disse que há extraterrestres maus, eles não podem vir até aqui como vocês estão fazendo e nos prejudicar?

— Esses não o podem por se encontrar sem a tecnologia que lhes permita espalhar sofrimentos para além de suas fronteiras. Como ainda não entendem os protocolos superiores, são como os animais selvagens que vocês guardam em jaulas. Quando se transformarem realmente, poderão ser estimulados nos desenvolvimentos tecnológicos que permitirão deixar suas celas para se relacionarem com outros membros da humanidade cósmica.

Nessa altura do diálogo, comecei a observar a sua aparência, certamente diferente da nossa, mas, ao mesmo tempo, possuidora de cabeça, corpo e membros. Era alto, magro, trazendo os contornos físicos luminosos, cabeça grande, braços longos, quatro dedos nas mãos e nos pés, sem pelos ou cabelos, irradiando uma luz dourado-esverdeada que provinha de dentro. Parecia ser feito de um tipo de substância transparente e firme mas, ao mesmo tempo, suave e flexível, como uma película elástica. Observando, quis saber se eram encarnados ou Espíritos também.

— Estamos aqui com o corpo material que a nossa evolução nos permite construir quando visitamos este mundo, através da plasmação mental e da utilização dos elementos materiais aqui existentes. Por isso é que viajamos em naves físicas.

— Mas esse corpo está sujeito à morte, como acontece com o nosso?

— Não diria que a morte a que estamos sujeitos seja do mesmo tipo daquela que acontece com o corpo físico no mundo material de vocês. Conosco, o que acontece, pela sutilidade da matéria de que nossos corpos são compostos, além do fato de termos aprendido a nos desapegar das ilusões exteriores, é uma troca de roupagem, de acordo com o planeta em que vivemos. O corpo não é uma barreira sólida como acontece na Terra e, assim, as ligações elétricas entre o Espírito e o seu envoltório se fazem de maneira menos automática do que acontece com os mesmos laços no mundo físico de vocês. Na Terra, o corpo prende o Espírito numa teia de energia que o encarcera de maneira rígida a fim de disciplinar o Espírito em evolução primária ao aprendizado necessário. Daí serem tão nefastos os efeitos do auto-aniquilamento orgânico. Para nós, não há essa cadeia elétrica de retenção temporária como nos humanos da Terra. Nosso Espírito, através da mente, possui certo controle sobre essa ligação entre os dois planos, e a morte física não possui nada dos traumas tão comuns entre os terrícolas.

É quase como uma escolha que fazemos tendo em vista as aspirações evolutivas. Já que não estamos submetidos ao processo de reencarnações expiatórias, temos a liberdade de tomar um novo corpo assim que o desejarmos, dentro de mundo compatível com a nossa evolução.

— Mas – respondi em pensamento, raciocinando com os conceitos que aprendemos aqui na Terra, dentro da visão espírita – para onde vai o seu Espírito quando o seu corpo morre lá no seu mundo?

— Durante o período que antecede nova encarnação, ficamos junto de amigos espirituais estudando, planejando a nova jornada, como numa antessala de uma grande festa. E mesmo durante esse período podemos, se nos for permitido pelos nossos superiores, visitar outros planetas em expedição de auxílio ou aprendizado. Nessas ocasiões, não necessitamos de naves, usamos o poder de deslocamento que nos confere o próprio pensamento quando, então, nossa influência sobre os seres fisicamente vivos nesses outros planetas se dá exclusivamente pelo envolvimento intuitivo, já que não dispomos de corpos físicos materializados na mesma dimensão em que estejam os habitantes desses mundos.

Quando nos deslocamos com nossos corpos materiais – como acontece no meu caso –, temos mais possibilidades de atuação no campo das energias densificadas, diríamos assim, por fazermos parte da dimensão material mais próxima daquela que marca o mundo físico.

Foi quando percebi que nossos trabalhos estavam terminando e que seria interrompida a ligação mental com essa entidade visitante.

Fiz menção de não querer despedir-me, apesar de saber que seria necessário. Um estado de paz muito grande me invadia, numa segurança fraterna inigualável. Não queria perder isso nem me afastar de um ser que me fazia sentir tão grande bem estar. Notando minhas lutas interiores, o Espírito voltou a erguer a mão num gesto de carinho e me fez ouvir:

— Estaremos sempre unidos, minha irmã. Fazemos parte da mesma família. Nos veremos novamente. Paz a todos!

Olívia controlava a emoção ao dizer as últimas palavras, como se fosse muito difícil descrever o que sentira nos derradeiros momentos.

Ao mesmo tempo, todos os ouvintes captavam o seu estado emocional e dele compartilhavam com sinceridade, entendendo a profundidade de cada ensinamento, reconhecendo a imensidão do amor de Deus pelos filhos, permitindo que os mais capacitados pudessem auxiliar os menos desenvolvidos no próprio crescimento. Demonstrava a evolução no bem, aquela que deixa aos mais preparados a liderança dos menos avançados.

A experiência havia sido luminosa tanto para Olívia quanto para todos os integrantes do grupo que, meditando sobre o que ouviram, não tinham nenhuma dúvida ou descrença.

Jurandir, aproveitando o silêncio que se fez, terminou a noite comentando, elevado:

— A palavra de nossa irmã Olívia nos revela mais uma parte do plano sublime que envolve a solidariedade em todos os níveis. Somente os muito egoístas enxergam as coisas isoladamente, vivendo como moluscos em suas carapaças de exclusivismo e disputa. Como cegos, são incapazes de ver o oceano que os envolve, os corais onde se abrigam, as correntes marítimas que levam o alimento e o oxigênio até onde se encontram. Pensam somente na presa que lhes servirá de almoço e na reprodução instintiva para perpetuar a própria espécie. Hoje, pudemos aprender lições muito importantes. Sobretudo a de que somos parte do oceano, integrados na mesma realidade de tudo o que nos envolve e que, da mesma maneira que se permite aos irmãos de Antares virem até aqui nos auxiliarem, também somos convocados a trabalhar em favor de nossos irmãos japoneses, vitimados pela dor que se abateu em seu mundo. Se os irmãos antarianos viajam 600 anos-luz para aqui estarem, não nos esqueçamos de sair de nossos corpos físicos estacionados em nossos lares e, nesta noite, voltarmos até aqui atendendo à solicitação de nosso querido irmão Ribeiro. Seria uma vergonha faltarmos ao trabalho de amor em nossa própria casa, quando irmãos de estrelas longínquas aqui comparecem para cooperarem na obra. Que a lição nos faça meditar profundamente, agradecendo a Deus e a estes membros da imensa família humana que habitam outros orbes pela generosidade em nos tolerarem a ignorância e a maldade. Que nos amemos de verdade e não recusemos o serviço.

Com estas palavras, Jurandir encerrou a reunião e cada qual tomou o rumo de sua moradia física meditando na extensão da solidariedade real que todos deveriam desenvolver, ligando-se a tudo o que os rodeava.

EXPLICANDO

34

AS ATIVIDADES ESPIRITUAIS SE MULTIPLICAVAM EM TOdos os sentidos. Se um singelo núcleo cristão-espírita merecia a atenção das nobres inteligências interessadas na abertura das consciências, da mesma maneira o esforço do mundo invisível não deixava de se direcionar aos membros da grande família humana, em todas as áreas de sua influência.

Acompanhando os arautos da palavra divina, Espíritos empenhados na semeadura não desperdiçavam a menor oportunidade de espalhar a luz por onde se faziam ouvir.

Filósofos recebiam o amparo de Espíritos missionários do pensamento superior, inspirando-os às reflexões críticas estabelecendo análises sobre a puerilidade das preocupações materiais, a inversão dos valores e a falência emocional da humanidade, governada pelos princípios morais inadequados

Autoridades em diversas esferas de influência também eram objeto da ação das entidades invisíveis, que procuravam inserir em suas almas ideias mais elevadas em favor da coletividade, opostas àquelas que cultivavam, privilegiando na maioria das vezes, a manutenção de poderes e riquezas às custas do povo.

Acompanhavam de perto as decisões políticas referentes ao destino da humanidade. Por isso, em todos os grandes eventos da comunidade internacional, nobres emissários invisíveis compunham a coletividade dos construtores de um mundo melhor, amparando o raciocínio dos representantes dos diversos países, na tentativa de reverter-lhes os atos espúrios, no esforço de modificarem o quadro de interesses subalternos e manipuladores que sempre formaram o pano de fundo para a adoção das diferentes estratégias e intervenções políticas, em geral.

O modelo fundado na ganância, no lucro e na influência do poder econômico estava esgotando suas possibilidades, sobretudo quando se valia da tão nobre democracia para, defraudando seus conceitos básicos, escravizar nações, explorar pessoas, sugando-lhes a saúde e a força para garantir a riqueza. Baseada no mecanismo da geração de necessidades para estimular o consumismo, e da corrupção, para enfraquecer os valores, a máquina administrativa, com o falso discurso da liberdade de todos, multiplicava ansiedades através da criação artificiosa de ambições e desejos, deixando campo aberto à frustração dos derrotados e à degeneração ética, propiciando o suborno, o jogo de interesses, as negociatas fraudulentas e a depravação do caráter, sempre em busca dos louros do sucesso material.

Esta maneira de conduzir os destinos da humanidade, fosse de um simples pai de família, de um dirigente público ou de um governante eleito para comandar uma nação era um câncer social, cuja existência dependia dos vícios de caráter aos quais estimulava para fazer com que crescessem no ser humano.

Por mais sadio que possa parecer em termos de avanço tecnológico, a sociedade atual encontra-se em adiantado estado de apodrecimento, como nunca se vira em todos os tempos.

Apesar das luminosas conquistas da ciência, padecem os povos sob os tiranos que os dominavam, inclementes e ególatras. Nunca, em nenhuma época a democracia foi tão desrespeitada e manipulada, na prática, quanto no período histórico em que tanto se lhe decantam as virtudes e valores.

Oposições legítimas são consideradas ameaças ao estado democrático, justificando massacres ou perseguições. Ditadura de partidos e grupos políticos, mantidos no poder graças ao voto comprado pela influência econômica, eternizam dinastias regionais e nacionais, garantindo vantagens aos seus cúmplices de fidelidade cega e caráter venal, enquanto os oponentes e adversários recebem o peso da perseguição ou da lei injusta, a serviço dos interesses econômicos.

Essa teia apodrecida mantém a precária paz social, como um delicado cenário de belezas sustentado pelos bastidores do crime, da guerra, da escalada da ambição, da corrupção e da desumanidade.

A inversão dos valores marca a sociedade hipócrita baseada mais no parecer do que no ser.

Assim, os Espíritos superiores redobravam seus esforços na luta contra a consciência perversa, ainda que os resultados fossem pouco produtivos, antes que a sociedade se visse às voltas com os momentos difíceis que lhe assinalariam a nova era de crescimento real, aquela que se basearia não mais em estatísticas e números facilmente manipuláveis, mas, sim, a do homem moral, para cuja existência seria indispensável transformar o caráter dos Espíritos.

E isso não aconteceria sem dores profundas porquanto o remédio amargo, muitas vezes, é o único que, além de salvar o doente, educa-o para que não se entregue mais aos excessos de todos os tipos.

Pregadores eram inspirados, divulgadores do bem recebiam estímulos para não desistir, edificadores do ideal contavam com o apoio espiritual de almas devotadas que sustentavam suas lutas, não importava em que área do mundo estivessem atuando.

Enquanto isso, pequena comunidade de cientistas e interessados se assombrava com as modificações gerais sofridas pelos astros do sistema solar, inclusive a própria Terra.

Essas alterações estimulavam a intensa pesquisa sobre as suas causas, na raiz das quais a aproximação do conhecido corpo celeste previsto há muitos séculos se fazia sentir.

Ao mesmo tempo, tais intelectuais eram forçados a não tornar públicas suas preocupações e descobertas uma vez que, por questões de segurança, deviam notificar primeiramente seus respectivos governantes. Criava-se, assim, um monopólio da verdade, impedindo que o povo, mais uma vez, fosse claramente informado sobre os fatos. Com esse recurso do sigilo, os países garantiam o privilégio da informação para usá-la segundo seus interesses mais secretos, além de controlar a sociedade, que poderia entregar-se a distúrbios coletivos de difícil contenção.

Os mais importantes governantes tinham, pois, conhecimento das descobertas ao mesmo tempo em que adotavam medidas destinadas à própria preservação e à de parcela mais importante, mais capacitada e mais rica de sua população.

Maciços investimentos em abrigos subterrâneos, em medidas protetivas para autoridades e membros das altas hierarquias sociais e econômicas, disfarçavam-se das vistas desse público manobrável, sempre manipulado e enganado pelos dirigentes que elegera e que, em troca, o deixaria à míngua, exposto às tragédias, sem direito ou esperança.

Planos de contingência eram urdidos em gabinetes presidenciais, mantidos em sigilo absoluto sempre com a justificativa de se garantir a paz social. Além do mais, os próprios cientistas não dispunham de certezas absolutas, pela pobreza da tecnologia humana no avistamento e identificação das ameaças cósmicas com tempo suficiente para evitá-las, se fossem evitáveis.

Visando manter o controle, agências governamentais usavam da estratégia de confundir as informações, lançando descrédito sobre qualquer pessoa ou informação que viesse a contrariar suas políticas, revelando fatos que tais organismos insistiam em ocultar.

Por esse motivo, as fontes oficiais não eram as mais adequadas para a construção de uma nova consciência ou para a descoberta da verdade real.

Em vez de difundir os fatos de maneira clara, adotaram a estratégia sutil de se valerem dos meios cinematográficos para difundirem pelo mundo, numa forma de se gerar ideias subliminares preparatórias para temas delicados. Por isso, proliferaram os filmes com temáticas catastróficas sobre o fim dos tempos, choques cósmicos, lutas pela sobrevivência, além de programas variados que se voltaram para a capacidade de sobreviver em situação adversa, ensinando as técnicas básicas para não se sucumbir diante dos desafios da natureza. Sutis ou diretas, tais intervenções traziam, em síntese, o objetivo de se criar no inconsciente coletivo a convicção de que algo muito grave poderia acontecer ao ser humano, tratando de maneira indireta as coisas que, sabiam, poderiam se tornar fatos concretos na vida de todos.

Enquanto os governos criavam essa cortina de fumaça numa política de despistar, iam escavando montanhas e construindo abrigos para seus membros, na tentativa de garantir a perpetuação das dinastias materiais que representavam.

Sempre a ilusão humana imaginando-se superior aos eventos evolutivos que lhe marcaram o passado e modelariam o futuro.

Apesar das teorias dissimuladoras, não eram os gases do progresso os responsáveis exclusivos pelas modificações atmosféricas. Ao lado deles, estava uma causa mais séria, origem das mudanças climáticas e magnéticas em quase todos os planetas do sistema solar, uma fonte externa cuja existência seria negada até a última hora, quando não fosse mais possível aos governantes esconderem a realidade.

Sem notícias que os alertassem, os homens continuavam vivendo como se nada especial fosse ocorrer e sem motivos para acreditarem que o contrário os esperava.

Por isso, nos evangelhos canônicos estão estampadas estas cenas:

> E, como foi nos dias de Noé, assim será também a vinda do Filho do Homem.
>
> Porquanto, assim como, nos dias anteriores ao dilúvio, comiam, bebiam, casavam e davam-se em casamento, até ao dia em que Noé entrou na arca e não o perceberam, até que veio o dilúvio, e os levou a todos, assim será também a vinda do Filho do Homem. (Mateus, cap. 24, vv. 37 a 39)

Os astrônomos modernos haverão de estabelecer outras denominações para o astro que se aproxima, até mesmo com a finalidade de não estimular antigos vaticínios e previsões.

No entanto, não importa que denominação venham a lhe atribuir, certamente não evitarão os efeitos renovadores que já se fazem sentir de maneira direta sobre todas as coisas, inclusive no próprio Sol, com a modificação de sua atividade.

A omissão dos governos e dos responsáveis pelas informações, entretanto, não prejudicará a salvação das pessoas, porquanto a verdadeira salvação não é a do corpo, fatalmente condenado à desagregação, mas, sim, a do Espírito indestrutível.

Acostumado ao mundo de mentiras que construíram para o deleite de seus vícios, amedronta-se o homem diante das ameaças exteriores e imagina que vai salvar-se ao se esconder debaixo da crosta terrena. Entretanto, se estão negando aos seus semelhantes os alertas acerca dos eventos que se aproximam, os Espíritos não têm descansado no sentido de despertarem a consciência de todos, realçando a necessidade de reformarem seus sentimentos, de não se conectarem com o mal, de aprenderem a perdoar de verdade, esquecendo as ofensas. As entidades amigas não desistem de informar sobre a necessidade de mudarem o padrão vibratório interior, desligando-se ao máximo das coisas materiais para se asserenarem intimamente, mantendo atmosfera de elevação e calma, fé e devotamento ao bem, através da constância das pequenas atitudes, dos pensamentos positivos.

Não se restringem ao chamamento religioso nem se prendem ao homem que use a fé como símbolo externo. Dirigem-se a todos os de boa fé, aqueles que podem sublimar sentimentos e pensamentos, vencendo tendências inferiores, tenham ou não alguma religião.

Todos os que desejarem a vida verdadeira devem buscá-la não no interior de montanhas ou em abrigos subterrâneos. Precisam escavar o próprio eu e dali retirar detritos acumulados por séculos de vícios, oferecendo à vida um novo panorama íntimo no qual não haja espaço para a ausência de ética, o interesse egoístico, a inferioridade das intenções.

Esse é o escudo real, aquele que é capaz de garantir ao candidato a única salvação que vale a pena buscar.

Por isso, é ilusão acreditar que medidas materiais adotadas pela tecnologia e pelo dinheiro sejam capazes de burlar a perfeição da justiça divina, garantindo a sobrevivência física daquele que não está preparado para a nova fase evolutiva da humanidade.

Os cruéis, os fomentadores de guerras, os exploradores da miséria humana, os espalhadores de vícios, os açambarcadores da esperança, todos eles cavaram a própria vala moral de onde não sairão por força de medidas desesperadas.

A transformação moral interior é o único salva-vidas que garante à alma em estágio na Terra em época tão especial. Quando o navio afundar, os ratos escondidos em seus porões haverão de afogarem-se com ele. O velho mundo é esse navio soçobrante e os seres humanos que sempre viveram às custas do roerem-lhe as estruturas, serão os ratos que morrerão com ele. Por isso, leitor amigo, não procure fugir do naufrágio acompanhando os roedores que se escondem nos abrigos. Se fizer isso, além de demonstrar ser tão leviano quanto eles, encontrará o mesmo destino.

Antes que o navio afunde, exercite a vontade e mude seu interior enquanto há tempo, para que não seja tarde demais quando, no meio do naufrágio, forem inúteis todos os seus esforços produzidos pelo medo.

Não se deixem encantar pelas aparências ou pela sedução dos sentidos materiais. De todas as partes, estão chegando as convocações à realidade espiritual para que não se considerem esquecidos ou desassistidos da solicitude divina.

Quanto ouvido você tem dado à própria renovação?

Em seu interior, ainda há mágoa contra alguém?

Seu coração ainda alimenta o desejo de ver o sofrimento do próximo se ele não o compreendeu ou o prejudicou?

Você mantém uma relação inamistosa com vizinhos ou parentes? Desrespeita seus pais, desconsiderando sua idade e suas necessidades de carinho?

Não fala com certas pessoas por não achá-las dignas de sua atenção?

Continua se embelezando para ser pedra de tropeço na vida de outras criaturas? Cobiça pessoas comprometidas, expõe o próprio corpo com o fim de provocar o interesse alheio?

Tem inveja do que outros possuem e não consegue conviver com o sucesso de seus semelhantes? Fala mal deles pelas costas ou aumenta as calúnias que escuta, passando-as à frente?

Usa a fé como um instrumento de troca e Deus como um sócio poderoso para as horas ruins?

Carrega "santinhos" na carteira ou a cruz como joia no pescoço, mas não abre a carteira para ajudar a ninguém nem o coração para ter compaixão dos sofrimentos alheios?

Desrespeita a palavra empenhada, traindo compromissos profissionais, familiares, religiosos?

Apoia atitudes agressivas, estimula a violência de qualquer tipo e acha que a guerra é o caminho mais adequado para se chegar à paz?

Fala sempre a verdade, mesmo quando ela não lhe seja adequada ou conveniente? Sabe adiá-la quando vai ferir o semelhante com comentários duros e inúteis para o seu crescimento, evitando a franqueza destrutiva?

Sabe viver com os recursos de que dispõe? Conquista-os com o trabalho honesto e que não toma dos outros nada que lhes pertença, mesmo com a desculpa do lucro?

Supera as críticas alheias e segue trabalhando no bem tanto quanto possa? Aprendeu a não escutar o próprio orgulho, vencendo-o com atitude determinada?

Quantas vezes se olha no espelho em cada dia?

Sofre quando tem que dividir o que é seu ou quando lhe pedem algo emprestado? E quando é você quem toma emprestado, se ocupa em devolver devidamente preservado e corrigido?

Conduz-se com honestidade nas mínimas coisas de cada dia?

Sabe ensinar sem humilhar quem não sabe?

Sabe aprender sem ter o orgulho ferido ao demonstrar a própria ignorância?

Você não pode dizer que nunca soube desses deveres morais em sua vida, porquanto há milênios, convivem os homens com os chamamentos da lei, graças aos esforços do valoroso Moisés que foi o seu portador, para que não se esquecessem dos objetivos de Deus.

A lei de Deus está formulada nos dez mandamentos seguintes:

I. Eu sou o Senhor, vosso Deus, que vos tirei do Egito, da casa da servidão. Não tereis, diante de mim, outros deuses estrangeiros. Não fareis imagem esculpida, nem figura alguma do que está em cima do céu, nem embaixo na Terra, nem do que quer que esteja nas águas sob a terra. Não os adorareis e não lhes prestareis culto soberano.

II. Não pronunciareis em vão o nome do Senhor, vosso Deus.

III. Lembrai-vos de santificar o dia do sábado.

IV. Honrai a vosso pai e a vossa mãe, a fim de viverdes longo tempo na terra que o Senhor vosso Deus vos dará.

V. Não mateis.

VI. Não cometais adultério.

VII. Não roubeis.

VIII. Não presteis testemunho falso contra o vosso próximo.

IX. Não desejeis a mulher do vosso próximo.

X. Não cobiceis a casa do vosso próximo, nem o seu servo, nem a sua serva, nem o seu boi, nem o seu asno, nem qualquer das coisas que lhe pertençam. (Capítulo I de *O evangelho segundo o espiritismo*, "Eu não vim destruir a lei")

Cada dia é a oportunidade de se fazer essa reforma, sem a qual a salvação não será conquistada, mesmo que você construa o mais sólido dos abrigos subterrâneos.

Salvar-se, pois, não significa procurar a escuridão para se esconder à sombra dos próprios desajustes.

Corresponde a iluminar-se por dentro, abrindo o coração e trazendo a consciência limpa diante da luz da verdade.

Não dependa dos governos e dos anúncios para se preocupar em começar. Quando eles chegarem, já será tarde demais.

Pense e faça isso enquanto há tempo.

O bem e o mal

35

ENQUANTO SE OBSERVAVA O ESFORÇO DOS ESPÍRITOS SUperiores na influenciação dos povos através de seus dirigentes e líderes ou pela influência positiva dos integrantes dos diversos movimentos pacíficos, as entidades inferiores se alvoroçavam por todos os lados.

Captando a energia primitiva que ia engolfando a psicosfera terrena, alimentavam-se com as vibrações de denso teor que as estimulava na exacerbação de seus vícios.

Por todos os lados, Espíritos degenerados e primitivos perambulavam em ligação com os encarnados que lhes facilitassem o assédio e a influência.

Apesar de todos os alertas, tais avisos eram recebidos pela maioria como cantilena moralista, vaticínios apocalípticos repetidos por aqueles que, valendo-se das interpretações pessoais, usaram do amedrontamento para dirigir as pessoas, assustando-as.

Por isso, a maioria inconsciente considerava qualquer assunto transcendente como uma invasão indevida à liberdade pessoal, de consciência ou de crença, interpretada como uma violência inaceitável.

E as pessoas preferiam acercar-se das facilidades viciantes do que meditar serenamente sobre os sinais inequívocos que se avolumavam.

Era essa desconexão entre o querer e a bondade que tornavam os encarnados ímãs poderosos que atraíam a presença de entidades de igual vibração, participando do banquete orgiástico do egoísmo, do orgulho, da indiferença e do abuso.

Nenhum limite lhes parecia prudente.

"Nenhuma regra" – esta era a regra.

Os encarnados repetiam os mesmos conceitos que lhes eram transmitidos pelas más companhias com as quais se identificavam, como a união entre a noite e a escuridão.

As entranhas da Terra continuavam abrindo seus núcleos para que os seres trevosos emergissem, encontrando o ambiente propício para a multiplicação dos desatinos e dos crimes junto dos homens e mulheres da superfície.

Onda avassaladora de tragédias familiares, pessoais e coletivas impressionava aos mais atentos, além de causar impacto nos próprios repórteres dos telejornais, igualmente surpresos com o tamanho da violência e a frieza dos criminosos.

A pressão psíquica aumentava sobre os invigilantes que, por qualquer contrariedade, se deixavam levar ao crime, tornando-se homicidas, parricidas, filicidas, infiéis, agressores, criminosos variados.

Pelo mundo todo, dores reviravam as entranhas sociais através de eventos traumáticos, piorados e acelerados pelo aumento das influências exteriores provenientes de Espíritos impuros cada vez mais alvoroçados.

Apesar disso, o deslocamento de tais entidades aos veículos de transporte que, de acordo com o plano celeste, os estavam afastando da companhia dos encarnados, continuava, endereçando-os à superfície do satélite lunar, onde esperariam os mecanismos de transferência para mundo inferior.

Em todos os continentes os imensos transportadores prosseguiam a ininterrupta tarefa, além do vasto contingente de Espíritos executores que seguiam na seleção das entidades inadequadas para a continuidade das experiências no orbe terreno, encaminhando-as ao destino que as esperava no seio de mundos inferiores. (Assunto abordado em detalhes no romance *Herdeiros do novo mundo*.)

As turbas de entidades aflitas se deslocavam como manadas de seres insanos, descontrolados pelas vastidões umbralinas, não somente em busca de aventuras grosseiras na companhia dos grupos humanos em sintonia com eles, mas também em fuga das forças do bem que poderiam detê-los no cumprimento da augusta lei.

Enquanto isso, outras, mais maliciosas do que más, se agarravam aos encarnados que exploravam fluidicamente, imaginando-se capazes de se ocultar da seleção ao apertarem ainda mais os laços de influência que mantinham com os vivos a cujos vícios estavam associados.

Acreditavam que, se a ligação energética com os seus hospedeiros fosse intensa, os Espíritos executores não teriam como realizar a separação entre a planta invasora e o ser invadido.

Nesse malfadado cenário, os próprios vivos do mundo se transformavam em causa do mal que sofriam.

Os violentos deixavam aflorar a violência, com a desculpa da violência dos outros.

Os rebeldes se agitavam contra a ordem, alegando direitos segundo os quais teriam o direito de ofender o direito dos outros pelo desrespeito aos direitos comuns promovido pelos governantes corruptos.

Boa parte dos que se diziam honestos abraçava a indignidade depois de observarem a prosperidade dos maus.

Muitos, que lutavam contra suas tendências comportamentais com bases em contenção e disciplina, desistiam da luta, entregando-se às experiências permissivas impulsionados pela exaltação televisiva de valores promíscuos e estímulo às condutas adúlteras, facilitando a desconexão entre virtudes nobres e vícios enaltecidos.

O cultivo à liberdade sem restrições facilitava a interpretação equivocada de que todos podiam tudo e, assim, entronizado o culto ao direito, desprezou-se o cumprimento dos deveres.

Homens com deveres paternos abdicavam das responsabilidades familiares para viverem aventuras emocionais e sexuais de todos os tipos, alegando direitos à felicidade pessoal. Mães extremadas renunciavam ao exercício maternal responsável para entregarem-se ao culto do prazer nos braços de aventureiros bem apessoados e cheios de dinheiro.

Corpos esculpidos e músculos torneados passaram a ser a medida das aspirações afetivas da maioria dos invigilantes, associados às estratégias inferiores, em identidade de desejos com as entidades ignorantes e impuras.

Nesse panorama de desconsolo e frenesi, a religião surgia como ponte segura entre a realidade alucinada e o bom senso da vida real. No entanto, boa parte dos caminhos religiosos da Terra se havia comprometido com os mesmos desatinos, tendo perdido o respeito da comunidade que pretendia direcionar. Igrejas e sacerdotes se viam processados em vários países para que indenizassem vítimas de abusos sexuais, muitos deles cometidos no interior de seus templos de ensino, contra jovens de todas as idades. Por outro lado, a exploração financeira do pecado transformava templos da fé em balcão de negócios, no leilão da consciência com a culpa como fiel da balança. Em outras vertentes, a discussão e a polêmica aliadas ao culto da personalidade criava tertúlias teóricas e conclaves sociais ao peso dos quais se abafavam os cânticos sinceros da fraternidade que perdoa, da compaixão que compreende e da indulgência que tolera a ignorância alheia.

A fé, confundida com a pessoa de seus representantes vinha, assim, sendo torpedeada por todos os lados, tornando-se muito fácil aos Espíritos maliciosos, induzirem os incautos e invigilantes a culparem Jesus pelos erros e fraquezas dos homens, eficaz estratégia para macular a sublimidade do cristianismo, atacando-lhe o ponto vulnerável na figura de seus titubeantes sacerdotes ou representantes. Tomando-lhes os deslizes para levar ao descrédito a liderança moral que representavam, confundiam as mentes dos aflitos menos maduros e, com isso, esvaziavam igrejas ou transformavam-nas em balcão de negócios.

Algumas heroicas representantes da fé se mantinham na luta de vanguarda, no esforço de ser pousada de esperança e paz com base no desinteresse e na defesa da verdade espiritual. Em geral, resistiam com base nos exemplos de nobreza de lideranças individuais que não se haviam envenenado pelo desencanto ou se embriagado pelas seduções da facilidade.

Sacerdotes dedicados ao rebanho aflito serviam de apoio aos que precisavam encontrar Jesus, longe dos grandes templos suntuosos e frios.

Pastores bondosos que não mediam seu amor a Jesus pelo lucro auferido nos cultos de seu templo nem se deixavam iludir pela alucinante competição por poder e hegemonia econômica, mantendo-se na sacrossanta função de serem referências positivas para a dúvida e o medo, sem se valerem das fraquezas humanas para explorar a consciência de culpa dos que lhes confiavam seus temores.

Líderes anônimos de várias outras religiões, notadamente entre os espíritas, cuja firmeza no trato das questões morais do evangelho foi capaz de manter o rumo seguro, não se permitindo iludir com disputas de vaidosa intelectualidade, tomando partidos em discussões passionais, fermentando a discórdia de uns contra os outros.

Estes serviam aos amigos invisíveis como sustentáculos fiéis da luta pela elevação vibratória do planeta, através das práticas sinceras da Boa-Nova, renunciando ao "canto das sereias" que seduzia boa parte dos outros "servos de Deus".

Enquanto o panorama do mundo ia se complicando pelas escolhas com as quais cada qual revelava sua essência, as leis indefectíveis prosseguiam o cumprimento de suas determinações, estabelecendo o futuro de cada qual com base nas escolhas pessoais, trazendo os conceitos da Boa-Nova como principal peneira seletiva.

Os Espíritos amigos se multiplicavam em ações de amor por aqueles que se demonstrassem empenhados nos esforços da tarefa, lutando para a vitória do ideal sobre a sedução dos interesses pessoais.

Por isso, não desprezavam qualquer trabalhador do bem, apoiando-os nos atos que significassem a semeadura do amor na direção dos corações aflitos.

Em suas peregrinações junto aos diversos servos do Cristo em atividade junto dos homens, Bezerra e Chico conversavam, ao lado de dedicado trabalhador do bem encarnado no mundo, a quem seguiam fortalecendo, na árdua tarefa da difusão da semente luminosa.

— No valor da vontade sincera, encontramos poderoso instrumento de multiplicação da paz e da fé, abrandando angústias e receios – falou Bezerra, indicando valoroso pregador.

— Sim, querido doutor. Nosso irmão tem-se mantido fiel como o bom soldado que não se esquece da missão a cumprir, apesar dos tiros e agressões que vai recebendo pelo caminho.

Por isso é credor de nossas orações, por meio das quais desejamos cooperar com seu empenho na representação da vontade divina em todos os lugares por onde transite, espalhando aos que o escutam os nobres conceitos espíritas por meio de bons exemplos.

— Poucos irmãos nossos conhecem-lhe os inúmeros sacrifícios ao longo de tantas décadas de serviço no bem. A maioria ainda não se deu ao trabalho de meditar com isenção nas infindáveis renúncias que este companheiro demonstrou e continua a demonstrar até hoje, apesar do desgaste do corpo - retrucou Bezerra.

— Infelizmente, o fantasma do ciúme ainda impera em boa parte de nossos irmãos encarnados, de forma que, ao não poder igualar os feitos de um idealista dedicado, preferem atuar atacando-lhe a integridade, levantando interpretações tendenciosas sobre fatos, aventando hipóteses que deveriam pertencer ao passado de nossos erros, sobretudo porque a nenhum encarnado, até que cheguem ao mundo da verdade, é dado conhecer em profundidade todos os elementos do processo para lavrar a sentença absolutória ou condenatória.

— Sua experiência pessoal lhe dá condições de pronunciar-se dessa forma com a propriedade dos que muito sofreram no juízo dos outros.

— Aprendi muito com o senhor, doutor Bezerra, que afrontou as diferenças teóricas nas longas lutas pela implantação da doutrina cristã-espírita nas terras brasileiras, lá nos idos do século dezenove, nas disputas entre os cientistas e os religiosos da doutrina. Sem perder o sentido da fraternidade cristã, seu exemplo no bem trabalhou em silêncio para que o ideal de Jesus produzisse os frutos doces do entendimento e da paz na casa de Ismael. É lamentável que alguns dos "nossos" estejam perdendo essa oportunidade ao se esquecerem de seus exemplos de vida, querido doutor. E não foi por lhes faltar contato com os Espíritos, nem por desconhecerem o movimento de amor em ação, no qual a bondade de Deus me concedeu a honra de, modestamente, mourejar na última experiência. Alguns dos amigos, a que, certamente, continuamos a dedicar o mesmo carinho de antes, parece que se deixaram envolver pela nuvem de sentimentos menores que lhes entorpeceu o sentimento cristão da fraternidade real. Esqueceram-se da água da paz, ambicionando a expansão do próprio personalismo, em detrimento da harmonia na obra de Deus. Ao vermos empalidecer neles o brilho do serviço no bem que, outrora, prestavam à causa do Cristo podemos imaginar a decepção e a vergonha que sentirão do lado de cá, quando os véus da carne se desvanecerão e só restará a verdade! Que podemos fazer a não ser lastimar-lhes a escolha infeliz e continuar a amá-los, não é mesmo, doutor?

— Em verdade, meu filho, esse é o único beneplácito que nos cabe ofertar-lhes enquanto andam fora da melhor sintonia, orando para que, mais cedo do que tarde, regressem ao aprisco.

— E o mais interessante, doutor, é que nem sonham que, do lado de cá, o pouco amor de que disponho está empenhado em proteger este devotado servo de Deus, que alguns de meus antigos amigos acusam ou atormentam, usando como desculpa a defesa de minha memória.

— Essa será a descoberta mais dolorosa para eles, Chico: a de que viveram longos anos ao seu lado, mas...

E com as reticências que diziam mais do que todas as palavras, Bezerra e Chico seguiram ao lado do irmão que lutava com heroísmo na fidelidade a Jesus e na superação do bravio mar das adversidades vibratórias, espalhando a luz espiritual por onde a saúde o permitisse e o corpo o levasse.

Veste nupcial

36

SOB A ORIENTAÇÃO DIRETA DE ANTÊNIO, A COMUNIDADE de Sirius reuniu-se para as despedidas do contingente de almas que seguiria para a atmosfera da Terra, na cooperação construtiva com a reforma da humanidade.

A grande praça estava repleta de irmãos cujas doces vibrações abasteciam aquelas centenas de milhares que haviam atendido à convocação espiritual que lhes fora feita.

Da mesma forma, em inúmeras outras casas do Pai cuja evolução o permitisse, se observavam os preparativos para o atendimento do serviço de emergência na sustentação das lutas no mundo terreno, partindo caravanas de diversas regiões cósmicas, no mundo espiritual, cada qual destacando-se pelo idealismo e solidariedade no bem, conscientes de que o trabalho que lhes competia realizar no orbe dos homens era de esforço coletivo, equilíbrio do pensamento, fortalecimento do sentimento e, em alguns casos, mergulho na vida física.

Alguns dos integrantes dessas grandes caravanas eram aqueles que, outrora, haviam sugado o seio que a mãe Terra lhes ofertara como primitivo e generoso berço. Para estes, chegara o precioso momento de retribuírem tudo quanto houveram recebido no ontem escuro da evolução.

Multidões espirituais se projetavam no espaço, submetidas ao controle das inteligências angelicais que se responsabilizavam diretamente pelo sucesso desse movimento indefinível de cooperação voluntária e fraterna.

Em nenhum momento da história humana a ideia de paternidade comum produzira tamanha congregação de esforços para o apoio decisivo às reformas fundamentais que se realizariam no seio físico e psíquico do mundo.

Por isso, as atividades previstas para os voluntários do amor seriam desempenhadas em ampla frente de dedicação e renúncia, garantindo que, por toda parte, as necessidades evolutivas estivessem apoiadas e abastecidas.

Diversas delegações chegavam à psicosfera da humanidade, todas com características mais evoluídas do que a dos humanos terráqueos.

Os coordenadores celestes que se incumbiam de desenvolver os planos superiores observavam as disponibilidades e recursos de cada agrupamento de voluntários, permitindo que se encontrasse o melhor aproveitamento para os variados potenciais e tarefas que tais Espíritos haveriam de realizar.

Levavam em conta as afinidades naturais que se observavam entre os recém-chegados e as culturas já existentes no mundo, as mesmas das quais vários deles haviam participado no afastado ontem da evolução pessoal, adequando-se suas forças positivas junto a tais núcleos civilizatórios mais aptos a captar-lhes as intuições.

Certamente que todos precisavam suportar o pesado escafandro vibratório caracterizado pelo novo perispírito, tomado das vibrações telúricas próprias da Terra, o que lhes impunha restrições ainda maiores, só não equiparadas ao sacrifício que suportariam os que se habilitariam à reencarnação em corpos densos na esfera física dos homens.

As comunidades espirituais sabiam que o sistema planetário, composto sob os auspícios luminosos do Sol, como já ocorrido no passado, estaria submetido aos processos de reorganização geral de natureza cíclica. Cooperando para acelerarem a evolução, alguns poderiam candidatar-se ao renascimento em corpos humanos, compartilhando fisicamente da tormenta para serem âncoras de equilíbrio, pontos de apoio visíveis pelos exemplos de serenidade em meio à confusão, enquanto que outros, sem se vestirem da roupagem carnal, sustentariam os irmãos de humanidade através da intuição, orientando a vontade pelos mecanismos indiretos da sugestão benéfica.

Enquanto que os provenientes de Sirius se organizavam junto às cortes de Jesus localizadas nas cercanias do globo azul, outro contingente de almas melhoradas, provenientes de Capela, também trazia sua parcela de forças positivas para sublimar os esforços do divino mestre diante das provações renovadoras.

Hérilon, a iluminada representante dos oriundos do sistema capelino, apresentara-se diante de uma das autoridades espirituais responsáveis pela Terra, informando:

— Eis-nos, amorável Miguel! Regressamos ao planeta do exílio com a dupla tarefa do resgate e da colaboração.

Referia-se aos laços ancestrais que vinculavam o mundo que orbitava a estrela Capela ao planeta terreno, pequenina casa do Pai que houvera aberto sua psicosfera primitiva para ajudar no reerguimento de todos os componentes do grupo que, milhares de anos antes, havia sido exilado da comunidade de origem, por não terem galgado os níveis evolutivos adequados para lá permanecerem.

Marcada na história humana como a expulsão de Adão e Eva do paraíso, a trajetória dos capelinos representou a epopeia de evolução para tais Espíritos rebeldes ao mesmo tempo em que marcou também a transformação do panorama primitivo das populações semisselvagens que existiam na humanidade terrícola.

Essa missão reformadora houvera, pois, sido iniciada centenas de séculos antes, através do trabalho difícil e laborioso de transformação dos caracteres dos dois contingentes que integravam a humanidade cósmica. Se naquela ocasião, a comunidade de Capela contou com o auxílio da modesta casa terrena para garantir a elevação moral de seus integrantes, chegara a hora em que seus representantes compareceriam diante das cortes do Cristo para externarem a gratidão e a solidariedade. Se outrora enviara os degredados para recolherem as lições que os transformariam, agora traziam Espíritos melhorados, dispostos a servir como aceleradores do progresso moral entre todos os habitantes da humanidade aqui localizados.

— Entre nós – prosseguiu Hérilon –, estão os voluntários do amor, não mais os degredados da ignorância. Foi pessoalmente muito emocionante observar entre os nossos a imensa quantidade dos que se alistaram, atendendo ao chamado do Cristo de Deus. Sobretudo porque, como é fácil de se entender, a missão renovadora significava deixar nosso mundo para estagiar em outro planeta, abdicando das conquistas já alcançadas em nossa comunidade. Não obstante, os candidatos se multiplicavam de tal maneira, que nossos dirigentes estabeleceram critérios para a seleção. Cada qual deveria expor de maneira sucinta, em pequenino cristal que nos serve como veículo para transmissão de dados – com a mesma função do papel na esfera dos documentos ou petições – a essência dos motivos que o levavam a se oferecer para a missionária trajetória. Foi, então, que se avaliou com mais profundidade e se selecionou aqueles que melhor se adaptavam aos desafios do amor, por trazerem no imo d´alma o selo do que, aqui na humanidade terrena, é conhecido por *gratidão*.

Todos os que compõem nossa caravana, Miguel, além de estarem preparados na evolução aceitável para a missão que os aguarda, são marcados por um grande sentimento de agradecimento que os impulsiona para cá com determinação e alegria. Boa parte deles ainda guarda na alma a marca do exílio nestas paragens, à custa do qual venceram seus males, suas imperfeições e seus vícios. Como o médico agradecido aos velhos livros ou o ourives que conquistou as culminâncias do reconhecimento artístico no ambiente de velha e surrada oficina de trabalho, a maioria dos que aqui estão é composta dos que retornam aos livros surrados ou à velha oficina, para defendê-los, reformá-los, ampará-los para que continuem a existir como ferramenta do bem para outros.

Para todos nós, esta é a hora de dizermos *obrigado* a este lindo planeta que nos suportou os desatinos, que nos alimentou o corpo carnal, apesar da maldade que possuíamos. Este o primeiro e principal critério que se constatou em cada petição, selecionando os candidatos.

Outrora, Capela era o paraíso, e a Terra surgira como a seara difícil. Agora, cooperamos para que a antiga e pobre seara se transforme no paraíso.

Assim, além dos agradecidos, trazemos também os que se ofereceram aos trabalhos do desenvolvimento tecnológico, da modificação dos sistemas, do intercâmbio do saber, do aprofundamento da fé, do despertamento da sensibilidade, todos dotados de grande cabedal de conhecimentos para o entrosamento com a inteligência humana deste orbe, amparando-lhe a reconstrução da nova civilização através do cultivo constante do bem na atmosfera espiritualmente desafiadora que aqui encontraremos para testar a perseverança de nossas almas.

Além disso, temos a missão de resgate pois que, da mesma maneira que trouxemos nosso concurso, estamos abertos para recolher aqueles seres que, como exilados do ontem, ainda permaneçam na Terra de hoje, mas já tenham superado as amarras da inferioridade, havendo-se qualificado nos padrões da bondade real que os autorize a regressar ao sistema de origem.

Entregamo-nos, pois, às mãos luminosas do Cristo de Deus, colocando-nos sob o seu comando, amado anjo do Senhor, para as determinações indispensáveis.

Miguel recolhera de Hérilon as recomendações de que se fazia portadora em nome dos dirigentes superiores do sistema de Capela, agradecendo pela demonstração do amor verdadeiro, irmão do sacrifício pessoal, garantindo-lhes sublime oportunidade de colaboração direta nos esforços de Jesus e seus auxiliares, visando à renovação do ambiente terreno.

Às de Sirius e Capela, seguiram-se as comunidades espirituais de Plêiades, Antares, Órion, além dos contingentes de voluntários oriundos dos planetas mais avançados do próprio sistema solar, como Júpiter, Saturno, Urano e Netuno, capacitados para atuação em áreas específicas no grande plano crístico da elevação dos seres.

Vista do mundo espiritual, essa grande comunidade dos voluntários do amor compunha um grande halo iluminado ao redor do núcleo escuro que caracterizava a Terra no mundo invisível. Algo semelhante a um tumor cancerígeno que seria envolvido pela luz do bisturi da bondade e que, sob a sua decidida ação, seria extirpado, libertando o órgão atingido.

Na dimensão espiritual, portanto, tudo se organizava para as horas decisivas da renovação.

Ao mesmo tempo, na dimensão física não era outra a disposição.

Vindas de todas as comunidades evoluídas que dominavam a tecnologia avançada segundo princípios físicos específicos, aglutinavam-se ao redor do mundo material um sem número de naves e transportes especiais, no interior dos quais os seres das humanidades de outras casas do Pai observavam os fatos a se desenrolarem no seio dos homens terrenos, enquanto que, em diversas partes do mundo, tais objetos se faziam visíveis, mergulhando na dimensão densa da atmosfera, abrigando-se em profundidades oceânicas, ocultando-se em lugares ermos no seio de florestas ou desertos, acompanhando as transformações telúricas. De outra parte, vários membros dessas outras humanidades, valendo-se de sua capacidade de densificarem seus corpos e se tornarem visíveis ao ser humano, frequentavam lugares públicos, visitavam lares, ambientes de estudo, centros de pesquisa, colaborando com inspirações, fazendo alertas, encaminhando estudos, enquanto outros se reuniam aos encarnados retirados do corpo por efeito do sono físico para estimular-lhes os sentimentos elevados, a confiança em Deus, infundindo-lhes coragem para o testemunho do bem. Seus alertas sobre a modificação de sentimentos e pensamentos se somavam aos das inúmeras entidades espirituais que também desempenhavam as funções de tutores e protetores, dando aos membros da família humana, em todas as latitudes da Terra, os avisos e orientações imprescindíveis aos momentos importantes da transição do planeta para a qual somente a alma, sinceramente arrependida do mal, estaria preparada para enfrentar sem os tormentos do medo.

Como nos tempos de Adão e Eva, quando a vergonha os denunciou diante do anjo guardião do paraíso, a consciência de culpa, a noção do erro deliberado, a viciação da conduta com base nos interesses mesquinhos, isso tudo fará com que cada indivíduo se denuncie quando a hora marcada para o juízo da verdade sobre as forças da mentira chegar.

A mudança de atitudes mentais e físicas seria imprescindível para a adequação ao novo ciclo vibratório, de tal maneira que, os que não acompanhassem estas transformações, certamente sucumbiriam à nova tensão magnética, não mais sustentando os corpos físicos pela desestruturação das linhas de força de um perispírito inadequado para coexistir em harmonia com as novas forças incidentes no planeta.

Ao lado destas entidades nos dois planos vibratórios, a Terra já contava com avançado programa reencarnatório no qual Espíritos precursores e preparadores aceitaram renascer, para já estarem vivos no mundo quando os eventos transformadores se fizessem patentes, procurando servir de alicerce e exemplo de coragem e equilíbrio, indicando o roteiro a seguir a qualquer que não soubesse o que fazer nas horas da decisão.

Em todos os lugares, preparados em seu inconsciente, haviam mergulhado no corpo de carne Espíritos semeadores de virtudes, trabalhando em favor de todos, a servirem de arautos anunciadores da grande festa.

Isso seria muito importante porque, catalisados pelos exemplos nobres desses missionários anônimos, agregar-se-iam muitos dos que, cansados do velho estilo de viver, buscassem nova forma de construir o próprio futuro. Membros da cansada família humana, desgastada nos atritos da expiação dos erros do passado, encontrando a lógica do bem e a ela se entregando como aquele que se agarra à tábua salvadora, sobre a qual deposita as suas mais profundas esperanças, poderiam renovar suas disposições nos momentos derradeiros que antecedem a tormenta.

Para todos, estava aberta a possibilidade da iluminação da consciência por meio do arrependimento e da implementação de novas atitudes. Era esse o grande papel dos Espíritos renascidos no mundo físico neste período, cuja vontade de servir conduzisse seus atos na direção da iluminação coletiva, empenhando nesse esforço todas as suas energias e, renunciando à concretização dos sonhos pessoais, trabalhando para o despertamento de seus semelhantes.

Para isso, atuavam em todas as áreas da vida humana, da religião à ciência, dos movimentos de conscientização popular à defesa dos menos favorecidos, da proteção do meio ambiente à exemplificação da higiene pessoal aos que aprendiam os primeiros passos de uma vida civilizada.

Professores que serviam por ideal na educação de crianças rebeldes ou jovens iludidos, pais que se dedicavam à modelagem de almas indiferentes na condição de filhos, maridos e esposas lutando pela consolidação de um lar virtuoso e nobre, empresários honrados preocupados com os deveres sociais, sacerdotes humildes e retos que não se dobravam ao cultivo do bezerro de ouro, agentes públicos e servidores do povo cumprindo deveres sem se dobrarem à corrupção de seus ideais, todos os que se enquadravam nestas virtudes faziam parte dos enviados por Deus e Jesus na moralização de um mundo apodrecido e carcomido pelos vícios.

Daí que seus esforços seriam remunerados pelo cêntuplo de seus sacrifícios caso permanecessem fiéis à empreitada que aceitaram, porquanto deveriam mourejar em um ambiente antagônico, verdadeiramente hostil a tudo quanto defendiam.

A todos os que fossem fiéis até o fim, estes se considerariam quites com a lei.

Então, apesar de toda a crise da maldade que existia e se fazia proliferar no âmago dos invigilantes e despreparados, da agitação das entidades inferiores e rebeldes ante a definitiva perda de seus domínios, a vigilância do Altíssimo cuidara de semear por todos os lados da humanidade os chamamentos à transformação indispensável, antes que as portas da arca se fechassem.

Era o convite espalhado a todos, por meio do qual o rei pretendia trazer ao casamento de seu filho todos os que aceitassem nele comparecer, bastando que aceitassem usar a roupa adequada, conforme a parábola utilizada por Jesus:

> Falando ainda por parábolas, disse-lhes Jesus: O reino dos céus se assemelha a um rei que, querendo festejar as bodas de seu filho, despachou seus servos a chamar para as bodas os que tinham sido convidados; estes, porém, recusaram ir. O rei despachou outros servos com ordem de dizer da sua parte aos convidados: Preparei o meu jantar; mandei matar os meus bois e todos os meus cevados; tudo está pronto; vinde às bodas. Eles, porém, sem se incomodarem com isso, lá se foram, um para a sua casa de campo, outro para o seu negócio. Os outros pegaram dos servos e os mataram, depois de lhes haverem feito muitos ultrajes. Sabendo disso, o rei se tomou de cólera e, mandando contra eles seus exércitos, exterminou os assassinos e lhes queimou a cidade.
>
> Então, disse a seus servos: O festim das bodas está inteiramente preparado; mas, os que para ele foram chamados não eram dignos dele. Ide, pois, às encruzilhadas e chamai para as bodas todos quantos encontrardes. Os servos então saíram pelas ruas e trouxeram todos os que iam encontrando, bons e maus; a sala das bodas se encheu de pessoas que se puseram à mesa.
>
> Entrou, em seguida, o rei para ver os que estavam à mesa, e, dando com um homem que não vestia a túnica nupcial, disse-lhe: Meu amigo, como entraste aqui sem a túnica nupcial? O homem guardou silêncio. Então, disse o rei à sua gente: Atai-lhe as mãos e os pés e lançai-o nas trevas exteriores: aí é que haverá prantos e ranger de dentes; porquanto, *muitos há chamados, mas poucos escolhidos*. (S. Mateus, cap. XXII, vv. 1 a 14)

Aproximando-se as núpcias do Cristo, toda a festa estava preparada, com a presença dos enobrecidos cooperadores e servidores do rei, representados pelas diversas humanidades que se uniam no banquete da grande comemoração.

Só estavam faltando os convidados para o festim. Infelizmente, observava-se que, se alguns compareciam como convidados, boa parte dos que haviam sido honrados com a convocação estavam mais preocupados com seus negócios ou com seus prazeres do que com a sua participação na grande comemoração.

Não estavam faltando nem o rei, nem o noivo, nem os servos prontos para augusta comemoração. Agora, quando tudo estava pronto, chegara a hora de lastimar pelo destino dos que preferiram as coisas do mundo como, também, de aferir se os que aceitaram ir à festa, trajavam, de verdade, a veste nupcial adequada a nela tomarem parte.

37

Abrindo os olhos e os ouvidos

ENQUANTO AS FORÇAS ESPIRITUAIS ACELERAVAM OS PREparativos para o sublime evento demarcado há milênios para o progresso da humanidade, outra não era a medida adotada pelos Espíritos amigos para o amparo a cada indivíduo.

Depois que a reunião mediúnica do grupo de Gertrudes se encerrara, as duas trabalhadoras, Marieta e Jandira, entregaram-lhe o resultado do segundo intercâmbio mantido com os seres visitantes, comentando rapidamente o desenrolar das informações.

A dirigente ia, a cada passo, ficando ainda mais impressionada com o conjunto, reconhecendo que nada daquilo poderia ser fruto de um desequilíbrio mediúnico ou de alguma alucinação nascida de uma trabalhadora em crise obsessiva.

Também se certificara de não estar havendo interferência de Espíritos inferiores que se fizessem passar por entidades extraterrestres, com a finalidade de enganar ou perturbar o funcionamento dos trabalhos.

Encerrada a noite, possuía material suficiente para meditar e encaminhar as informações aos outros dirigentes responsáveis pelos demais grupos, com os quais compartilharia o resultado inicial das abordagens, antes de levar tais relatos ao conhecimento da direção da instituição espírita à qual todos se ligavam.

No dia imediato, entrou em contato com dois dos outros dirigentes amigos e marcou um encontro para troca de informações e opiniões sobre alguns temas importantes.

Reunida com Afonso e Gomes, Gertrudes iniciou a conversa, explicando-lhes o motivo do encontro:

— Bem, meus amigos, não me estranhem o interesse em trazê-los aqui para trocarmos informações. Antes, porém, considerando a proteção dos Espíritos amigos que guiam os destinos desta instituição, sabemos que nossos procedimentos na condução dos trabalhos e dos trabalhadores da mediunidade devem pautar-se pela sobriedade e retidão porquanto, mesmo quando os mentores vigiem, se não nos mantivermos atentos por nossa parte, as entidades inferiores podem minar as defesas luminosas usando o desequilíbrio e a fantasia mental de algum de nós.

— Sim, Gertrudes, temos a obrigação de estar atentos a tudo para aprofundar as cautelas diante de certas ameaças – respondeu Afonso, concordando com os cuidados da irmã de tarefas.

— Pois então, meus amigos, é exatamente por isso que creio ser crucial este nosso encontro. Gostaria que vocês me informassem se identificaram, nos trabalhadores de seus grupos, algum evento incomum, alguma comunicação mediúnica diferente, algum relato de situação anormal do ponto de vista de nossas rotinas.

— Como assim? – indagou Gomes, interessado. Você está querendo saber sobre o tipo de entidades que se comunicam ou sobre o comportamento de cada médium?

— Na verdade, estou querendo saber sobre ambas as coisas. Já lhes chegou ao conhecimento pessoal, ainda que na forma de conversa privada, alguma informação muito diferente daquela que estamos acostumados a receber no dia a dia?

Puseram-se ambos a pensar, abrindo o baú da memória onde arquivavam experiências do trabalho espírita, procurando a informação que a amiga solicitava.

Passados alguns instantes, Gomes relatou:

— Bem, não sei dizer se isso se encaixa no que você está perguntando mas, há cerca de dois meses, um dos médiuns acusou uma perturbação visual, afirmando-se impossibilitado de exercer a tarefa mediúnica da vidência, solicitando autorização para ficar na sustentação, em tratamento.

— Você chegou a aprofundar o assunto, indagando-lhe sobre o motivo real de seu deliberado afastamento?

— Bem... dentro do que considero plausível, tentei ouvi-lo sobre os motivos de seu desajuste mediúnico, mas, por mais que tentasse aprofundar os detalhes sobre a causa de tal comportamento, observei que se escusava em revelá-la, dizendo sempre que era por problemas pessoais. Depois de muito insistir, notei que o constrangia e, para não piorar seu problema fazendo-o afastar-se do grupo, aceitei-lhe as evasivas e concordei que permanecesse fora da mesa dos trabalhos por uns tempos, em atividades de sustentação vibratória e prece, rogando aos Espíritos amigos que o envolvessem para a sua total recuperação.

Além deste incidente, nada mais ocorreu de diferente em nossas rotinas normais.

— E quanto a você, Afonso?

— Olha, Gertrudes, nos últimos tempos o grupo está sofrendo uma espécie de desânimo inconsciente, se é o que você está querendo saber.

— Como é isso? – perguntaram os dois ouvintes.

— Bem, eu chamo assim, apesar de outros chamarem de outro nome. É aquele estágio em que os trabalhadores, isoladamente, vão sendo envolvidos por problemas físicos, problemas emocionais, conflitos materiais e, por sua invigilância, cansaço ou fragilidade emocional, se permitem enfraquecer na resistência. Então, a primeira coisa que fazem é falhar nas tarefas espirituais. Em determinado dia, um deles me telefona dizendo que não virá no próximo trabalho porque tem que resolver um problema. Na mesma semana, recebo a informação de que outra médium do grupo está com dores nas pernas e, por isso, não comparecerá. E no dia da nossa reunião, quantas vezes não deixaram de vir dois ou três por causas aparentemente tolas, mas que poderiam ter sido superadas pelo exercício decidido da vontade. Então, chamo isso de desânimo inconsciente, explicando aos trabalhadores que o médium é sempre suscetível de receber este tipo de influências que o abatem, sobretudo quando se permita ceder em suas decisões de servir, ainda quando as coisas se tornem difíceis. Observo, então, que quanto mais incisiva é a minha reprovação, mais alguns deles se agitam, tomando as advertências que lhes apresento como reprimendas, acusando-me de intransigente, de descaridoso ou mesmo de intolerante diante de suas desculpas.

Não percebem que, como aquele que centraliza as informações do grupo, observo a ação das entidades necessitadas no esforço de gerarem situações pelas quais manipulem a participação dos médiuns na reunião, dificultando-lhes a vida para que se abatam e recuem ante o dever livremente assumido. E isso se dá quase sempre com as mesmas pessoas. Não compreendem que, quando resistem ao assédio sutil, depois de algum tempo de tentativas, as entidades inferiores desistem de acender vela boa com "defunto ruim", indo investir suas forças perturbadoras sobre outros sensitivos.

— Sim – disse Gertrudes –, também já notei isso com os que vêm em nosso trabalho. No entanto, uso uma técnica que me parece ser mais eficaz no esforço de torná-los mais responsáveis. Confiro a assiduidade de cada trabalhador e, no caso dos que não se mantenham constantes na tarefa, depois de uma conversa franca sobre seus problemas, afasto-os do trabalho mediúnico, colocando-os na sustentação vibratória por pelo menos uma reunião. Não se trata de punição, conforme lhes explico, mas, sim, de um período em que estarão recebendo amparo espiritual que os fortaleça na superação desses problemas. Então, depois que passa essa fase, geralmente se tornam mais vigilantes, porque percebem que os males que os atingiam, em sua maioria, eram oriundos de influência espiritual que desejava afastá-los do dever.

Mas, Afonso, não houve nenhum caso especial ou comentário estranho dos que tenham se mantido no grupo?

— Ora! Gertrudes, isso sempre tem. Outro dia mesmo, um dos meninos passou a relatar algumas sensações estranhas. Falou que, apesar de não enxergar os Espíritos, tinha a nítida impressão, no momento do transe mediúnico da psicofonia, de que uma entidade muito esquisita o envolvia. Quando lhe indaguei sobre a natureza de tal Espírito, o rapaz pigarreou, deu uma risadinha e explicou, desconcertado: Olha, seu Afonso, para ser bem honesto como devemos sempre ser neste trabalho, deve ser alguma entidade muito perturbada, pois, inclusive, me transmitia uma forma diferente da humana. Então, perguntei se estava sentindo algo como se fosse um animal, coisa que costuma ser mais ou menos comum na aparência de certas entidades. Ele, suando, repetiu o riso nervoso e falou que não era bicho, pelo menos não desses que a gente conhecia. Foi quando, não mais conseguindo se conter, deixou escapar que a natureza dessa entidade era diferente de tudo o que existe na Terra, parecendo pertencer a outra humanidade.

— Vixe! – exclamou Gomes –, fico até arrepiado só de ouvir isso.

— Eu também – confirmou o amigo que fazia o relato –, e para não deixar isso impressionar os demais, cortei o assunto, explicando-lhe que poderia ser algum Espírito se fazendo passar por um ser estranho para confundir o próprio médium. Como naquele dia nossos dois médiuns videntes não tinham comparecido, não lhes pude solicitar uma confirmação das impressões do irmão que relatara o fato, visando a uma avaliação mais profunda na busca do entendimento do fenômeno.

Não duvidei do médium, porque só ele sabe o que sentiu. No entanto, essa história de extraterrestre costuma impressionar qualquer um e, se esse povo está com esse desânimo por nada, já pensou se mais gente começa a ficar com medo de vir ao trabalho? Aí é que fico sem o "meu emprego".

Depois de escutá-los, Gertrudes se pôs a explicar:

— Pois é justamente sobre isso que preciso lhes falar.

— Sobre "perder o nosso emprego"? Você está sabendo de alguma coisa "lá de cima" que a gente ainda não saiba? Alguma mudança de atividades, alguma reformulação de rotinas aqui do centro?

— Não, meus amigos. Tudo está bem e nada vai mudar. Estou me referindo a estas estranhas condutas desses trabalhadores.

Ambos estão passando por uma experiência anormal e que, de tão incomum, acham que é maluquice. No caso do Gomes, a saída foi solicitar o afastamento do trabalho direto. No do Afonso, a confissão espontânea não pareceu resolver a questão. No entanto, posso lhes dizer que, esses dois, não são os únicos nem são relatos isolados. Em meu grupo também fui procurada por duas trabalhadoras que, mesmo com receio, me contaram sobre o contato com entidades estranhas, que não eram costumeiramente vistas em nossas tarefas da desobsessão. E só me animei a não considerar isso como fruto da imaginação ou da influenciação negativa, porque esses dois trabalhadores que vocês comentaram, algumas semanas atrás me procuraram, em dias diferentes, solicitando-me os préstimos, porque acreditavam estar sob perturbação espiritual. Solicitaram-nos o apoio para o encaminhamento das possíveis entidades perturbadoras que os assediavam. Consideravam ser mais natural e menos perigoso, que fossem atendidas em grupo diverso do deles. Foi quando lhes perguntei sobre a causa dessas perturbações da rotina e, com muito constrangimento e discrição, falaram sobre a visão e a sensação de entidades diferentes de nós que deles se acercavam na hora do trabalho, fato que os perturbava no sereno exercício da mediunidade.

Os dois dirigentes se mostravam surpreendidos com a notícia, mas Gertrudes não interrompeu o relato:

— A meu pedido, então, solicitei que não comentassem o fato com mais ninguém, nem mesmo com vocês, até que nossas orações e as orientações que recebêssemos pudessem esclarecer esses fatos. Por isso é que ambos estão esperando que lhes informe o resultado das nossas intervenções vibratórias, nestas semanas. Até aí, pensei que se tratasse de um fato isolado, mas logo depois deles, aconteceu isso com as duas trabalhadoras, como já lhes revelei. Foi quando percebi um padrão a repetir-se e que talvez não fosse fruto de nenhuma perturbação ou ação inferior sobre médiuns invigilantes ou vulneráveis. Combinamos em sigilo uma experiência e, isoladas dos demais, abriram os canais da mediunidade para a recepção das informações que lhes fossem possibilitadas. Tenho comigo, por escrito, o teor de tais conversas e, sem exageros, penso serem muito importantes para nosso estudo e compreensão da urgência do momento em que nos encontramos.

Os dois amigos se entreolhavam sobressaltados, principalmente pelo fato de considerarem Gertrudes, dentre eles, a mais experiente na doutrina, rigorosa na condução da tarefa e segura na avaliação do trabalho. E se ela própria se dava ao trabalho de pesquisa, fazendo essa revelação, a curiosidade inicial se transformou em real interesse.

— Você acha, então, Gertrudes, que esse negócio de entidade diferente não é imaginação fértil de médium desavisado?

— Para mim, Gomes, acho que o trabalhador de sua sala está confundido pelo inusitado do que constatou. E se você tomar conhecimento do teor das notícias que conseguimos com a experiência que fizemos, certamente vai entender que não se trata de nenhuma entidade leviana ou brincalhona. É algo tão sério e novo, que quis conversar com vocês para confirmar tais fatos que me acabam de relatar e, se desejarem, compartilhar o fruto de nossos primeiros garimpos.

— Claro que queremos, Gertrudes. Se você está nos dizendo uma coisa dessas, precisamos saber o que está acontecendo para encaminharmos nossos passos daqui para a frente.

— Daqui por diante, então, creio ser importante manter discrição, primeiro para não alvoroçarmos a curiosidade tola em torno do assunto, e também para que não induzamos outros médiuns a acharem que tudo o que sentem deva ser atribuído a extraterrestres. Em geral, os médiuns são bem intencionados, mas, infelizmente, nem todos são rigorosos na avaliação, permitindo-se alguns deles a receber influências sem a devida triagem por meio da análise racional e serena que todo médium precisa aprender a cultivar. Façamos as coisas entre nós, antes de darmos o próximo passo. Em minha sala, as duas médiuns só falam disso comigo. Trouxe os documentos em cópias a fim de que ambos leiam com atenção. Se acharem prudente, poderiam conversar com os dois trabalhadores a sós, aprofundando o tema e permitindo que passem a ser colaboradores conscientes desse processo, em vez de se considerarem perturbados ou em desequilíbrio. Com o que vocês conseguirem, nas conversas privadas, poderemos averiguar sobre o caráter comum e universalista das informações, comparando-as com as que nos foram passadas através destas respostas. Assim, teremos mais segurança antes de levarmos o assunto aos nossos diretores.

— Acho que essa será a melhor medida. Puxa vida! e eu que dei uma cortada no pobre do Miranda quando ele tentou falar sobre isso – exclamou Afonso.

— É assim mesmo, meu amigo, a gente tenta fazer a coisa da melhor maneira, mas estamos longe da perfeição. Não vê o meu caso? Eu também não fui hábil o suficiente para infundir em Alcântara a confiança suficiente para me relatar fatos que o incomodavam. Isso é algo que eu preciso corrigir em mim, de maneira a permitir um maior acesso dos companheiros para que, mesmo que seja de maneira particular, me relatem o que os incomoda. Graças a Deus, temos condições de entender nossas limitações e melhorá-las – ponderou Gomes.

— Certamente eu também teria agido dessa forma nessas circunstâncias, não fosse o fato de esses nossos dois irmãos me terem procurado relatando histórias semelhantes. Se não fosse por eles, talvez também estivesse considerando Marieta "pancada da cabeça" ou vítima de obsessão pura. O que importa, agora, é tratarmos da coisa com discrição e seriedade para que aprendamos mais com a experiência.

Vamos nos reunir em outro dia para reavaliarmos os fatos, depois da leitura destas comunicações. Até lá, por favor, guardemos sigilo sobre elas, porque temos que preservar os trabalhadores por intermédio dos quais nos chegam as notícias, a fim de não serem ridicularizados. Estamos diante de uma confiança que não podemos fraudar sob pena de prejudicarmos nossas irmãs e irmãos, além de dificultarmos os próximos passos.

Todos concordaram com Gertrudes e se despediram, com muita coisa para ler, pensar e melhorar.

Enfim, uma seara que já produzia!

38

O MECANISMO DA EVOLUÇÃO CONTINUAVA A GIRAR suas engrenagens, levando cada um aos desafios que revelassem sua essência espiritual predominante.

Organizado com milênios de antecedência, a renovação das estrelas e da família celeste que a acompanhava era algo tão certo que o próprio Jesus, ao seu tempo entre os homens, anunciara tais fatos, lançando para o futuro a notícia sobre as profundas transformações ao fim das quais o exame final aferiria em cada ser humano a suficiência ou insuficiência do aproveitamento em relação às lições ministradas.

Tal aferição se daria pela observância dos frutos produzidos, das atitudes autênticas e da modificação interior, razão pela qual seriam inúteis as aparências e as condutas dissimiladas.

Seria sob a era do Espírito que tal avaliação se daria, com as almas submetidas a essa apuração em função das qualidades consolidadas.

Tais provas seriam produzidas naturalmente pelas forças cósmicas, aquelas que organizam o movimento dos astros no quadrante celeste ao qual a Terra pertence, em repetição dos ciclos transformadores já vividos em outros períodos, cujas marcas até hoje se acham decalcadas nas camadas geológicas, como feridas cicatrizadas ao longo dos milhões ou bilhões de anos.

Nada, portanto, de improvisação ou excepcionalidade na ordem da justiça divina, que a tudo prevê e provê, com milhões de anos de antecedência.

Cada criatura recebeu as devidas oportunidades de trabalho, crescimento e aprendizado, além dos inúmeros alertas sobre as etapas de avaliação.

Foram implantadas escolas do pensamento e do sentimento com elevado programa espiritual, semeando os germes das novas conquistas para todos. Ao preço de martírios e violências, lentamente transformou-se o paganismo, cedendo espaço à lógica da unidade divina, observada como centro de todas as forças construtoras e renovadoras do universo.

Apesar de tão valioso tesouro, as criaturas ainda imaturas desprezaram-lhe a essência, preferindo-lhe a casca.

Sob os cânticos religiosos em que se unem sacerdotes e fiéis, são ouvidos os estampidos das bombas lançadas entre irmãos, graças à hostilização que, pela ditadura das armas ou das moedas, da política da força ou do egoísmo, os povos ainda nutrem uns contra os outros.

Cantam hinos de louvor a Deus ao mesmo tempo em que dizimam inocentes, corrompem os costumes, espalham mentiras e versões adulteradas da verdade, visando a dar legitimidade às atrocidades que cometem.

Ao lado dos muitos avanços da tecnologia, qualquer novidade nessa área logo é transformada em arma de destruição ou de domínio do semelhante.

Movimentam-se pesquisas com o objetivo do controle artificial do clima, ao mesmo tempo em que jogos eletrônicos de conteúdo violento e alienante mantêm a mente distraída e adestrada à aceitação dos conceitos agressivos, como parte natural da sociedade e da pessoa humana.

Em todos os níveis da vida social observa-se esse mecanismo, atingindo o alicerce de sua constituição quando desagrega a família pelo difundir dos conceitos chulos e imorais, facilitando seu desfazimento com a sementeira de frustrações afetivas que dissolvem o cimento das uniões verdadeiras.

Tão enfermo se apresenta o organismo social, que a cirurgia radical vai se impondo como inadiável para a salvação do doente.

Só ao preço do sofrimento é que os corajosos, para agredir, mas covardes para perdoar, entenderão que nem seus poderes tecnológicos, suas táticas políticas, suas argumentações falaciosas, serão levadas em consideração na hora da aferição do mérito real.

Poderão estar escondidos no mais profundo dos subterrâneos e isso lhes será inútil.

Da mesma maneira, prezado leitor, somente sua verdade real no bem o defenderá de maneira eficiente porquanto, nos exames finais, não é a nota que aprova, é o saber.

Observava-se o despreparo dos muitos dirigentes e trabalhadores espíritas no sentido de assumirem uma posição clara e serena diante dos eventos para os quais o mundo espiritual, em peso, estava a postos.

Na maioria das instituições, grassava a ignorância dos fatos que se avizinhavam, não se abrindo espaço para nenhum alerta.

Quando alguém se aventurava em indagar sobre tais rumores, lá vinham os "mais antigos" asseverando que não se deveria tocar nesses assuntos para não causar a perturbação dos menos preparados ou o desequilíbrio das almas tíbias.

Em outros núcleos, trabalhadores se recusavam a acreditar que o cenário de transformações poderia atingi-los, coisa que, só de pensarem, causava-lhes arrepios. Estavam muito presos às coisas do mundo para se darem conta de que trabalhavam em uma seara que se prendia às coisas do outro mundo.

Essa patente contradição era mais visível e cruel quando se levantava a hipótese de se perderem bens materiais, suas casas, seus negócios, suas relações afetivas, vendo destruído tudo aquilo pelo que sempre lutaram. Essa era a reação dos que, no fundo, sempre se dedicaram ao culto simultâneo dos dois senhores, com predominância dos interesses de Mamon.

Então, a certa altura do trabalho de visitação que realizavam, Jerônimo e Adelino chegaram a centro espírita no qual se congregava pequena plateia a escutar a palestra evangelizadora. Aguardariam o desenrolar dos trabalhos para, após, poderem transmitir a mensagem de que se faziam portadores.

Atenta à oradora que desempenhava as tarefas públicas da noite, a plateia se deixava levar pela explicação simples e clara das questões evolutivas que o texto evangélico possibilitava.

O auditório modesto congregava mais de trinta pessoas e, envolvida pela luz que sobre ela era projetada de mais alto, a responsável pela explicação abordava o tema do capítulo XVIII, sobre "A porta estreita", dizendo:

— Jesus compara a nossa salvação ao esforço de procurarmos a porta. Não nos aconselha que fiquemos parados esperando por ela ou, mesmo, fugirmos do aperto quando este aparece. Sabendo do quanto dependia de nós o ingresso em níveis evolutivos melhores, o Senhor realça o poder da vontade, colocando a porta estreita como o símbolo da dificuldade que precisamos vencer para podermos penetrar em novo ambiente. E isto está acontecendo com a Terra neste momento. As mudanças coletivas se aceleram. A porta estreita nos pede rapidez e pressa para que por ela passemos, antes que não nos seja mais possível superá-la. Sempre se falou em fim dos tempos e, por essa repetição, os que escutam a consideram monótona e sem valor, desprezando informações preciosas sobre como se conduzirem, não importando quando a hora chegasse. Descuidados das disciplinas do bem pelo muito demorar o "fim dos tempos", resolveram deliciar-se com o banquete das futilidades, explorar as más tendências ao máximo, desfrutar dos vícios fáceis e prazeres indignos. Eis que chega, no entanto, a hora da volta do dono da casa que, passando, vai trancar a porta, deixando os brincalhões do lado de fora. Não percebem vocês todas as mudanças do clima, as alterações atmosféricas, a modificação dos polos magnéticos, o aumento do vulcanismo, a multiplicação dos movimentos sísmicos com terremotos cada vez mais intensos e repetidos?

As notícias sobre corpos celestes estranhos, as descobertas astronômicas desconcertantes destruindo do dia para a noite velhas teorias infalíveis, para acatarem aquelas que antes eram tidas pela mesma comunidade científica como absurdas ou ridículas?

Não estão atentos para o aumento das explosões solares, a modificação das atmosferas dos nossos irmãos planetários? A proliferação dos observatórios astronômicos lançados ao espaço pelo homem, a orbitarem a atmosfera em busca de alguma coisa que não nos revelam?

Não percebem a preocupação das autoridades em construir abrigos gigantescos no interior das montanhas para aqueles que forem selecionados para ali se abrigarem? A preservação das sementes no interior profundo de montanhas geladas para replantar a Terra depois de um evento cataclísmico?

E o que pensar da imensa quantidade de filmes e seriados de televisão falando sobre a ocorrência de desastres brutais envolvendo toda a humanidade? Cometas que caem, turbulências na atmosfera, mudança do eixo da Terra, aumento das emissões solares, lições sobre sobrevivência como manuais que adestram as pessoas, ensinando-as a enfrentarem momentos difíceis?

Não viram a multiplicação das aparições de naves não identificadas, das esculturas nas plantações, nenhuma das quais podem ser atribuíveis ao ser humano?

Documentários sobre esses encontros, o renitente acobertamento dos governos sobre a existência de vida fora da Terra? O próprio Vaticano, em declaração pública, já admitiu ser plausível a existência de vida em outros níveis físicos que não somente a vida humana na Terra, abrindo campo para a aceitação da vida extraterrestre.

Multiplicam-se as informações que anunciam as transformações. Dos povos ditos civilizados aos que até hoje cultivam suas tradições indígenas, as mensagens são as mesmas, e o tempo de sua ocorrência aponta para o nosso agora.

Profecias de todos os tipos tratam do mesmo assunto.

E para nós, mensagens espirituais nos são enviadas alertando-nos para o trabalho da renovação constante, única maneira de nos prepararmos para os eventos que se acercam.

Não nos iludamos acreditando que Deus não permitiria que isso acontecesse. A certeza da lei do universo não considera nem piedade nem complacência. Considera apenas a necessidade do progresso que se faz inexorável e constante. Então, da mesma maneira que um pai humano não vai deixar de enviar o filho à escola para que aprenda, mesmo que lhe cause os dissabores e contrariedades ao ver seus brinquedinhos substituídos pelo caderno, Deus não deixa de encaminhar os filhos que ama para a escola, mesmo quando eles prefiram ficar brincando.

Enquanto a oradora falava, inspirada pelo potente facho de luz que vinha do alto, Adelino se acercava de alguns presentes, cuja resposta ao potente jato de luz que saía da boca da oradora não correspondia ao mesmo teor de confiança e decisão.

Em um canto do salão, uma mulher de meia-idade pensava em tudo o que ouvia.

— Mas se tudo for desse jeito mesmo, a gente poderá morrer... Meu Deus, será que isso vai acontecer comigo? Sou tão jovem, tenho tantos planos para concretizar! Não, não pode ser isso. Se as coisas se confirmarem nesse sentido, ou seja, se estivermos passando por tempos decisivos, prefiro morrer antes para não ter que enfrentar essas dificuldades.

Não havia terminado de pensar a última frase quando a oradora atacou, dizendo:

— E não pensem em fugir da vida, ceifando o fio da existência por medo de enfrentarem os dissabores. Não haverá atitude mais comprometedora para nós mesmos do que a do suicídio.

Isso porque a avaliação é para todos os vivos, encarnados ou desencarnados, estando eles também submetidos ao mesmo critério. E no caso do suicida, esse ato de rebeldia é o atestado de seu despreparo. É uma espécie de tentativa de fraudar o exame final usando da cola como estratagema. Flagrado no ato fraudulento, já tem seu destino definido impedido de terminar a prova que poderia salvá-lo. O suicida será o primeiro tipo de aluno a ser reprovado no exame a que todos estamos sendo submetidos. Isso porque, repito, a prova é para vivos, e não fugimos da vida, mesmo quando se consiga fugir do corpo.

A resposta direta desconcertou a mulher tola, arrepiando-a dos pés à cabeça, entendendo que, por algum mecanismo que lhe era desconhecido, a oradora foi instrumento para que a resposta lhe viesse imediata.

Jerônimo perscrutava as ideias de outro integrante da plateia. Homem maduro, dono de muitos recursos e apegado aos bens materiais, tentava desvalorizar as palavras de alerta, fingindo-se em oração, de olhos fechados, como se tais exortações não fossem para ele.

Ouvindo-lhe o pensamento, o Espírito amigo observava a natureza humana, sempre volúvel e volátil:

— Pensa essa aí que com esse tipo de conversinha vou deixar de seguir a minha vida? Quero ver quem é que paga as contas, e se não é o dinheiro que comanda o mundo! Esse discurso é bom para os derrotados, para os que sempre tentaram se estabilizar e nunca trabalharam como eu trabalhei para conquistar o que os outros invejam. Muito me admira algum dirigente permitir que aqui, num centro espírita, se fale desse tipo de assunto, tão impróprio para uma casa religiosa. Além do mais, é do meu dinheiro que eu retiro a ajuda que trago para cá e para outras igrejas. Afinal, não foi o Santo de Assis que disse que "é dando que se recebe"?

Enquanto pensava sobre esse assunto, tentando fugir do peso das responsabilidades em decorrência do muito apego, eis que a palavra da oradora lhe caiu como uma pedrada no ponto fraco de seu caráter:

— Jesus nos ensinou a guardarmos nossos tesouros no céu, onde nem a ferrugem, nem a traça nem os ladrões os enferrujam, corroem ou roubam.

Além do mais, disse-nos:

> Se alguém quiser vir após mim, renuncie-se a si mesmo, tome sobre si a sua cruz, e siga-me;
>
> Porque aquele que quiser salvar a sua vida, perdê-la-á, e quem perder a sua vida por amor de mim, achá-la-á.
>
> Pois que aproveita ao homem ganhar o mundo inteiro, se perder a sua alma? Ou que dará o homem em recompensa da sua alma?

Então, prezados irmãos, que aproveita ao homem ser rico e poderoso, se isso causar-lhe a perda de toda uma existência? Pode estar apegado ao que quiser. No entanto, isso lhe servirá para alguma coisa? Pode pensar que é bom por causa do dinheiro que tem, mas, em verdade, saberá ser bom ainda quando seja pobre? É capaz de renunciar à riqueza e seguir com a consciência em paz? Está preparado para ser despejado de tudo, sem recurso que adie indefinidamente a abdicação?

Por isso é que a salvação não está nos bens materiais, mas na consciência de quem os administra. Pessoas há que se julgam boas porque doam coisas para igrejas ou atividades assistenciais quando, em verdade, estão tentando compensar com algumas migalhas os muitos milhões que roubaram de seus semelhantes, em negociatas, em golpes bem aplicados. Esses são aqueles a quem Jesus se refere que ficarão do lado de fora da porta. Dirão que falaram com ele, comeram com ele, estiveram nas praças públicas, beberam no mesmo copo, expulsaram o demônio em seu nome, mas, no fundo, praticavam a iniquidade, cujo significado é perversidade, maldade ou profunda injustiça.

O homem agora se mexia na cadeira, impaciente, esperando que a palestra terminasse logo.

A resposta imediata vinda da oradora o incomodava tanto quanto o seu conteúdo uma vez que, como a mulher anterior, parecia que alguém tinha ouvido seus pensamentos.

Apesar destes casos isolados, quando o rechaço se dava por uma ligação do encarnado com ilusões ou mentiras confortáveis, a maioria da plateia respondia às palavras como o indivíduo inteligente que escuta a sirene do alarme e sabe que o perigo está próximo, precisando adotar as medidas indispensáveis para superar a dificuldade.

A oratória encaminhava-se para o final, deixando no ar uma atmosfera de confiança e energia positiva:

— Não se deixem abater pelas dificuldades da vida ou pelas asperezas do caminho. Esta é a mais importante hora de nossas existências desde que fomos criados por Deus. Nada deverá abafar o ânimo idealista. Vocês foram preparados pelo Pai para serem os heróis da batalha. Não se conduzam como ratos de navio, porque todos aceitamos vir ao mundo nesta época para atuarmos como salva-vidas. Essa é a nobre função que os aguarda, graças à qual contarão com o amparo dos amigos espirituais, nos cuidados do resgate dos mais frágeis.

Viver no mundo atual é a maior honra que já poderíamos ter sonhado em conquistar. Mas para que isso seja assim, é preciso fazer aquilo para o que nos preparamos. Sejamos o batalhão do bem, do amor, do equilíbrio, da retidão e do otimismo para auxiliar os que não sabem onde se apegarem para as horas difíceis.

O Senhor governa a vida, sabendo do que precisamos.

Confiemos nele e não percamos mais tempo, porque passarmos um dia sem fazermos nada pelo bem de todos, isso sim, é o verdadeiro "fim do mundo"!

Encerrou-se a reunião, saindo a maioria dos ouvintes edificados em seus ideais, alertados em suas responsabilidades e confiantes ante as provas que os aguardavam. Os poucos que deixaram o local incomodados com o que escutaram, demonstravam sua alma comprometida com o velho mundo, renitentes na defesa das estruturas apodrecidas de um ambiente desmoralizado, o que bastaria para que, por si sós, se colocassem no devido lugar quando soasse a hora da verdadeira separação.

A reunião mediúnica conduzida, logo a seguir, pelos mentores espirituais da instituição e com a participação apenas dos trabalhadores autorizados, se realizaria no ambiente energizado pelas forças sublimes oriundas da palavra esclarecida e direta da irmã que se fez portadora dos anúncios espirituais, conforme a vontade do Pai.

Verdades sem ameaças, raciocínios diretos sem sofismas, reflexões sem objetivos subalternos, amor sem mesclar Deus com qualquer interesse.

Jerônimo e Adelino, ali recebidos carinhosamente pelas atenções dos dirigentes, agradeceram a acolhida fraterna, dizendo que haviam vindo para trazer uma mensagem.

— Pois é com muita alegria que nossa instituição se abre para ouvir a notícia de que são portadores, em nome de Deus – respondeu-lhes Aloísio.

Manifestando um semblante de alegria e júbilo, Jerônimo lhe respondeu:

— Somos muito gratos pela generosidade, mas, mais felizes do que vocês, nos despedimos.

Estranhando-lhe a atitude inusitada, Aloísio exclamou:

— Mas o irmão não nos considera dignos da recebê-la? É verdade que temos muitos defeitos, mas, por isso mesmo é que precisamos tanto dos alvitres superiores que nos fortaleçam o crescimento.

Desfazendo o mal-entendido, o visitante sorridente aclarou:

— Não se trata disso, querido irmão, mas, justamente, do contrário. Nosso trabalho aqui é desnecessário porque trazíamos uma semente para ser plantada e, aqui chegando, encontramos o campo semeado e germinando. Demonstram que já se tornaram dignos de receber a mensagem e a espalharem aos ouvintes antes mesmo que aqui estivéssemos no cumprimento de tal encargo. São dos poucos que, efetivamente, já estão no trabalho como se deve. Prossigam com essa lucidez no bem e na responsabilidade diante da vida porque, em verdade, este é o primeiro centro espírita que já está cumprindo o seu dever, demonstrando estar em perfeita conexão com as forças superiores que são as que devem dirigir as instituições religiosas em nome do Pai.

Parabéns a todos, queridos irmãos. Aceitem nossa admiração por aquilo que já é vida e alimento semeado nos corações que procuram o pão de Deus.

Abraçaram-se a Aloísio e, em despedida, deixaram o ambiente, demandando outros núcleos onde, certamente, o trabalho dos dois Espíritos não seria tão fácil como o fora ali.

O QUE CONDENA E O QUE ABSOLVE

39

A LEI DO PROGRESSO ERA A PODEROSA ALAVANCA DA criação no sentido de ajudar o crescimento de cada um, a suplantar até mesmo a lei de liberdade, eis que a ninguém era possível exercer esta para impedir a ocorrência da primeira.

Apesar disso, mesmo alguns dos admiradores da verdade revelada pelas vozes do mundo invisível perdiam-se no cipoal dos interesses do mundo, adiando a decisão de abdicar das inutilidades concentrando seus esforços na edificação de um outro modelo de vida.

Provocando Jerônimo, Adelino revela suas preocupações ao amigo, enquanto se dirigem ao encontro de Bezerra de Menezes:

— Se os próprios espíritas continuam amortecidos à frente de tantas revelações, notícias, mensagens e chamamentos diretos, como haverão de se encontrar os infelizes que não conhecem estas realidades? Refiro-me àqueles que não compartilham de princípios tão reveladores quanto as leis espirituais que nos regem os destinos. Estarão discriminados por Deus das benesses da salvação?

— Creio que não há partidarismo de nenhum tipo na administração do universo, Adelino. Os que imaginam um Deus que prefere mais a um do que a outro, certamente ainda estão imaturos no raciocínio. Em primeiro lugar, devemos ter convicção de que não é o saber que salva. A leitura, por mais esclarecedora que seja, não representa aprovação na prova. Em segundo lugar, as diversas escolas religiosas são pontos de apoio da Divindade para a elucidação das almas de boa vontade que lhes desejem escutar as lições. Então, não há ninguém desprezado ou esquecido. E não me refiro apenas às igrejas cristãs do ocidente ou do oriente. As leis do universo encontram-se espalhadas por todos os cânones morais de todos os tempos, em todos os povos ou civilizações. Encontraremos estes conceitos tanto entre os aborígenes australianos como entre os iniciados do Tibete. Assim, observa-se que não existe ninguém a quem não tenha chegado o conteúdo mais ou menos claro do chamamento justo.

Diante de cada característica cultural, serão levados em conta os valores cultivados e vividos por aquele grupo étnico, suas condutas coletivas, suas atitudes pessoais, seus esforços na vivência dos preceitos morais de natureza superior.

No momento da seleção dos Espíritos, não se verá distinção de natureza superficial. Todos serão avaliados pela essência espiritual.

Nas escrituras sagradas, especificamente no *Novo testamento*, no *Evangelho de São João*, capítulo 12, de 47 a 50 há um trecho em que Jesus nos ensina:

> E se alguém ouvir as minhas palavras, e não crer, eu não o julgo; porque eu vim, não para julgar o mundo, mas para salvar o mundo. (v. 47)

Observemos, Adelino, que Jesus deixa claro que não está no mundo para Julgar e, sim, para Salvar. No entanto, não entendamos suas palavras como crianças iludidas a quem não esteja atribuído nenhum dever. Certamente que Jesus nos traz ensinamentos morais, consolações espirituais, exortações idealistas que podem ou não ser seguidas. É por isso que, nesta passagem, refere-se aos que o escutam, mas não creem, pois o Cristo não os avalia, já que sua missão na Terra é eminentemente salvadora, pela iluminação das consciências visando à compreensão dos caminhos retos.

O versículo nos educa, portanto, no sentido de não imaginarmos ser ele, o messias de amor, o executor da justiça.

Ele mesmo nos revela isso, no versículo seguinte ao citado, dizendo:

> Quem me rejeitar a mim, e não receber as minhas palavras, já tem quem o julgue; a palavra que tenho pregado, essa o há de julgar no último dia. (v. 48)

Jesus redireciona a responsabilidade da salvação àquele que lhe escuta os conselhos. Diz, mais uma vez, não ser ele quem julga, porque veio para salvar. No entanto, quem julgará os que o renegam é a circunstância de terem ouvido a palavra salvadora, não lhes sendo possível alegar ignorância de seu significado. Que não concordem, que não a sigam por conveniências ou interesses, isso não altera o amor de Jesus por todos. No entanto, a consequência dessa indiferença experimentará o próprio indiferente e por sua própria culpa. Não poderá alegar ignorância para tentar fugir do juízo, que o alcançará como força iniludível do universo.

Então, o simples conhecer por ouvir, por ter tido acesso a um conselho ou a uma parábola, por já ter escutado a pregação de alguém, isso já é suficiente para colocar a criatura no banco dos réus para a avaliação de seus comportamentos à luz do conhecimento que lhe chegara aos ouvidos, ainda que a ele não desse crédito.

Para facilitar o entendimento, Adelino, pensemos nessa hipótese: em uma indústria onde se manipulam materiais altamente explosivos, devem-se adotar todos os cuidados e precauções no manuseio das substâncias altamente voláteis. A empresa ministra todos os cursos e treinamentos para os funcionários, a fim de que se conduzam em obediência às regras de segurança.

Todos estão cientificados dos rígidos procedimentos para que se evite uma tragédia de grandes proporções. No entanto, um dos funcionários acha que tais recomendações são exageradas, principalmente aquela que proíbe o fumo em qualquer área da empresa, mesmo quando afastado do setor de armazenagem dos explosivos. Apesar de saber das recomendações, o funcionário se tranca no banheiro onde pensa poder fumar sem ser visto, burlando a vigilância. Entretanto, sensores de fumaça o denunciam e, imediatamente, é levado à mesa do gerente.

Indagado se sabia das regras, não tem como negar sua ciência. Perguntado se sabia das consequências decorrentes da infração, também não pode alegar ignorância. Então, conhecendo a palavra que proibia a atitude perigosa, o indiferente colocou o seu capricho pessoal acima do respeito à vida de seus colegas. Sua demissão foi produzida por suas próprias escolhas.

Em silêncio, Adelino acompanhava o raciocínio de Jerônimo, que aprofundava a avaliação das circunstâncias, seguindo a conversa.

— Alguns menos maduros para o entendimento das responsabilidades, meu amigo, poderão pensar que o gerente fora muito rígido, que se mostrara inflexível com a fraqueza do funcionário. Argumentarão que não aconteceu nenhum acidente, que nada prejudicou o funcionamento da indústria, que ninguém morreu, etc. No entanto, Adelino, o gerente está investido de uma responsabilidade específica que é a de ensinar as regras e fiscalizá-las para a proteção de toda a indústria e seus trabalhadores. Não é questão de rigidez ou intolerância, mas, sim, consequência de um ato irresponsável que, ainda que não houvesse causado prejuízos naquele instante, poderia, no futuro, vir a produzir a tragédia que se tentava evitar.

A atitude do administrador honesto não pode ser classificada, portanto, como inadequada, e é isso que nos ensina o próprio Jesus, na mesma sequência evangélica:

> Porque eu não tenho falado de mim mesmo; mas o Pai, que me enviou, ele me deu mandamento sobre o que hei de dizer e sobre o que hei de falar. (v. 49)

Desta forma, Adelino, o gerente é administrador e, não, dono do negócio. Ocupa a posição de quem gerencia com deveres elevados de fidelidade e zelo, segundo a vontade do verdadeiro proprietário. Aceitou cumprir as leis tanto quanto fazê-las cumprir. Se a vontade do dono é no sentido de estabelecer aqueles marcos de segurança, deve agir para que tal determinação seja obedecida, ainda que os funcionários não concordem com eles. Compreende-se, assim, que o gerente não atua para vingar-se do empregado, por maldade pessoal ou imposição de seu mando. Aplica a lei por obediência ao verdadeiro proprietário. Se fizesse diferente, ele próprio estaria fraudando a confiança de que se fez merecedor.

Termina, Jesus, a lição profunda, afirmando:

> E sei que o seu mandamento é a vida eterna. Portanto, o que eu falo, falo-o como o Pai mo tem dito. (v. 50)

Entendendo a analogia, Adelino, podemos dizer que o gerente Jesus obedece às regras do mandato que recebeu do Pai, fazendo-lhe tão perfeitamente a vontade, que não é ele próprio quem fala, mas, por sua boca e suas atitudes fala Aquele que o enviou.

Ao trazermos este ensinamento para o nosso mundo, meu amigo, entenderemos que todas as criaturas na Terra receberam, de uma forma ou de outra, as lições sublimes que ensinam o bem, a honradez, a fidelidade, o amor ao próximo, o perdão das ofensas, dentre muitos outros.

Não é preciso, pois, ser espírita para poder participar do banquete da verdade e da salvação. Nossa responsabilidade será mensurada pela quantidade de ensinamentos que já detenhamos em relação à qualidade dos frutos que produzimos.

Diante do silêncio de Jerônimo, Adelino exclamou:

— Como é bom conversar com você, meu amigo. Tudo tão simples e tão fácil de entender de forma que a gente se surpreende com a própria ingenuidade.

— Nada disso, Adelino, somos todos aprendizes.

— Mas você acha, Jerônimo, que na questão da salvação e desses avisos que temos transmitido aos diversos centros espíritas, nossos irmãos de outras crenças estão recebendo os mesmos alertas?

— Ora! como não? Por diversos meios, os evangélicos não se cansam de falar no fim do mundo, e os católicos, também, não receberam os avisos da virgem por meio dos três pastores? Todos os caminhos religiosos são estradas para o despertamento e os fenômenos espirituais não são exclusividade do espiritismo. São incontáveis os médiuns evangélicos, católicos, budistas, muçulmanos, todos como canais para a transmissão de tais avisos.

Infelizmente, não dispõem da compreensão plena que a doutrina espírita faculta. No entanto, meu querido amigo, se cultivam a palavra divina, certamente não poderão alegar ignorância.

E por falarmos nisso, na questão da avaliação do momento da transição, do chamado fim dos tempos, veja bem como são claras estas passagens dos *Evangelhos*, seja aos religiosos seja aos que são indiferentes à fé, aqueles que sempre desejaram desconsiderar o papel moralizador das recomendações da Boa-Nova:

Aos indiferentes e materialistas, lemos em Mateus, 16, vv. 1 a 4:

> E, chegando-se os fariseus e os saduceus, para o tentarem, pediram-lhe que lhes mostrasse algum sinal do céu.
>
> Mas ele, respondendo, disse-lhes: Quando é chegada a tarde, dizeis: Haverá bom tempo, porque o céu está rubro.
>
> E, pela manhã: Hoje haverá tempestade, porque o céu está de um vermelho sombrio. Hipócritas, sabeis discernir a face do céu, e não conheceis os sinais dos tempos?
>
> Uma geração má e adúltera pede um sinal, e nenhum sinal lhe será dado, senão o sinal do profeta Jonas. E, deixando-os, retirou-se.

Já aos que se demonstram sinceros e bem intencionados, não economiza orientações diretas – Mateus 24, vv. 14 a 51:

> E este evangelho do reino será pregado em todo o mundo, em testemunho a todas as nações, e então virá o fim.
>
> Quando, pois, virdes que a abominação da desolação, de que falou o profeta Daniel, está no lugar santo; quem lê, atenda;
>
> Então, os que estiverem na Judeia, fujam para os montes;
>
> E quem estiver sobre o telhado, não desça a tirar alguma coisa de sua casa;
>
> E quem estiver no campo, não volte atrás a buscar as suas vestes.
>
> Mas ai das grávidas e das que amamentarem naqueles dias!

E orai para que a vossa fuga não aconteça no inverno nem no sábado;

Porque haverá então grande aflição, como nunca houve desde o princípio do mundo até agora, nem tampouco há de haver.

E, se aqueles dias não fossem abreviados, nenhuma carne se salvaria; mas por causa dos escolhidos serão abreviados aqueles dias.

Então, se alguém vos disser: Eis que o Cristo está aqui, ou ali, não lhe deis crédito;

Porque surgirão falsos cristos e falsos profetas, e farão tão grandes sinais e prodígios que, se possível fora, enganariam até os escolhidos.

Eis que eu vo-lo tenho predito.

Portanto, se vos disserem: Eis que ele está no deserto, não saiais. Eis que ele está no interior da casa; não acrediteis.

Porque, assim como o relâmpago sai do oriente e se mostra até ao ocidente, assim será também a vinda do Filho do Homem.

Pois onde estiver o cadáver, aí se ajuntarão as águias.

E, logo depois da aflição daqueles dias, o sol escurecerá, e a lua não dará a sua luz, e as estrelas cairão do céu, e as potências dos céus serão abaladas.

Então aparecerá no céu o sinal do Filho do Homem; e todas as tribos da terra se lamentarão, e verão o Filho do Homem, vindo sobre as nuvens do céu, com poder e grande glória.

E ele enviará os seus anjos com rijo clamor de trombeta, os quais ajuntarão os seus escolhidos desde os quatro ventos, de uma à outra extremidade dos céus.

Aprendei, pois, esta parábola da figueira: Quando já os seus ramos se tornam tenros e brotam folhas, sabeis que está próximo o verão.

Igualmente, quando virdes todas estas coisas, sabei que ele está próximo, às portas.

Em verdade vos digo que não passará esta geração sem que todas estas coisas aconteçam.

O céu e a terra passarão, mas as minhas palavras não hão de passar.

Mas daquele dia e hora ninguém sabe, nem os anjos do céu, mas unicamente meu Pai.

E, como foi nos dias de Noé, assim será também a vinda do Filho do Homem.

Porquanto, assim como, nos dias anteriores ao dilúvio, comiam, bebiam, casavam e davam-se em casamento, até ao dia em que Noé entrou na arca,

E não o perceberam, até que veio o dilúvio, e os levou a todos, assim será também a vinda do Filho do Homem.

Então, estando dois no campo, será levado um, e deixado o outro;

Estando duas moendo no moinho, será levada uma, e deixada outra.

Vigiai, pois, porque não sabeis a que hora há de vir o vosso Senhor.

Mas considerai isto: se o pai de família soubesse a que vigília da noite havia de vir o ladrão, vigiaria e não deixaria minar a sua casa.

Por isso, estai vós apercebidos também; porque o Filho do Homem há de vir à hora em que não penseis.

Quem é, pois, o servo fiel e prudente, que o seu senhor constituiu sobre a sua casa, para dar o sustento a seu tempo?

Bem-aventurado aquele servo que o seu senhor, quando vier, achar servindo assim.

Em verdade vos digo que o porá sobre todos os seus bens.

Mas se aquele mau servo disser no seu coração: O meu senhor tarde virá;

E começar a espancar os seus conservos, e a comer e a beber com os ébrios,

Virá o senhor daquele servo num dia em que o não espera, e à hora em que ele não sabe,

E separá-lo-á, e destinará a sua parte com os hipócritas; ali haverá pranto e ranger de dentes.

Lucas 21, vv. 7 a 38:

E perguntaram-lhe, dizendo: Mestre, quando serão, pois, estas coisas? E que sinal haverá quando isto estiver para acontecer?

Disse então ele: Vede não vos enganem, porque virão muitos em meu nome, dizendo: Sou eu, e o tempo está próximo. Não vades, portanto, após eles.

E, quando ouvirdes de guerras e sedições, não vos assusteis. Porque é necessário que isto aconteça primeiro, mas o fim não será logo.

Então lhes disse: Levantar-se-á nação contra nação, e reino contra reino;

E haverá em vários lugares grandes terremotos, e fomes e pestilências; haverá também coisas espantosas, e grandes sinais do céu.

Mas antes de todas estas coisas lançarão mão de vós, e vos perseguirão, entregando-vos às sinagogas e às prisões, e conduzindo-vos à presença de reis e presidentes, por amor do meu nome.

E vos acontecerá isto para testemunho.

Proponde, pois, em vossos corações não premeditar como haveis de responder;

Porque eu vos darei boca e sabedoria a que não poderão resistir nem contradizer todos quantos se vos opuserem.

E até pelos pais, e irmãos, e parentes, e amigos sereis entregues; e matarão alguns de vós.

E de todos sereis odiados por causa do meu nome.

Mas não perecerá um único cabelo da vossa cabeça.

Na vossa paciência possuí as vossas almas.

Mas, quando virdes Jerusalém cercada de exércitos, sabei então que é chegada a sua desolação.

Então, os que estiverem na Judeia, fujam para os montes; os que estiverem no meio da cidade, saiam; e os que estiverem nos campos não entrem nela.

Porque dias de vingança são estes, para que se cumpram todas as coisas que estão escritas.

Mas ai das grávidas, e das que criarem naqueles dias! porque haverá grande aperto na terra, e ira sobre este povo.

E cairão ao fio da espada, e para todas as nações serão levados cativos; e Jerusalém será pisada pelos gentios, até que os tempos dos gentios se completem.

E haverá sinais no sol e na lua e nas estrelas; e na terra angústia das nações, em perplexidade pelo bramido do mar e das ondas.

Homens desmaiando de terror, na expectação das coisas que sobrevirão ao mundo; porquanto as virtudes do céu serão abaladas.

E então verão vir o Filho do Homem numa nuvem, com poder e grande glória.

Ora! quando estas coisas começarem a acontecer, olhai para cima e levantai as vossas cabeças, porque a vossa redenção está próxima.

E disse-lhes uma parábola: Olhai para a figueira, e para todas as árvores;

Quando já têm rebentado, vós sabeis por vós mesmos, vendo-as, que perto está já o verão.

Assim também vós, quando virdes acontecer estas coisas, sabei que o reino de Deus está perto.

Em verdade vos digo que não passará esta geração até que tudo aconteça.

Passará o céu e a terra, mas as minhas palavras não hão de passar.

E olhai por vós, para que não aconteça que os vossos corações se carreguem de glutonaria, de embriaguez, e dos cuidados da vida, e venha sobre vós de improviso aquele dia.

Porque virá como um laço sobre todos os que habitam na face de toda a terra.

Vigiai, pois, em todo o tempo, orando, para que sejais havidos por dignos de evitar todas estas coisas que hão de acontecer, e de estar em pé diante do Filho do Homem.

E de dia ensinava no templo, e à noite, saindo, ficava no monte chamado das Oliveiras.

E todo o povo ia ter com ele ao templo, de manhã cedo, para o ouvir.

Aí estão, meu amigo, as observações a que me referia anteriormente, no sentido de que não há ninguém que esteja esquecido do carinho de Deus ou que não tenha Dele recebido um chamamento, ouvido uma pregação, procurado por uma palavra de alerta a fim de que lutasse para deixar seus vícios morais e materiais e se ligassem às coisas mais puras e elevadas.

Para que isso valha para todos, querido leitor, voltemos a pensar somente neste parágrafo:

> E olhai por vós, para que não aconteça que os vossos corações se carreguem de glutonaria, de embriaguez, e dos cuidados da vida, e venha sobre vós de improviso aquele dia.
>
> Porque virá como um laço sobre todos os que habitam na face de toda a terra.

Esta palavra já é suficiente para nos levar ao juízo como réus conscientes de nossos deslizes, nas escolhas infelizes que temos feito ao longo de tantos séculos e séculos.

Afinal, "aquele dia" já está à porta.

40

Preparando a grande vibração

Em determinado ponto do mundo espiritual, Jerônimo e Adelino se encontraram com Bezerra de Menezes, sempre envolvido pelo halo luminoso que lhe caracterizava a elevação e bondade.

Junto dele, grande falange de entidades trabalhadoras se posicionava, aquelas que cooperavam na transformação das mentes e dos corações em todos os rincões da Terra, notadamente na atenção devotada aos membros da família espírita em terras brasileiras.

Todos estavam unidos segundo os princípios universais do amor e da fraternidade, não havendo nenhum resquício de importância ou predileção entre os representantes dos diversos credos ou grupos civilizatórios, mas, ao contrário, união em torno das qualidades comuns, empenhados no combate aos defeitos dos quais a maioria lutava para libertar-se. Nesse afã, diversos Espíritos se uniam visando a solidificar a civilização do futuro nas bases superiores da compaixão, bondade espontânea, solidariedade entre todos, desprendimento e fé, qualidades naturais da nação brasileira que a aproximavam das realidades do Espírito.

Daí estarem particularmente envolvidos com os esforços do mundo invisível na consolidação desses fundamentos, tudo fazendo para descontaminar as criaturas das influências materialistas e pragmáticas de uma mentalidade utilitarista, segundo as quais os fins justificavam os meios.

A crise financeira, as lutas por supremacias, as ambições desenfreadas e a busca por grandeza e realce vinham minando os princípios sublimes e inoculando no coração dos cristãos em geral e dos espíritas em particular, sentimentos de antagonismo e disputa próprios da inferioridade de que ainda padecem as almas imperfeitas. Espicaçados em suas fraquezas, iam se perdendo nos certames do intelecto, nos quais alguns se empenhavam em combater os princípios sublimes da caridade bem evangélica sobre os quais se erguera o vasto edifício da cristandade pura. O inchaço do cérebro havia obliterado o sentimento em muitos seguidores da doutrina consoladora.

Apesar disso tudo, as forças do mal não teriam tempo para voltar a misturar-se com a verdade por segunda vez, visando a desnaturá-la ou a vilipendiá-la, como ocorrera séculos atrás.

O patrimônio celeste estava muito bem protegido pelos arautos do Criador, zelosos em proteger os valores conquistados, não permitindo que os antigos antagonistas do bem voltassem, com suas técnicas evasivas e divisionistas, a lançar irmão contra irmão, em prejuízo da pureza essencial de uma doutrina de amor.

Mais dramático ainda, era encontrar-se disseminado entre alguns dos líderes espíritas o fermento dos fariseus, identificado nas disputas por meio das quais abriam espaço para que entidades trevosas e divisionistas invadissem a obra do Pai para incendiar a seara e queimar as boas sementes.

Perdiam-se em discussões doutrinárias, criando teses e polêmicas, para que seus pontos de vista prevalecessem.

Se isso era de se lastimar em alguns, em verdade, tal comportamento era parte do cenário da purificação do cristianismo, ao facultar que cada um demonstrasse a sua real essência como cristão, depuração esta que atingiria também as fileiras espíritas com redobrado peso, como assinalado nas advertências evangélicas de que mais se exigiria daquele que mais houvesse recebido.

Apesar desses pequenos escolhos no caminho, o certo era que, graças ao muito que os espíritas sinceros haviam lutado, na vivência real de um evangelho de amor, mesmo com os antagonistas, as entidades superiores mourejavam em terreno muito melhor do que no passado, já podendo se valer do processo mediúnico com liberdade e segurança, encontrando espaço e compreensão em boa parte dos homens e mulheres cuja espiritualidade desabrochava graças aos bons exemplos de muitos dos adeptos da consoladora doutrina, ao longo de mais de cem anos.

Barreiras menores significavam mais possibilidades de salvação, espalhando chamamentos por diversos caminhos.

Nada, nem mesmo a má vontade ou a preguiça de alguns ou o interesse pessoal de outros, seria capaz de barrar o avanço das vozes invisíveis as quais, por todos os meios, convocavam os seres para as medidas indispensáveis ao progresso comum.

Diante do vasto contingente de trabalhadores em operação na psicosfera brasileira, explicou o bondoso velhinho:

— Não nos permitamos abater diante das tarefas que nos esperam na semeadura geral, quando deveremos espalhar sementes sobre todos os tipos de solo, mesmo aqueles não preparados para recebê-las. Não é tarefa do semeador avaliar-lhes a qualidade. Seu dever é semear. Quem cuida da terra é o dono do campo que identifica o pedregulho tanto quanto sabe onde se encontra o chão obediente e dadivoso.

Não são os resultados que devem nos dirigir as atividades, já que eles não nos pertencem. Honra-nos a possibilidade de servir apesar de nossos imensos débitos diante da lei. Somos quais doentes que a misericórdia utiliza como enfermeiros que cuidam de outros enfermos. Assim, não desperdicemos a oportunidade do reequilíbrio pelo devotamento ao equilíbrio de nossos semelhantes. Suas necessidades se revelam espontaneamente pelas reações da insanidade, da violência e do exercício de todos os vícios e fraquezas nesta hora delicada dos destinos coletivos.

O chamamento se repetiu ao longo das décadas e, se muitos puderam escutá-lo, bem poucos tiveram a coragem de escolher o caminho real, pela vivência dos conselhos do Cristo. E isso se verificou em todos os quadrantes da fé, indiscriminadamente. Ligados mais estreitamente ao movimento cristão-espírita, nossos esforços junto de seus adeptos também identificaram problema semelhante, quando alguns de seus seguidores não compreenderam o sentido profundo de suas máximas, permitindo-se desviar da rota segura. Recordemos a palavra de Erasto dirigida aos verdadeiros espíritas:

> Se, entre os chamados para o espiritismo, muitos se transviaram, quais os sinais pelos quais reconheceremos os que se acham no bom caminho?
>
> Resposta: Reconhecê-los-eis pelos princípios da verdadeira caridade que eles ensinarão e praticarão. Reconhecê-los-eis pelo número de aflitos a que levem consolo; reconhecê-los-eis pelo seu amor ao próximo, pela sua abnegação, pelo seu desinteresse pessoal; reconhecê-los-eis, finalmente, pelo triunfo de seus princípios, porque Deus quer o triunfo de Sua lei; os que seguem Sua lei, esses são os escolhidos e Ele lhes dará a vitória; mas Ele destruirá aqueles que falseiam o espírito dessa lei e fazem dela degrau para contentar sua vaidade e sua ambição.
> — Erasto, anjo da guarda do médium (Paris, 1863)

Não nos falta entendimento a respeito das tarefas que nos esperam. Lastimaremos não termos feito mais quando observarmos a real dimensão da seara, em um mundo onde mais de dois terços dos Espíritos que nele orbitam são dos que não desejam fazer esforços na direção do próprio crescimento.

Uma palavra de alento poderia despertar um coração caído, dando-lhe forças.

Um gesto de apoio seria capaz de aliviar a fome que inspirava o furto ou a violência.

Um ato de compaixão produziria a paz que alguém não encontra há décadas.

Em cada um de nós, poderá prevalecer a nossa luz ou a nossa escuridão. Não nos cabe, assim, escolher terreno para espalhar a semente. Todos são dignos de recebê-la. Caso não a utilizem e a façam produzir, demonstrarão seu descaso e se condenarão por si próprios.

Nossa hora é a da coragem no bem, durante a qual deveremos superar limites, exercitando nossas vontades.

O concerto da evolução já está pronto e nos pede a cooperação nos últimos retoques.

É por esse motivo que nos deslocaremos para as cercanias da nossa casa terrena, onde se reúnem os demais servos do amor puro e nos integraremos em uma grande vibração para todos os povos do mundo.

O esforço sublime não desperdiça tempo nem se desgasta em palavras inúteis. Atua para que as forças se equilibrem com os recursos que Deus disponibiliza.

E se é certo que um corpo carnal adoece ao contato dos desequilíbrios espirituais de seu administrador humano, o contrário também ocorre em todas as áreas da vida.

Onde o pensamento nobre se enraíze, onde a palavra otimista flua, onde a alegria encontre eco, aí o equilíbrio se estabelece, porque representa a harmonia que nasce no Criador e mantém toda a criação.

Mesmo os mais empedernidos não são capazes de resistir eternamente ao próprio mal. Chega o dia em que se cansam e se decidem a modificações essenciais, uma vez que não podem renegar a paternidade divina de que se acham investidos.

Cooperemos com nossos maiores, oferecendo-lhes a pequena dose de bênçãos que portemos no devotamento ao trabalho que aceitamos.

Nosso encontro não se dará nos palácios espirituais ou nos grandes recintos para os conclaves superiores.

Seremos elos dessa vasta corrente de amor que envolverá a Terra, dirigindo-se aos seus habitantes de ambos os lados da vida, passageiros e tripulantes dessa grande nau que se aproxima de mares revoltos, a fim de infundir-lhes ânimo e serenidade, fé inquebrantável e equilíbrio.

Estaremos sob o comando superior daquela que, há milênios, tem-se dedicado à salvação de todos nós, cujo coração tão bem representa a função maternal de um mundo que nos agasalhou tantas vezes, nos alimentou com sua seiva de vida, serviu de apoio a nossas lutas, sem nunca recusar o nosso regresso, sofrendo em silêncio os efeitos de nossos desatinos, tolerando o mau aluno a fim de que, um dia, se transformasse naquele que o defende e protege, preocupado em garantir as boas condições da escola generosa que o educou.

Será nossa mãe, aquela que nos infunde veneração pura, quem conduzirá nosso encontro, direcionando as vibrações que serão derramadas sobre a humanidade, num laço de esperança destinado ao preparo para as etapas porvindouras.

Quando acontecerão todas as coisas? – podem se perguntar vocês.

Não nos preocupemos em definir datas ou cogitar acerca dos processos depurativos.

Outros mais sábios que nós já se ocuparam de tudo, bastando que tenhamos ouvidos de ouvir e olhos de ver para o entendimento das grandes verdades, secularmente repetidas e anunciadas.

A Terra está sob o comando direto de Deus e não importa

o que lhe aconteça, emergirá enriquecida e melhorada de qualquer tormenta que se abata sobre ela, porquanto é o amor que administra todas as coisas. Do mesmo modo que Deus não isentou seu celeste filho do sofrimento na cruz para nos indicar o caminho seguro no sentido do reerguimento moral, também não isentará a civilização das consequências necessárias à colheita de sua semeadura, encaminhando-a, depois disso, na mesma direção de um progresso acentuado.

Estes esforços finais são para garantir a todos o apoio para as últimas decisões, no demonstrar que nunca faltou ao ser humano o devido apoio para o seu crescimento.

Se o mais infeliz dos bandidos abraçar o arrependimento e dispuser-se a retificar seus atos, ainda que não deixe de ser responsável pelo mal praticado, poderá valer-se da misericórdia que adia o resgate que a justiça impõe, a fim de que seja salvo primeiro, aproveitando-se do seu empenho no bem.

Não há ninguém que esteja previamente excluído.

No entanto, só o devotamento decidido e sincero será capaz de justificar a intervenção da misericórdia por um tempo, antes que a justiça direcione o réu para o cumprimento da sentença.

Significativo silêncio amalgamava os sentimentos dos trabalhadores que o ouviam, irmanados na mesma disposição e compenetrados do significativo valor daqueles momentos na evolução dos homens.

Infelizmente, entre os vivos no mundo, havia poucos interessados no aproveitamento do tempo que lhes restava para o cultivo das verdades celestes na direção da purificação real de suas almas.

Lá embaixo, no seio do planeta azul, a maioria continuava entrando nas igrejas, esquecidos de permitir que Jesus entrasse em seus corações e vivesse através de suas atitudes.

41

O coração de Maria

O FUNDO DE ESCURO VELUDO SALPICADO DE DIAMANtes vivos era bem o melhor cenário para o encontro singular, no qual se viam, em primeiro plano, a Terra azul recoberta pelo manto branco das nuvens, conferindo-lhe a harmonia da majestade natural que acompanha todas as obras de Deus.

Não uma gravura rígida, não uma construção artificiosa.

Vida exuberante pulsava na frequência cósmica exaltando a bondade do Criador de todas as coisas.

Circundando o globo físico, como uma coroa sobre a cabeça de um monarca, os cortejos de almas devotadas oriundas da própria Terra se mesclavam com as diversas delegações provenientes de outros mundos pertencentes à grande família cósmica, representantes das diversas humanidades solidarizadas com os habitantes terrenos em momento tão especial de seus destinos, visando a fortificá-los e iluminá-los em suas decisões.

O volume de tais representações celestes demonstrava a importância daquele evento, num espetáculo que testemunhava a fidelidade de todos aos universais princípios do amor incondicional e da abnegação sublime.

Entre todos os Espíritos, idêntico sentimento de respeito e santidade, como se todos esperassem pelo nascimento de um novo ser, na intimidade da alcova, onde a grandeza da vida se faz antecedida por medidas adequadas à preparação do nascimento que se aguarda, a fim de garantir-lhe as excelentes condições, cercando-o dos melhores cuidados.

Ao centro do grande círculo, estava o mundo, como o útero que guardava a preciosa carga e que haveria de receber as harmoniosas vibrações das milhões de almas ali congregadas, oriundas das diversas humanidades filhas do mesmo Pai generoso.

Em posição de realce, unido ao gigantesco anel de entidades, destacava-se luminoso recanto onde se apresentaria a doce mãe de todos, aquela cujo coração de amor conhecia em profundidade a dor dos filhos, como precioso diadema a unir as partes de sublime coroa, com a função de reunir e direcionar as energias divinas na direção dos habitantes do mundo, encarnados e desencarnados.

O leitor que desejar imaginar a cena poderia compará-la a um majestoso topázio ao redor do qual miríades de diamantes se organizassem, unidos pelos filamentos diáfanos do ouro mais puro, num camafeu tridimensional incrustado no veludoso e escuro tecido cósmico.

Vozes invisíveis executavam cânticos serafínicos, incompreensíveis para a sensibilidade humana, mas de uma beleza superior tão intensa, que era como se Deus estivesse cantando seu amor pelos homens.

Compondo a tiara espiritual, ali estavam os servos do bem que prestaram longos serviços à evolução planetária, desde os ancestrais mais esquecidos cujo sacrifício se havia apagado no seio dos antigos continentes há muito desaparecidos, seguidos pelos diversos agentes do progresso, por todas as almas comprometidas com o projeto de Jesus para a remodelagem do mundo.

Harmonizando-se com esse cortejo de Espíritos, rodeava o globo físico a comitiva de espaçonaves representantes de outras civilizações avançadas, igualmente unidas ao esforço cósmico da evolução dos humanos conectados aos mesmos objetivos no congresso dos sentimentos elevados. Isso porque, ainda que se encontrassem na dimensão própria do mundo físico, eram capazes de se conectarem com as dimensões espirituais de maneira mais completa, em face de seus sentidos mais quintessenciados.

Impressionaria a qualquer humano admirar o volume de seres e veículos estacionados a significativa distância do globo terrestre, harmonizados aos mesmos objetivos espirituais de despertamento das criaturas adormecidas.

Este certame de almas nas duas dimensões da vida poderia ser comparado a uma reunião de sábios e santos ao redor de uma placa de cultura de sublime laboratório, analisando a proliferação das colônias de bactérias, vibrando por seu crescimento e progresso.

Era, pois, com base nesse grande centro de irradiação que os sentimentos maternais de Maria iriam alicerçar-se para enviar ao ser humano os chamamentos derradeiros, preparando o ambiente para as inadiáveis transformações.

Antes que se prossiga, entretanto, é imperioso relembrar ao leitor querido que não se está, aqui, demarcando data ou estabelecendo marco temporal definível para tal conclave, uma vez que a finalidade deste não é fazer profecia do apocalipse, para o que já não faltam candidatos no mundo.

A presente narrativa é feita em um contexto atemporal, de maneira que não importa saber em que época ocorreu ou irá ocorrer.

A ideia principal é a de alertar os que tenham ouvidos de ouvir e olhos de ver para que não percam tempo adiando as transformações indispensáveis.

Além disso, aos interessados nas questões do futuro serve a informação de que cada qual edificará o seu com base nas decisões do presente.

Assim, a salvação não é questão de privilégios exteriores, mas, efetivamente, de decisões da alma, que repercutirão em seu destino.

Acima de tudo, relembrar que não há indiferença dos governantes espirituais acerca do futuro dos governados, ressaltando o esforço milenar que vem sendo feito com a finalidade de que todos se modifiquem, coisa que, infelizmente, quase não se tem observado na velocidade e constância com que deveriam estar ocorrendo.

Não se iluda perguntando quando vai ser, como o mau aluno que só estuda na véspera da prova.

Pergunte-se, isso sim, por que ainda não se melhorou, por que não carrega a consciência limpa, por que não está tranquilo diante do que se anuncia pela frente?

Todo incômodo da mente ou da emoção corresponde a um reconhecimento de tarefa não realizada, conduta no bem que se desprezou, obra ainda por fazer. Por isso é que os indiferentes preferem negar os fatos, fazerem-se de desentendidos, atacarem os alertas com palavras de desdém ou descrédito, como se isso tivesse o poder de evitar o que se espera para breve futuro.

O problema maior não é saber quando vai ser e, sim, observar que já se está dois mil anos atrasado.

Dessa maneira, não se utilize destes relatos para assombrar seus irmãos, dizendo que os Espíritos estão afirmando que o fim é agora. Ao contrário, assombre-se a si mesmo, perguntando-se por que é que ainda não fez as próprias malas, por que ainda carrega mágoas ou ressentimentos contra seus irmãos, por que explora pessoas como se fossem animais, por que fala mal dos semelhantes e inveja-lhes as conquistas?

Nossa evolução não dispõe mais de séculos ou milênios para ocorrer. Agora, estão em jogo décadas ou anos nos quais as palavras do Senhor serão cumpridas. Que esses avisos somem-se aos muitos outros de todas as fontes para que não haja nenhuma dúvida de que as trombetas do Senhor soam para despertar os preguiçosos e débeis, a fim de que tomem uma atitude de coragem.

A grande comunidade cósmica abraçava a Terra como o útero maternal, berço da vida, altar maior da divindade ao redor do qual a veneração se impunha, derivada das profundezas da essência de cada um.

Pareceria que cada qual retornava ao contato com a própria essência, com a *anima* divina de onde haviam saído por força da majestosa vontade, no instante de sua individualização.

Foi nesse clima de reverência, que os membros do congresso celeste viram pequena chuva de estrelas projetar-se do alto sobre o local que centralizava todas as atenções, suave sereno que se intensificou como tapete luminoso a anteceder a passagem do anjo de Deus.

Foi assim que a mãe de todas as mães se fez presente no seio dos presentes.

Sua figura infundia a veneração espontânea capaz de acalmar a mais tormentosa fera.

Diante dela, todos se deslumbravam ao constatar que em si mesma mesclavam-se a inocente meninice à enérgica maturidade.

As correntes magnéticas se intensificaram e a coroa de luzes pareceu mais dourada e brilhante, como efeito imediato de sua chegada ao ambiente. A luz daquela santa alma a transformava em pequenino sol, que não ofuscava os que a mirassem e, além de envolvê-la, caía sobre todos, inundando o orbe terrestre.

Sua bondade invadia os corações que, por força de sua presença, pareciam tocados de celeste emoção, como se já fossem bons sem o serem ainda.

Seu olhar, entretanto, traduzia a melancolia das grandes dores corajosamente suportadas entre a resignação e o testemunho, mas que não representavam amarguras ou revoltas tão comuns aos seres terrenos.

Era o sentimento resignado da mãe que, pretendendo fazer o melhor pelos filhos, se apena ante a insensatez dos tutelados.

Seu rosto orvalhado por discretas lágrimas era todo um atestado de suas preocupações e desvelos, destinados aos integrantes do berço divino onde a criança humana rebelde resistia ao crescimento verdadeiro.

Foi quando sua voz angelical foi ouvida, na expressão de nobreza e poesia incapazes de transcrever, mas cujo conteúdo claro e direto exprimia-se nas seguintes ideias:

— Envolva-nos o Pai generoso neste momento de grandes dificuldades.

Em seu bojo sacrossanto, onde a água humilde dissolve a pedra dura ao beijo de seu carinho, onde o musgo aveluda as arestas ásperas do solo para encobrir-lhe os defeitos, onde a brisa espalha o pólen fecundo semeando campos com flores sublimes e o grão de areia esculpe o rochedo como o cinzel paciente que modela montanhas, encontramos o homem transformando tão preciosas dádivas de que se faz portador em armas de destruição.

Conquistada a maturidade da inteligência, estagia a maioria na infantil posição moral. Falam destruindo, ouvem com malícia e agem como se braços lhes fossem açoites.

Homens morrem lutando por primazias inúteis.

Apesar de suas construções majestosas feitas de cimento e aço, agem como habitantes da selva, onde outrora se associavam nos esforços da sobrevivência.

A obra de Deus a que meu filho tanto se dedica, entretanto, não pode sofrer retrocessos. Não se concebe que abdiquemos da conquista dos elevados valores para regressar à selva dos sentimentos desvairados.

Desde longos séculos os instrumentos do amor esmeram-se no trabalho de iluminação, do qual muitos dentre vocês foram expoentes valorosos e ativos, contribuindo com o valor maior da própria vida para fecundar outras almas.

Não há confusão na ordem divina! Os filhos de Deus que não se entendiam e continuam a não se entender, mesmo agora, tantos milênios depois, veem esgotar os últimos grãos de areia na ampulheta das oportunidades.

Oremos por eles para que as vibrações que emitamos lhes sirvam de estímulo na direção da decisão definitiva.

Todos vocês, membros do colégio apostolar que se organizam ao redor dos destinos destes irmãos em crescimento, têm, no coração, as marcas da gratidão que estes vales e florestas, flores e frutos terrenos imprimiram em suas lembranças.

Entreguemos o que possuímos de melhor, porquanto os dias são chegados em que, finalmente, todos hão de compreender a mensagem do Pai.

Meu filho tem a paciência celeste e a pressa divina para que tudo esteja transformado segundo os ditames eternos. Preparemos o seu regresso com as forças de nosso devotamento.

Então, tomados pelo sentimento mais nobre que jamais puderam sentir, cada membro desse grande contingente seguiu o exemplo de Maria, estendendo a mão na direção do mundo que girava em silêncio, num jorro de luzes que transcendiam quaisquer possibilidades imaginativas.

Nesse instante, o coração da mãe amorosa se incandescia, ampliando sua luz, como se lhe saísse do corpo diáfano e englobasse a todos, Espíritos encarnados e desencarnados das diversas dimensões.

Este evento grandioso e espontâneo transferia, aos homens de todos os quadrantes da humanidade, a inspiração superior para que, nas horas difíceis, não desperdiçassem a vida no cultivo de sentimentos inferiores dominados pelo orgulho e egoísmo.

Como um cântico de alerta, a doação vibratória coletiva era o precursor dos eventos, penetrando as almas sintonizadas com os bons propósitos e fiéis até o fim, nos testemunhos de sua crença manifestados nas atitudes generosas.

Sua ação purificava a psicosfera terrena como se estivesse sob a ação de raios que a limpavam e esterilizavam, como acontece nos momentos que antecedem o parto nos centros de cirurgia.

Também nas tessituras superiores, em dimensões ainda mais sublimadas, esta exaltação do amor repercutia igualmente.

As forças sublimes se orquestravam de maneira que as mesmas emanações que desciam na direção dos homens, se perdiam no firmamento, como que destinadas ao Criador de tudo, enaltecendo-Lhe a bondade soberana e rogando-Lhe a piedade e a proteção aos ignorantes, relembrando os esforços de Jesus nos instantes que lhe antecederam a partida física, de regresso ao seio do Pai.

Parecia ser possível ouvir, no cântico dos seres angélicos, as mesmas palavras cujo significado marcou para sempre a consciência do mundo com a marca da bondade ante a injustiça, a repetir:

"Senhor, perdoai-os porque eles ainda não sabem o que fazem."

42

O final da última hora

Mateus, 24, vv. 29 a 31:

E, logo depois da aflição daqueles dias, o sol escurecerá, e a lua não dará a sua luz, e as estrelas cairão do céu, e as potências dos céus serão abaladas.

Então aparecerá no céu o sinal do Filho do Homem; e todas as tribos da terra se lamentarão, e verão o Filho do Homem, vindo sobre as nuvens do céu, com poder e grande glória.

E ele enviará os seus anjos com rijo clamor de trombeta, os quais ajuntarão os seus escolhidos desde os quatro ventos, de uma à outra extremidade dos céus.

Mateus, 25, vv. 31 e 32:

E quando o Filho do Homem vier em sua glória, e todos os santos anjos com ele, então se assentará no trono da sua glória;

E todas as nações serão reunidas diante dele, e apartará uns dos outros, como o pastor aparta dos bodes as ovelhas;

E porá as ovelhas à sua direita, mas os bodes à esquerda.

ALI ESTAVAM, AO REDOR DA MORADA DOS HOMENS, AS comunidades espirituais que com ela guardavam ligação ancestral, além daqueles que se postavam quais pelotões de retaguarda, atendendo ao chamamento do augusto general, prontos para demonstrarem a solidariedade real nas horas difíceis das provas coletivas.

Eram os chamados de uma a outra extremidade dos céus que compareciam, aceitando o convite ao banquete de luz que se organizara desde os milênios passados.

O coração amorável de Maria presidia a elevada cerimônia, que contava com as mais puras entidades ligadas à pedagogia divina com vistas ao progresso da criatura, segundo os objetivos da criação.

Faltava, tão somente, o nascimento do filho, a chegada do augusto governante para assumir a posição no importante conclave, denotando-se que tal evento não estaria longe no tempo dos homens.

Imagine-se uma sala de aula na qual o professor deixe os alunos com as respectivas provas e se ausente, confiando na honestidade e integridade de cada um.

Ao fazê-lo, o mestre deixa a cada um o controle de si mesmo, confiando na condição moral e na seriedade de propósitos dos que estão sob o teste.

O bom aluno, aquele que se preparou para o evento pelo estudo das lições recebidas, não precisa recorrer à fraude para lograr o sucesso na solução dos problemas. Honesto, responde o que sabe e não se preocupa se está ou não sob fiscalização do professor.

O mau aluno, aquele que não fez a lição nem estudou como deveria, certamente poderá ser tentado a fraudar, demonstrando a sua desonestidade. Por não ter cumprido o dever que lhe cabia, ao notar que não há vigilância, exterioriza seu defeito e engana a confiança do mestre, imaginando que está sendo medido pela nota que consiga na resposta dos problemas.

Entretanto, o que está em jogo nesta prova não é a exatidão das respostas, mas, sim, o comportamento pessoal diante do desafio.

No final da última hora, o que se avalia é o caráter do aluno, não o seu conhecimento. É com que honestidade responde diante do desafio. É como responde, mais do que o que sabe.

Essa é a realidade da Terra.

Todos os alunos da vida estão sob as vistas dos que os tutelam e inspiram, vinte e quatro horas por dia.

Ao fim do exame, será apurada não a exatidão das respostas que emitiram nas experiências de aprendizagem, mas como se conduziram ao participar do teste.

Notas elevadas, fruto da conduta fraudulenta, desqualificarão o aluno desonesto que, em verdade, não entendeu que uma escola não tem a função primordial de transferir conhecimento e, sim, a de formar o caráter.

Por isso, alunos que não lograram notas elevadas, mas foram honestos na maneira como se conduziram diante do teste, podem terminar promovidos por haver perseverado na correção de condutas, sem ceder à tentação das boas notas obtidas por meios ilícitos.

A Terra não está sendo submetida a uma depuração intelectual. Avançou bastante nessa direção e já conquistou um tesouro de aprendizado.

Trata-se da depuração ética, que somente uma prova sem fiscal pode avaliar, pois, então, cada um demonstrará qual o seu verdadeiro caráter.

No final desta última hora, observemos o conteúdo de *O evangelho segundo o espiritismo*, no capítulo XX, "Os últimos serão os primeiros":

> O obreiro da última hora tem direito ao salário, mas é preciso que a sua boa-vontade o haja conservado à disposição daquele que o tinha de empregar e que o seu retardamento não seja fruto da preguiça ou da má-vontade. Tem ele direito ao salário, porque desde a alvorada esperava com impaciência aquele que por fim o chamaria para o trabalho. Laborioso, apenas lhe faltava o labor.
>
> Se, porém, se houvesse negado ao trabalho a qualquer hora do dia; se houvesse dito: "tenhamos paciência, o repouso me é

agradável; quando soar a última hora é que será tempo de pensar no salário do dia; que necessidade tenho de me incomodar por um patrão a quem não conheço e não estimo! quanto mais tarde, melhor"; esse tal, meus amigos, não teria tido o salário do obreiro, mas o da preguiça.

Que dizer, então, daquele que, em vez de apenas se conservar inativo, haja empregado as horas destinadas ao labor do dia em praticar atos culposos; que haja blasfemado de Deus, derramado o sangue de seus irmãos, lançado a perturbação nas famílias, arruinado os que nele confiaram, abusado da inocência, que, enfim, se haja cevado em todas as ignomínias da humanidade; que será desse? Bastar-lhe-á dizer à última hora: Senhor, empreguei mal o meu tempo; toma-me até ao fim do dia, para que eu execute um pouco, embora bem pouco, da minha tarefa, e dá-me o salário do trabalhador de boa vontade? Não, não; o Senhor lhe dirá: "Não tenho presentemente trabalho para te dar; malbarataste o teu tempo; esqueceste o que havias aprendido; já não sabes trabalhar na minha vinha. Recomeça, portanto, a aprender e quando te achares mais bem disposto, vem ter comigo e eu te franquearei o meu vasto campo, onde poderás trabalhar a qualquer hora do dia."

Para fazer jus ao salário do bom servo, é necessário tê-lo sido sempre, mesmo quando o trabalho ainda não lhe houvesse sido assinalado.

E os invigilantes de sempre, ao sentir a aproximação da tormenta, tentarão tomar o lugar dos bons servos, invocando falsa devoção perante o Julgador.

Imaturos, fraudariam todo o processo se isso lhes fosse permitido. Pesam contra eles, no entanto, as sucessivas adulterações demonstrando suas más inclinações.

Não será, portanto, o religiosismo dos homens que decidirá o destino de cada pessoa. Não conseguirão o diploma aqueles que pareceram bons alunos nem os que se filiaram a um ou outro caminho religioso.

A coroa de luz ornamenta a Terra, e a grande festa está preparada, faltando apenas a chegada do noivo para presidi-la.

Assim, aos que estão no mundo com olhos de ver e ouvidos de ouvir, não se permitam adiar o serviço no bem, o único que salva.

Alguns tentarão desnaturar a urgência desse trabalho, lançando indagações e argumentos contra as predições, tentando, assim, manter as aparências de calmaria.

Alguns manterão a orquestra tocando enquanto o navio naufraga.

Não seja você, entretanto, quem se mantém dançando no grande salão.

Vá em busca de seu salva-vidas e coloque-o a tempo.

Ao sair do hipnotismo coletivo, não ingresse no desespero geral. Mantenha a serenidade e a confiança em Deus.

Lembre-se de que, se você sempre foi um bom aluno, não é necessário ter medo da prova. Muito menos se preocupar se está ou não sendo fiscalizado.

Multiplique seus esforços, empenhando nisso seu tempo, seus recursos e tudo o que se fizer necessário para que mais e mais irmãos possa sair da ilusão.

> Ide e pregai a palavra divina. É chegada a hora em que deveis sacrificar à sua propagação os vossos hábitos, os vossos trabalhos, as vossas ocupações fúteis.

O pai não será capaz de salvar o filho, nem o filho ao pai, nem um ao outro, eis que a salvação, conforme está estampada no ensinamento do próprio Jesus, é conquista individual.

No entanto, bons exemplos podem inspirar boas condutas.

Boas palavras auxiliam novas deliberações.

Amparo na fragilidade pode reerguer alguém e fazê-lo superar a si mesmo, voltando a crer em sua capacidade.

Eis a seara que espera por todos.

Não interromper a caminhada, mesmo sob a pedrada da crítica, a deserção dos amigos, a incompreensão dos companheiros ou a falência do corpo.

Nada é capaz de impedir que você seja bom e que faça o bem.

E, quando se aproximam os minutos finais da última hora, recordem-se das palavras do noivo prestes a chegar, inseridas no subtítulo "Os obreiros do Senhor", no mesmo capítulo de *O evangelho segundo o espiritismo* que aqui se comenta:

> Deus procede, neste momento, ao censo dos seus servidores fiéis e já marcou com o dedo aqueles cujo devotamento é apenas aparente, a fim de que não usurpem o salário dos servidores animosos, pois aos que não recuarem diante de suas tarefas é que ele vai confiar os postos mais difíceis na grande obra da regeneração pelo espiritismo. Cumprir-se-ão estas palavras: "Os primeiros serão os últimos e os últimos serão os primeiros no reino dos céus." — O Espírito de Verdade (Paris, 1862)

Não espere, pois, leitor querido, que um cometa, um planeta ou uma estrela se apresente no horizonte para ter certeza de que a hora chegou.

Aproveite a hora que passa para que, em tempo, você esteja a postos no trabalho do bem, não importando quando seja a hora determinada para o julgamento.

Aos que têm a lucidez suficiente para entender os sinais da atualidade, não será necessário recorrer a estas páginas, pois já devem estar com as mãos na charrua, sem olhar para trás.

Mas aos que ainda claudicam, duvidam ou vacilam, que estas palavras lhes sirvam de cântico fraterno, lembrando-lhes a missão de serviço na melhoria de si mesmo, pela implantação dos valores nobres em seus pensamentos e atitudes.

Não é de dizer Senhor! Senhor! que entrará no reino dos céus – isso já é sabido.

A questão é a de se adotar as atitudes que façam a vontade do Pai.

Este é o objetivo desta série "Transição planetária", que se vem desenvolvendo a partir do romance *Despedindo-se da terra*, seguido pelos *Esculpindo o próprio destino* e *Herdeiros do novo mundo*, até o presente *No final da última hora*.

As forças do Espírito se unem aos encarnados.

As humanidades solidárias os apoiam e aguardam a demonstração de seus valores.

E Jesus espera recolher as boas sementes que lançou há quase dois mil anos, agora multiplicadas por cem, pelos esforços que cada um possa empenhar na implantação do reino de Deus em si mesmo e no coração dos semelhantes.

Não estamos na hora do medo... eis que é chegada a hora das bodas do Senhor. Não vos esqueçais da veste nupcial.

Brilhe vossa luz!
Muita paz!

LUCIUS
Campinas, SP, abril de 2011

Colofão

TÍTULO
No final da última hora

SÉRIE
Transição planetária

AUTORIA
André Luiz Ruiz (médium)
Lucius (Espírito)

EDIÇÃO
1ª (3ª tiragem)

EDITORA
Espírito da Letra (Campinas SP)

ISBN
978 85 60960 13 2

PÁGINAS
496

TAMANHO MIOLO
15,3 × 22,5 cm

TAMANHO CAPA
15,5 × 22,5 cm com orelhas de 9 cm

CAPA
César França de Oliveira

FOTO AUTOR CAPA
Rafael Stein

REVISÃO
Doralice Scanavini Volk
Luiz Roberto Benatti

PROJETO GRÁFICO & DIAGRAMAÇÃO
Ary Dourado

COMPOSIÇÃO
Adobe InDesign cs5.5 [Windows 7]

TIPOGRAFIA
texto principal
H&FJ Archer Medium 11/15
títulos
Adobe Trajan Pro [22, 210]/[26;210]

MANCHA
23p7 × 40p2, 32 linhas

MARGENS
5p:5p:8p:8p
(interna:superior:externa:inferior)

PAPEL
miolo IP Chambril Avena 80 g/m²
capa Storaenso Ensocoat 250 g/m²

CORES
miolo 1 × 1 cor preto escala CMYK
capa 4 × 0 cores escala CMYK

TINTA
Seller Ink

PRÉ-IMPRESSÃO
CTP Platesetter Kodak Trendsetter 800 III

PROVA MIOLO
HP DesignJet 1050C Plus

PROVA CAPA
HP DesignJet Z2100 Photo

IMPRESSÃO MIOLO OFSETE
Heidelberg Speedmaster SM 102-2P

IMPRESSÃO CAPA OFSETE
Komori Lithrone S29

PRÉ-IMPRESSOR E IMPRESSOR
Lis Gráfica e Editora Ltda.
(Guarulhos SP)

ACABAMENTO
cadernos 32 e 16 pp.
costurados e colados
brochura laminada BOPP fosca
capa com verniz UV com reserva

TIRAGEM
40 mil exemplares (total 1ª ed.)

PRODUÇÃO
Abril/2012

Ficha catalográfica

FC

No Final da Última Hora

Dados Internacionais de Catalogação na Publicação (CIP Brasil)

R9342n
RUIZ, ANDRÉ LUIZ (*1962)
No final da última hora
Série: *Transição planetária*
André Luiz Ruiz; Lucius (Espírito)
Espírito da Letra: Campinas, SP, 2012

496 pp. | 15,5 × 22,5 cm
ISBN 978 85 60960 13 2

1. Romance 2. Transição planetária 3. Espiritismo
I. Ruiz, André Luiz (1962) II. Título
CDD 133.9 CDU 133.9

1ª edição, 3ª tiragem | abril de 2012 | 40 mil exemplares (total 1ª ed.)

ANDRÉ LUIZ DE ANDRADE RUIZ DOOU GRATUITAMENTE
TODOS OS DIREITOS PATRIMONIAIS DESTA OBRA À
Sociedade Beneficente Bezerra de Menezes
CNPJ 46 111 068/0001-49 IE Isento
Rua Antônio Zingra, 52 Jardim IV Centenário
13 070-192 Campinas SP
www.espiritodaletra.com

REPRESENTAÇÃO
Candeia Distribuidora de Livros
Rua Minas Gerais, 1516 Vila Rodrigues
15 801-290 Catanduva SP
17 3524 9800

Impresso no Brasil *Printed in Brazil* *Presita en Brazilo*